Unterwegs!
Das ReiseRoutenBuch

80 Traumtouren für vier Jahreszeiten

Zur schönsten Zeit am richtigen Ort

BRUCKMANN

Inhalt

Auf 80 Routen um die Welt

Etappenweise unterwegs zu allen Jahreszeiten

Achtzig Reise-Ideen sind hier versammelt: auf 80 Routen um die Welt – genauer: durch fünf Kontinente. Allein dieses »globale« Programm macht einen Blick auf den Kalender empfehlenswert, schließlich sind – aus nördlicher Perspektive – auf der südlichen Erdhalbkugel die Jahreszeiten »umgekehrt«. Weihnachten wird beim Barbecue am Strand zelebriert und der Januar wird zum Hochsommermonat. Der Juli hingegen präsentiert sich jenseits des Äquators als winterlich nasskalt, wenn man nicht schneebedeckte Höhenlagen ansteuert. Die Berücksichtigung der Jahreszeiten ist oft nicht nur im Hinblick auf das Reiseklima wichtig, sondern auch mit Blick auf die Reisekasse: Im Januar ist's in unseren Breiten bestenfalls in Skiorten besonders teuer, in der unteren Hälfte der Welt sind dann aber große Ferien angesagt und Hotels wie Fluggesellschaften verlangen Top-Preise. Und bei allen Attraktionen drängeln sich die Urlaubermassen.

Aber selbst wer auf unserer Heimat-Halbkugel – in der nördlichen Hemisphäre – auf mehr oder minder große Fahrt gehen will, wird bei der Ferienplanung mit dem »Wohin« zugleich auch das »Wann« in Betracht ziehen. Oft gibt es für eine Route eine besonders gut geeignete Jahreszeit – und das muss durchaus nicht immer der Sommer sein. Wer zum Beispiel Norwegens Mitternachtssonne bereits gesehen hat, kann ihr Pendant, die Polarlichter in langen

Der Weg ist das Ziel« – ein passendes Motto für ein Buch, das besonders schöne, prominente, erlebnisreiche oder ungewöhnliche Reiserouten bündelt? Ja, weil das »Unterwegssein« naturgemäß bestimmend ist für diese Urlaubsform, die spätestens seit der »Grand Tour« im 17. und 18. Jahrhundert zum Sinnbild fürs Reisen schlechthin wurde. Junge Adlige und die Söhne des wohlhabenden Bürgertums besuchten damals die berühmtesten Stätten der Geschichte, Kunst und Kultur in Europa – Bildungsreisen, die nicht zuletzt auch der Charakterbildung dienen sollten (und nicht ganz so nebenbei auch feminine Reize jenseits der eigenen Grenzen erkundete).

Die klassische Bildungsreise hat heute zwar nicht mehr die Bedeutung vergangener Zeiten. Aber reine Sightseeingtouren, bei denen Se-henswürdigkeiten – seien sie von Menschenhand oder von der Natur geschaffen – flink abgehakt werden und das Interesse an Hintergrund und Zusammenhängen gegen null tendiert, sind auch nicht die Regel. Das gilt gleichermaßen für organisierte Fahrten mit (hoffentlich kundigen) Reiseleitern wie für selbst organisierte Touren. Letztere stehen im Fokus dieser Sammlung von Urlaubsvorschlägen, wenngleich auch einige Routen nicht mehr als den Kauf eines Tickets erfordern – etwa bei der klassischen Transatlantik-Überquerung auf den Decks der »Queen Mary 2«, bei einem Segeltörn im Archipel der Seychellen oder im »Royal Scotsman« auf Schottlands Gleisen. In solchen Fällen ist, zumindest zu einem großen Teil, das Transportmittel entscheidend für die Wahl der Reise. Im übertragenen Sinn ist auch hier der Weg das Ziel.

Ob mit dem Familienauto durch Amerikas Südwesten (links oben), »born to be wild« wie einst Dennis Hopper auf dem Feuerstuhl (oben) oder auf Safari durch einen der afrikanischen Nationalparks (rechte Seite) – auf allen Reisen gilt das Motto »Der Weg ist das Ziel«…

Winternächten erleben und überdies Hundeschlitten und Schneemobile lenken oder sich im Eishotel entsprechend betten.

Wer das Baltikum nicht nur in seinen Städten, sondern auch in seinen Landschaften erkunden will, sollte die Wochen vor dem Hochsommer erwägen, weil dann noch nicht so viele Stechmücken herumschwirren. Wer den Mietwagen für Florida, die Halbinsel zwischen Atlantik und Golf von Mexiko, buchen möchte, sollte wissen, wann dort »Hurricane Season« herrscht. Wer Weinregionen erkunden möchte – sei es mit dem Fahrrad an der Loire oder mit dem Auto in Neuseeland – wird vielleicht den jeweiligen Herbst bevorzugen, die Zeit der Traubenlese und der Weinfeste aller-

orten. Für die meisten Routen gibt es mehr oder weniger gute Besuchszeiten, das spiegelt die Jahreszeiten-Struktur dieses Buches wider.

Eine spezielle Form der Reiserouten sind »Ferienstraßen«, die sich meist einem Thema widmen. Die Themen können spezifischer Natur sein wie etwa auf der Deutschen Märchenstraße oder rein landschaftlich angelegt sein wie beispielsweise die Deutsche Alpenstraße. Weil sie bereits 1927 entstand, gilt Deutschland oft als Keimzelle dieser touristischen Idee – aber etwa um dieselbe Zeit warb in den USA auch erstmals eine organisierte Urlaubsstrecke in den Appalachen-Bergen um Gäste. Inzwischen verzichtet wohl kaum ein Land, das international um zahlungskräftige Besucher buhlt, auf solche

touristisch aufbereiteten Strecken. Gewiss kann man aber sagen, dass diese Vermarktungsidee in Deutschland auf besonders fruchtbaren Boden fiel: Es soll mehr als hundert dieser Ferienstraßen geben. Zu überregionaler Bekanntheit brachten es allerdings nur wenige.

Ob offiziell organisiert oder individuell zusammengestellt: Urlaubsrouten sind die Vermessungslinien des Fernwehs, wobei die »Ferne« nicht nur durch vierstellige Kilometerangaben charakterisiert wird. Mallorca oder die Toskana garantieren ebenso gute Pisten der Reiselust, die Donau zwischen Passau und Budapest ist auch Beispiel für solch »nahe Ferne«. Denn wie gesagt: »Der Weg ist das Ziel.«

Klaus Viedebantt

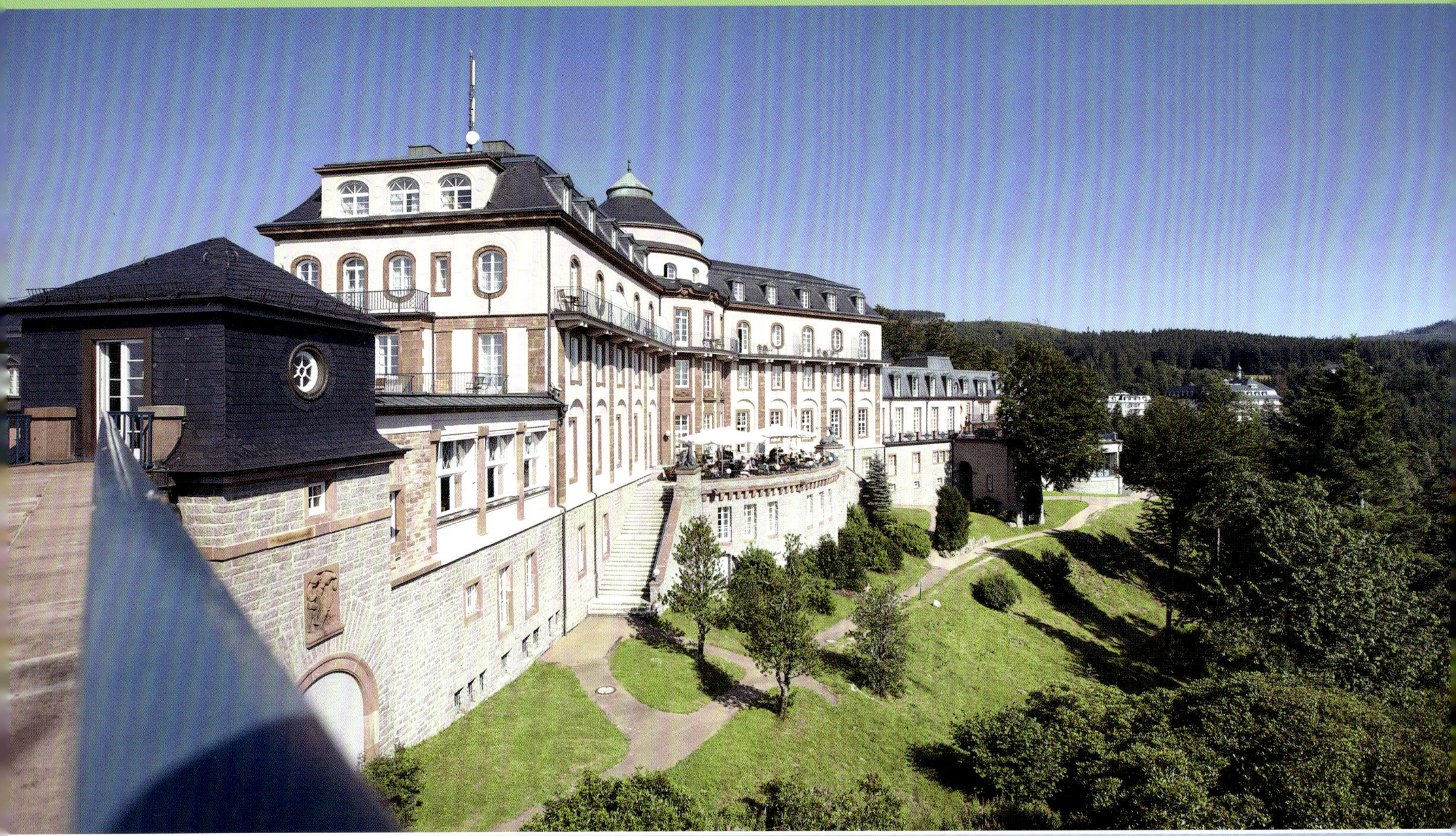

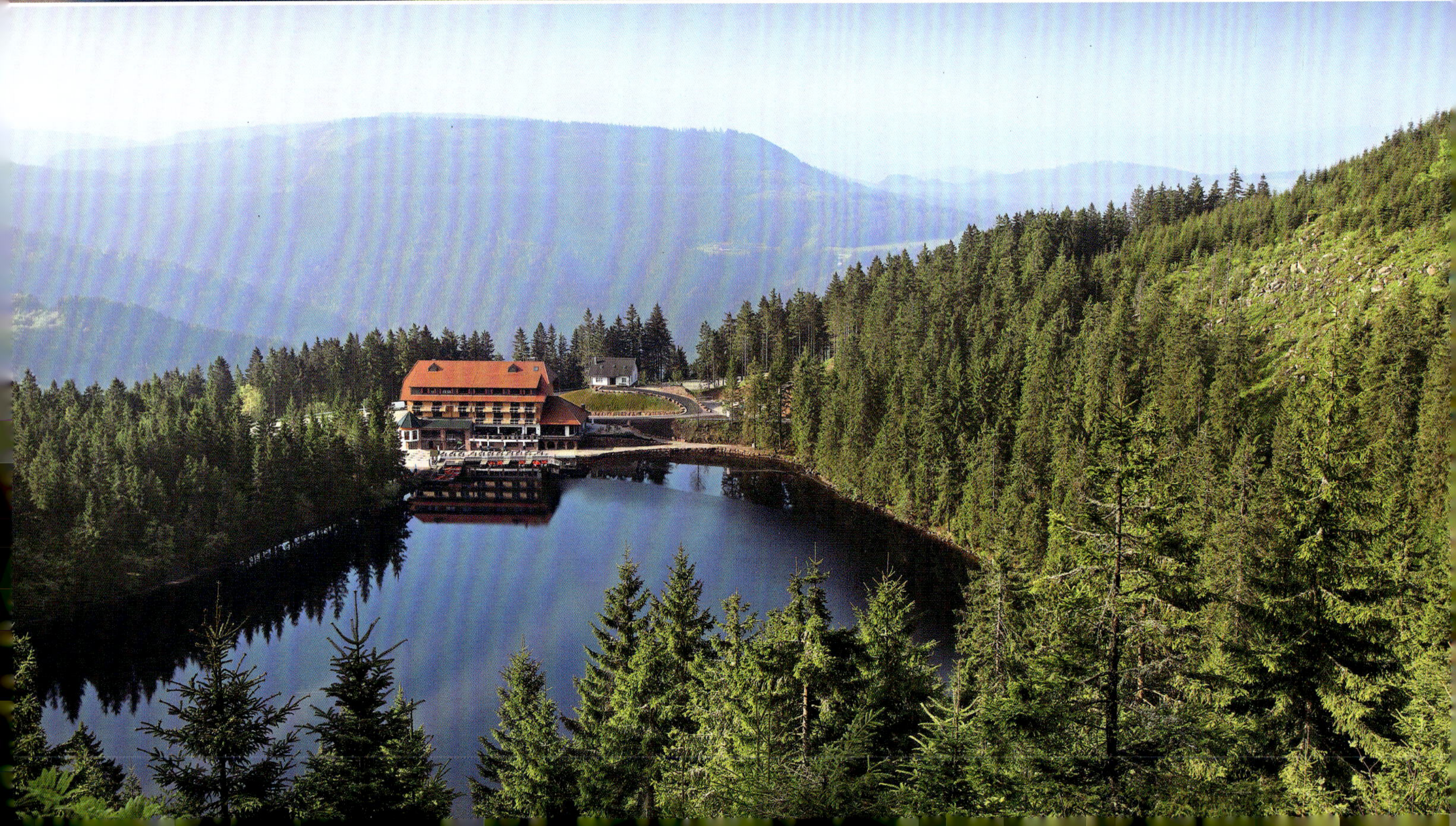

Schwarzwaldhochstraße

Unterwegs im »schwarzen Wald« – Von Baden-Baden nach Freudenstadt

Wo zum Kuckuck sind die Klischees geblieben? Topmoderne Museen und kulinarische Tempel geraten in die Schlagzeilen, werden zu modernen Schwarzwald-Symbolen. Aber trotzdem gibt es natürlich auch den guten alten Schwarzwald, mit Mädel und Hut – 14 rote Woll-Pompons muss er haben – sowie Schinken, Schnaps und Seen: etwa den dunklen, sagenumwobenen Mummelsee auf halber Strecke der Schwarzwaldhochstraße. Er ist der tiefste und auf 1029 m auch höchstgelegene See im Schwarzwald. Hans Jakob Chr. von Grimmelshausen dichtete ihm märchenhafte Mümmlein als Bewohner an.

Unsere Route liegt im nördlichen Schwarzwald zwischen 700 und 1100 Höhenmetern und führt über nur 65 km von Baden-Baden nach Freudenstadt. Das lässt sich in gut zwei Stunden fahren. Aber allein Baden-Baden ist ein paar Tage wert: Wo seit mehr als 200 Jahren leise die Roulettekugel rollt und mondäne Verschlafenheit wie brave Nostalgie kennzeichnend sind für die kleinste Weltstadt der Welt, die auf sieben Hügeln gebaut ist wie Rom.

Auch wegen der vielen Wirtshäuser muss die Tour ein paar Tage dauern. Denn im Schwarzwald ist ein Landgasthof wirklich noch ein Landgasthof. Eine Hausmacherplatte mit Leberwurst, Schwarzwurst, Bratwurst, Bauchspeck und Kirschwässerle zu 7,80 Euro ist häufig das teuerste Gericht auf der Karte. Dabei kommt meist alles aus eigener Schlachtung, und auch der Schnaps ist selbst gebrannt.

Und wer schon immer einmal wissen wollte, was es mit dem »Hornberger Schießen« auf sich hat, fährt ab Freudenstadt noch 40 km weiter nach Hornberg. Bereits Friedrich Schiller schrieb in seinem Werk *Die Räuber* »Da ging's aus wie's Schießen zu Hornberg« und bezog sich dabei auf folgendes Ereignis: 1564 wurde in Hornberg der Herzog von Württemberg erwartet, Späher sahen eine Staubwolke am Horizont, und die Kanoniere legten sich heftig mit Begrüßungsböllern ins Zeug. Allein: Es war nur eine Rinderherde, die Staub aufwirbelte.

Die Highlights

 Baden-Baden, das harmonisch in eine Parklandschaft gebettete Puppenstubenstädtchen, bedeutet »Faites vos jeux!«, 67 °C warme Mineralbäder und viel Flair.

 Bühlerhöhe hieß seit 1914 ein Offiziersgenesungsheim, dann war es Adenauers Urlaubsdomizil, und heute beginnt nahe der historischen Pracht ein Erlebnispfad durch ein der Natur überlassenes Waldgebiet.

 Mummelsee heißt das tiefste Gewässer im Schwarzwald mit der 1164 m hohen Hornisgrinde – mit herrlicher Aussicht! – dahinter.

 Karlsruher Grat, der einzige Klettersteig im Nordschwarzwald, setzt Trittsicherheit und gutes Schuhwerk voraus.

 Das *Schwarzwalddorf Kniebis* hat das Alleinstellungsmerkmal, direkt an der Schwarzwaldhochstraße zu liegen.

 Freudenstadt, das Ende der Strecke, beheimatet den größten Marktplatz Deutschlands. Er hat die Ausmaße von der Place de la Concorde in Paris!

 Baiersbronn ist nur ein paar Kilometer von der Hauptroute entfernt. In keinem Ort in Deutschland findet man so viele Sterne, Hauben, Punkte und Kochlöffel beinahe auf einem Fleck – und das unter den größten Tannen des Schwarzwalds.

DIE BESTE REISEZEIT

Der **Frühling** ist farbenprächtig im sonst so dunklen Schwarzwald. Die Obstbäume blühen, das Leben nach einem langen Winter erwacht. Trotzdem kann es in der Höhe noch ganz schön kühl sein. Zartbesaitete nehmen sich die Schwarzwaldhochstraße deshalb besser im **Sommer** vor, wenn das Thermometer beständig an- und über die 20-Grad-Marke steigt. Auch wenn die Statistik dem Sommer mehr Niederschlag verspricht als dem Frühjahr …

Besondere Tipps

Für Roadrunner: Einfach in zwei Stunden die Bundesstraße B 500 durchfahren. Für Genießer werden vier bis sieben Tage empfohlen.

Für den Gaumen: Wer einmal beim besten Koch Deutschlands speisen möchte, muss rechtzeitig bei Harald Wohlfahrt in der »Schwarzwaldstube« reservieren (Tel. 07442/49 26 65).

Für zu Hause: Schwarzwälder Schinken. 15 Wochen Reife und Kalträucherung sind Pflicht, ebenso wie die Mischung aus Pökelsalz, Kräutern, Knoblauch, Pfeffer, Koriander und Wacholderbeeren.

Info: www.schwarzwald-tourist-info.de

← Das Schlosshotel Bühlerhöhe an der Schwarzwaldhochstraße (o.)
← Der Mummelsee in der Nähe von Achern im nördlichen Schwarzwald (u.)
↑ Typisch für die Schwarzwälder Tracht ist der sogenannte »Bollenhut«

Traumroute 2 Deutschland

»Oben ohne« vor großer Kulisse – Von Berchtesgaden zum Bodensee

Mit dem Cabrio die Deutsche Alpenstraße entlang, das verspricht Königskult, Kochkunst, Kurvenvergnügen! Der »Kini«, wie sie in Bayern sagen, war ein Verrückter – im positiven Sinn: Genießer und Lebenskünstler, Luxusmensch. Und wenn König Ludwig II. noch leben würde, wäre er sicher Cabriofahrer. Doch leider erfand Carl Benz erst im Todesjahr von Ludwig II., 1886, das erste Auto der Welt, den Benz Patent-Motorwagen: 0,89 PS, Höchstgeschwindigkeit 15 km/h, kein Dach …Im EFA-Automobil-Museum von Amerang ist das Gefährt zu sehen, dazu weitere legendäre Cabriolets wie Mercedes 300 SL, Porsche 356 oder BMW 507.

Die Deutsche Alpenstraße ist die älteste Ferienstraße der Republik und führt auf rund 450 Kilometern vom Berchtesgadener Land an den Bodensee. Das ist »Kini-Land« wie im Bilderbuch. Eine Woche sollte man sich dafür schon Zeit nehmen. Der Chiemsee glitzert im Sonnenlicht, Segelboote dümpeln dahin, die Kampenwand reckt ihren schmalen Grat in die Höhe, und darunter liegen sattgrüne Wiesen mit purpurfarbenen Wildblumen, umsäumt von majestätischen Föhren, die ihre Kronen in einer sanften Brise wiegen. Die Tour ist landschaftlich ein Overkill für die Sinne: ob am bergumringten Königssee, am

feinen Tegernsee, dem mystischen Staffelsee oder zum Schluss am letzten Zipfel Bayerns, am »Schwäbischen Meer«, dem Bodensee.

Die Morgensonne strahlt, der Himmel ist bayerisch-blau, aber was kommt rein in den CD-Wechsler? Laura Pausini! Südbayern ist schließlich fast Norditalien! Und da ist sie schon: groß gewachsen, schlank, mit schnittigen Kurven, vom Fuß bis zum Kopf ein Traum – die Kesselbergstraße. Einer dieser Umwege, die die »Navigations-Else« nicht verstehen kann (»Wenn möglich: bitte wenden!«). Nix da! Es geht 4,5 km rauf. 23 Kurven, im Schnitt alle 200 m eine, ein Höhenunterschied von 253 m. Und das Ganze wieder zurück nach unten.

Die Highlights

 Der *Königssee* mit der romantischen Kapelle St. Bartholomä, erreichbar nur mit Elektrobooten, und der mächtige Watzmann sind Bayern pur!

 Der *Chiemsee* mit Schloss Herrenchiemsee, kostspieligstes Bauprojekt von Ludwig II. und ein Abbild von Versailles, gilt als Muss für »Kini-Fans«.

 Oberammergau, wegen seiner zahlreichen Überseebesucher auch »Klein-Amerika« genannt, liegt gleich hinter dem sehenswerten Kloster Ettal. Beeindruckend sind die Häuser mit Lüftlmalereien.

 Linderhof war das Lieblingsschloss von Ludwig II. und das einzige, das noch zu seinen Lebzeiten vollendet wurde. Kurios: die dortige Venusgrotte.

 Die *Wieskirche*, auch kurz »die Wies« genannt, gehört zu den Weltkulturbestätten Deutschlands. Ein Raumwunder in zauberhaftem Rokoko-Gewand.

 Neuschwanstein, ein Schloss wie gemalt, liegt vor perfekter Berg- und Seekulisse. Ludwigs Traum gehört zu den schönsten Schlössern der Erde.

 Lindau am Bodensee hat fast schon mediterranes Klima: Es wachsen Palmen und Rhododendren. Und seit mehr als hundert Jahren begrüßen Löwe und Leuchtturm die Inselstadtgäste.

Die beste Reisezeit

Oberbayern ist ab **Ende April** wettermäßig schon recht stabil und der Wonnemonat **Mai** macht seinem Namen meistens auch alle Ehre, besonders wenn Föhn ist, also ein Tag mit dem berühmten warmen Fallwind aus dem Süden. Da darf man gern mit angenehmen 20 °C oder mehr rechnen. Noch angenehmer freilich ist, dass die Hochsaison erst vor der Tür steht und die schöne Alpenstraße nicht unter so manchem lästigen Stau leiden muss wie später im Sommer, wenn mehr Ausflügler unterwegs sind.

Besondere Tipps

Für Roadrunner: Wer durchfährt, schafft die Alpenstraße in einem Tag, drei bis vier Tage sind ein akzeptabler Mittelweg, aber eine Woche mit zahlreichen Stopps macht viel mehr Spaß.

Für den Kopf: Der Staffelsee hat Geschichte geschrieben, weil sich für ihn und das »Blaue Land« die Künstlerkolonie des »Blauen Reiter« mit Malern wie Wassily Kandinsky und Franz Marc begeisterte. Schönes Museum in Murnau.

Für den Gaumen: Die »Residenz Heinz Winkler« in Aschau am Chiemsee ist die beste Adresse für Feinschmecker auf der ganzen Tour.

Info: www.deutsche-alpenstrasse.de

← Schloss Neuschwanstein gehört zum Pflichtprogramm (o.)
← Typisch bayrisch: eine Maß Bier in einem zünftigen Biergarten (u. li.)
← Die Brücke über den Sylvensteinstausee im Vorkarwendel (u. re.)
↑ »Oben ohne« – mit dem Cabrio macht die Deutsche Alpenstraße besonders viel Spaß

Traumroute 3 Frankreich

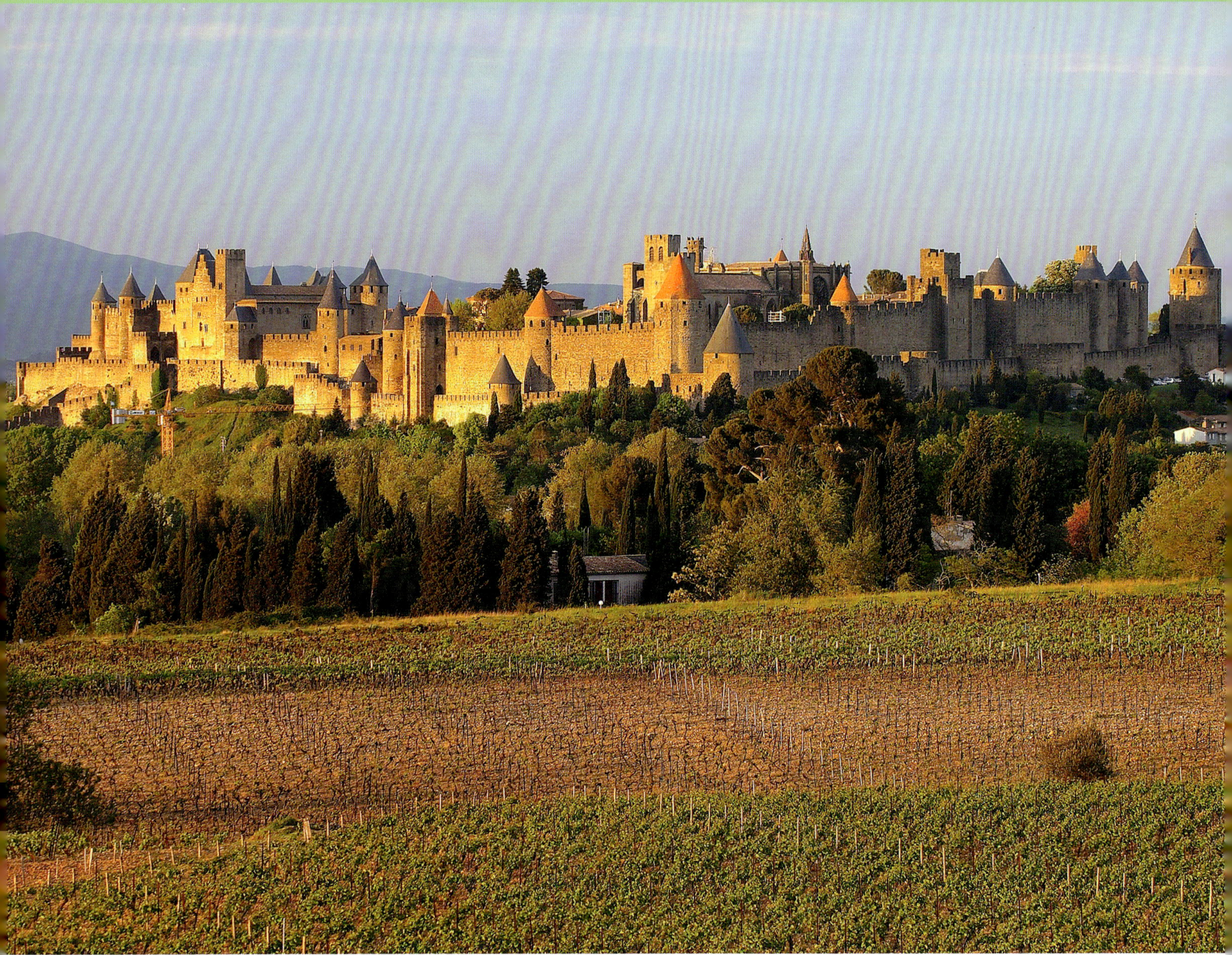

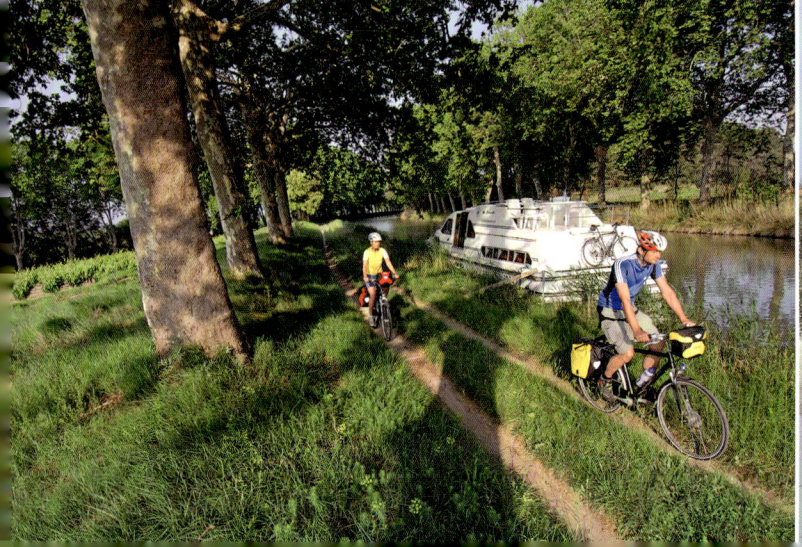

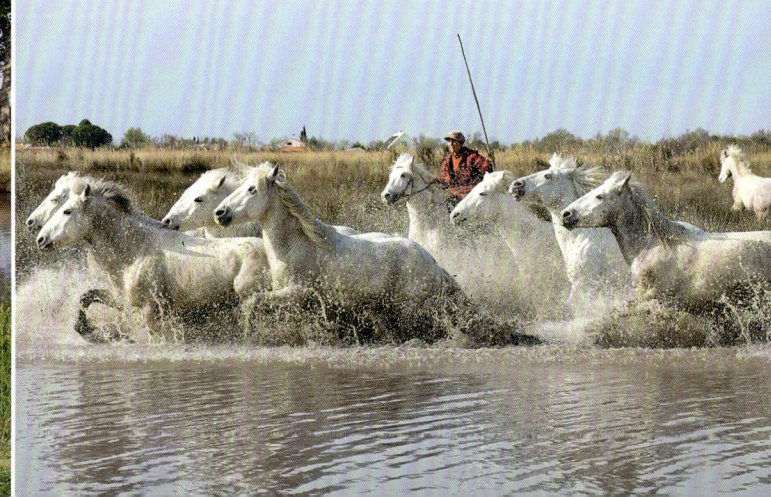

Eine Traum-Bootstour – Vom Mittelmeer zum Atlantik

Der Weg ist das Ziel bei unserer Traumbootstour auf den Kanälen durch das südliche Frankreich: mit seiner herrlichen Landschaft, den romantischen Städtchen, den ruhigen, lieblichen Dörfern, den Schätzen der Kunst und nicht zuletzt der erlesenen französischen Küche sowie der ausgezeichneten Weine. Und das alles in drei Etappen.

Die erste Etappe beginnt am Rande der Camargue in St. Gilles auf dem Rhône-Sète-Kanal und führt sehr schnell zum berühmten mittelalterlichen Festungsviereck Aigues Mortes. Nahe der Küste vorbei an der Ferienanlage Grand Motte über weite Seen, die sogenannten Etangs, zum Bassin de Thau, mit den riesigen Austerngärten bis zum kleinen Hafenort Port Cassafières.

Dort beginnt der Canal du Midi, er führt von der Languedoc bis Bordeaux quer durch das sonnige Südfrankreich. Das architektonische Meisterwerk aus dem 17. Jahrhundert ist geschützt als Weltkulturerbe der UNESCO. Gleich hinter Béziers liegt das erste Schleusenabenteuer: zuerst in einem hohen Viadukt über die Orb und dann in neun Schleusen 25 m nach oben. Durch den 165 m langen Malpas-Tunnel geht es dann in Richtung Carcassonne. Die mittelalterliche Festung liegt auf einem Bergrücken über der Stadt. Weiter führt die Reise auf dem von Platanen gesäumten Kanal durch das Minervois, eine hügelige Weinlandschaft, bis zum malerischen Städtchen Castelnaudary.

Die etwa 100 km bis zum nächsten Ausgangspunkt Montauban sollte man mit dem Auto zurücklegen. Von dort aus bringt uns die Route zunächst über den Canal Montech zum Canal Lateral, der etwa 120 km entlang der Garonne verläuft. Pittoreske Dörfer und kleinere Städte wie Agen mit seiner sehr schönen Altstadt oder Moissac mit seiner einstigen Benediktinerabtei begleiten das Schiff beschaulich nach Le Mas d'Agenais, dem Zielhafen. Der Weg in das große Weinland rund um Bordeaux ist nun auch nicht mehr weit.

Die beste Reisezeit

Zunächst mediterranes Klima, dann trockenes vor den Pyrenäen und feuchteres zum Atlantik hin kennzeichnen die Route. Am besten reist man von **Anfang Mai bis Mitte Juni** oder im frühen Herbst, dann liegen die Temperaturen zwischen 18 und 25 °C. Von November bis in den April ist es auf der gesamten Route häufig nebelig und kühl. In den Sommermonaten ist es heiß und Kanäle wie Ausflugsorte sind überlaufen.

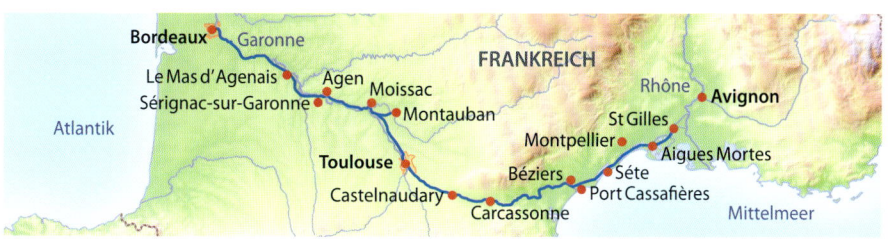

Die Highlights

 Aigues Mortes wurde im 13. Jahrhundert als zinnenbewehrte Festung erbaut. Der 30 m hohe Turm Tour de Constance diente als Gefängnis für Tempelritter, Ketzer und Hugenotten.

 In der *Camargue* sieht man Flamingos, Purpurreiher, Herden der berühmten weißen Pferde und Gehege mit schwarzen Büffeln.

 Das *Bassin de Thau* ist der größte der Etangs. Kilometerlange Austernbänke, deren Erträge in den Restaurants appetitlich angeboten werden, begleiten das Boot.

 Carcassonne, hoch über dem Fluss Aude, ist das großartig erhaltene Beispiel einer ummauerten, mittelalterlichen Festung und heute Weltkulturerbe der UNESCO.

 Die Gassen von *Castel Naudary* werden von Fachwerk- und Herrenhäusern gesäumt. Hauptattraktion hier ist das Cassoulet, ein Eintopfgericht.

 In *Agen* führt der Canal Lateral in einer langen Brücke über die Garonne. Sehenswert sind die Kathedrale aus dem hohen Mittelalter und das Musée des Beaux-Arts.

 Moissac lockt mit einer alten Benediktinerabtei, mit romanischem Kirchenportal und einem Kreuzgang von nahezu 100 Säulen.

Besondere Tipps

Für Roadrunner: Eilige wählen die Flamingo-Tour, mit dem Boot in einer Woche von St. Gilles nach Port Cassafières.

Für entspannte Momente: In Sérignac-sur-Garonne liegt etwas versteckt das Prince Noir (www.le-prince-noir.com). Dort trifft man sich abends bei exzellentem Wein und hervorragender, regionaler Küche.

Für Kunsthistoriker: In Le Mas d'Agnais, dem Endpunkt der Reise auf dem Canal Lateral, befindet sich in der kleinen Kirche aus dem 11. Jahrhundert ein kunsthistorischer Schatz: das Tafelbild »Christus am Kreuz« von Rembrandt. *Info:* www.leboat.de

← Carcassonne, Schauplatz wechselvoller Geschichte (o.)
← Canal du Midi, herrliche Radwege am schattigen Ufer des historischen Kanals (u. li.)
← Die halbwilden weißen Pferde, ein Wahrzeichen der Camargue (u. re.)
↑ Platanenalleen begleiten die weißen Hausboote entlang des Kanals

Traumroute 4 Spanien

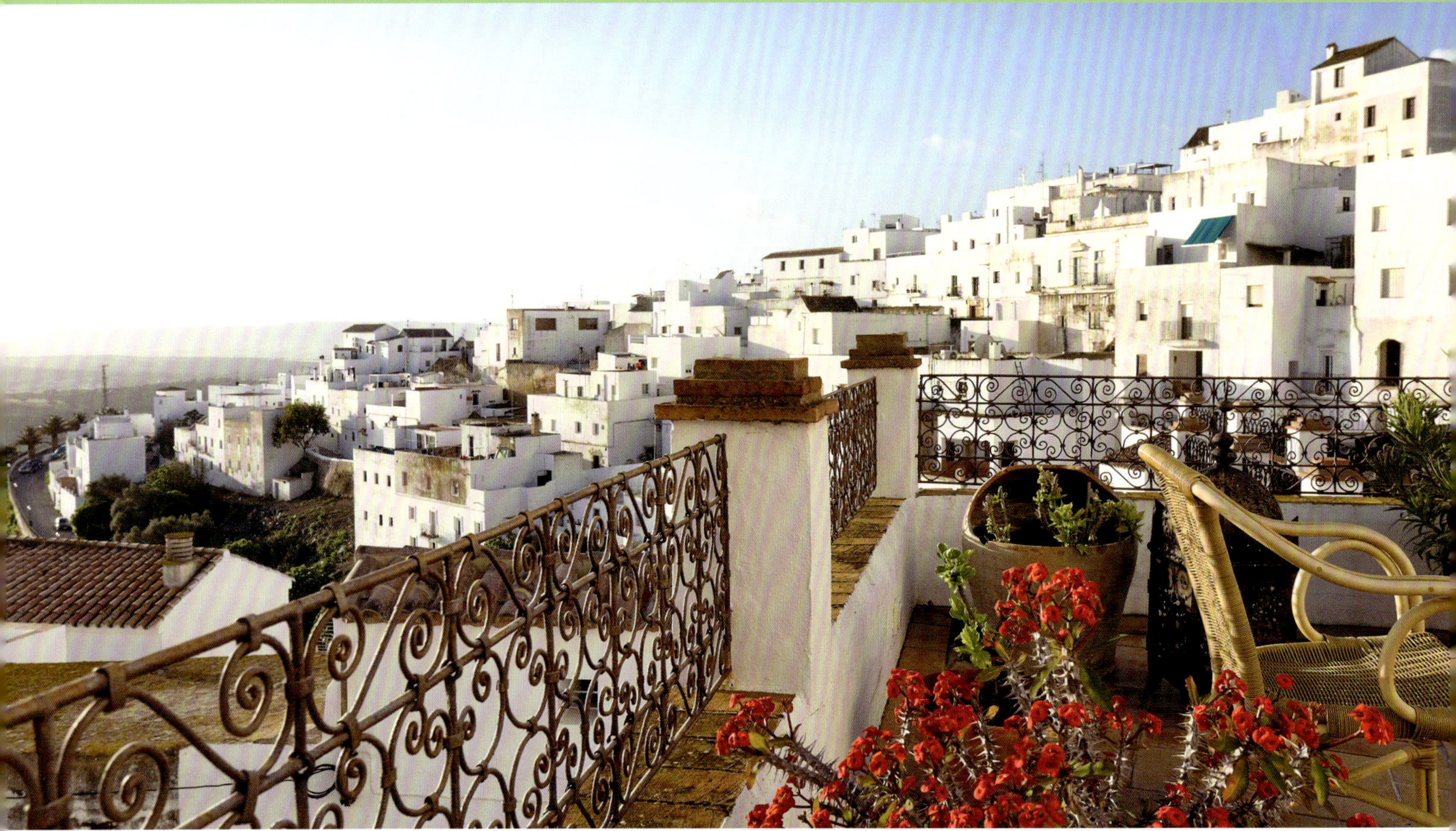

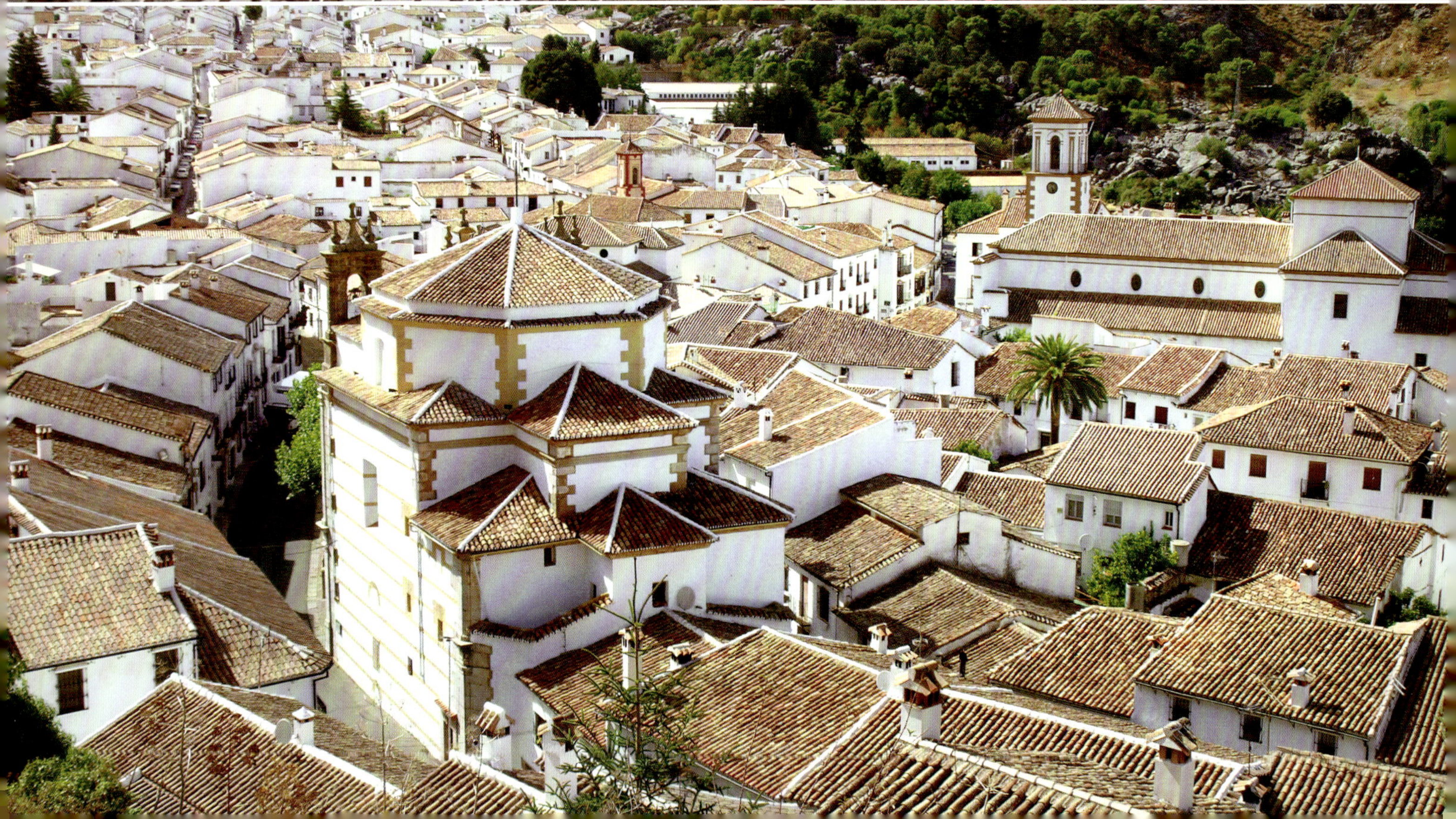

Andalusien

Weiße Dörfer in Spaniens Süden – Von Vejer nach Casares

Sie gehören zum Süden Spaniens wie der Flamenco, der Stierkampf oder auch die Massen sonnenhungriger Badeurlauber an der Costa del Sol: die Pueblos Blancos. Eigentlich sind die meisten Dörfer und Kleinstädte in Andalusien »weiße Dörfer«. Den Namen haben sich die Tourismusplaner einfallen lassen, um auf die wie hingewürfelt aussehenden Dorfschönheiten aufmerksam zu machen. Ganz besonders malerisch sind sie in der Sierra de Grazalema und der Serranía de Ronda im Hinterland der Costa del Sol und Costa de la Luz, wo sie sich zu einer romantischen Tour voll landschaftlicher Schönheit verbinden lassen.

Vejer de la Frontera sieht aus wie das ideale Pueblo Blanco. Auf einem Berg nahe am Meer schachteln sich dicht an dicht die weißen Häuserkuben. Die Gassen sind schmal und manchmal steil – und ganz oben, im ummauerten Kern, befinden sich die Reste einer Burg und ein imposantes Gotteshaus. Über Medina Sidonia mit seinen herrschaftlichen Stadthäusern führt die Tour zunächst durch die einsame Hügellandschaft mit Kork- und Steineichenwäldern nach Arcos de la Frontera, wo die offizielle Touristenroute der Weißen Dörfer beginnt. Atemberaubend liegt Arcos am Rand einer senkrecht herabfallenden

Felswand. Unten im Tal wurde vor 1300 Jahren Geschichte geschrieben, dort errangen die Araber ihren ersten Sieg auf der Iberischen Halbinsel. Hinter Ubrique, dem Pueblo Blanco, das für seine Lederwerkstätten bekannt ist, führt die Straße ins Gebirge. Herrliche Landschaften zwischen kahlen Felsen und Tannenwäldern stehen auf dem Programm. Einen längeren Aufenthalt verdient Ronda, dessen Lage auf zwei Felsplateaus schon Rilke und Hemingway inspiriert haben. Wie an einer Perlenschnur reihen sich entlang der grandiosen A369 durch die Serranía de Ronda weitere Pueblos Blancos. In Gaucín oder Casares wird man die nahe Küste mit ihren Bettenburgen nicht vermissen.

Die Highlights

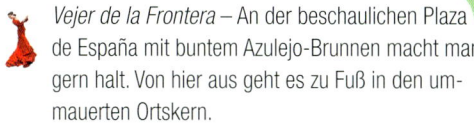 *Vejer de la Frontera* – An der beschaulichen Plaza de España mit buntem Azulejo-Brunnen macht man gern halt. Von hier aus geht es zu Fuß in den ummauerten Ortskern.

 *Arcos de la Frontera* – Atemberaubend ist der Blick in die Tiefe. Malerische Gassen und ein Kloster mit süßen Leckereien erwarten den Besucher.

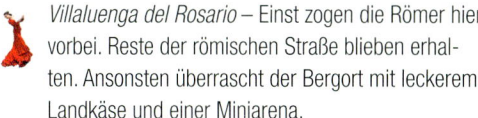 *Villaluenga del Rosario* – Einst zogen die Römer hier vorbei. Reste der römischen Straße blieben erhalten. Ansonsten überrascht der Bergort mit leckerem Landkäse und einer Miniarena.

Grazalema – Eng ducken sich die Häuser des regenreichsten Orts ganz Spaniens in eine Bergfalte. Die handgewebten Decken aus Schafswolle sind nach wie vor gefragt.

Puerto de las Palomas – Wer Höhenangst hat, sucht sich besser einen anderen Weg. Alle anderen werden von dem schmalen Bergpass mit seinen fantastischen Ausblicken begeistert sein.

Ronda – Von der Puente Nuevo schaut man tief ins Tal und weit übers Land. In der historischen Arena wurde der moderne Stierkampf erfunden.

Serranía de Ronda – Grüne Hügel und stille Täler und ab und an ein weißes Dorf.

Die beste Reisezeit

Im Winter kann es im gebirgigen Hinterland von Costa del Sol und Costa de la Luz empfindlich kalt werden. Üppige Niederschläge – auch Schnee – sind in der Sierra de Grazalema keine Seltenheit. Im Sommer dagegen wird es brütend heiß. Besonders schön ist es im **Frühling oder Frühsommer,** wenn die Landschaft noch grün ist und sich in den Bergen die eine oder andere Blume zeigt. Alternativ ist der Herbst eine lohnenswerte Reisezeit.

Besondere Tipps

Für Roadrunner: Die 280 Kilometer lange Tour lässt sich beliebig abkürzen oder in Teilabschnitten erleben. Besonders zu empfehlen ist die Passage durch die Sierra de Grazalema von Arcos de la Frontera bis Zahara de la Sierra sowie die Etappe durch die Serranía de Ronda auf der A369 von Ronda nach Süden bis zum Weißen Dorf Casares.

Für Kunstfreunde: Versteckt in einem weiten Pinienhain bei Vejer wartet in der Fundacion NMAC große Kunst. James Turell, Gregor Schneider, Olafur Eliasson und andere haben sie speziell hierfür entwickelt.

Für den Gaumen: Handgemachtes Gebäck verkaufen die Nonnen des Convento de las Mercedarias in Arcos de la Frontera. An einer hölzernen Klappe wird Ware gegen Geld getauscht, ansonsten leben die Nonnen in Klausur.

Info: www.andalucia.org

← Die Häuser von Vejer de la Frontera an der Costa de la Luz (o.)

← Grazalema liegt in einem Hochtal der gleichnamigen Sierra; das Pueblo Blanco ist ein beliebter Ausgangspunkt für Aktivurlauber (u.)

↑ Kurios aber wahr: Grazalema ist die regenreichste Gemeinde Spaniens

Traumroute 5 Kroatien

Weiße Berge, blaues Meer – Von Istrien zum Skutarisee

Nur wenige Küstengebiete beeindrucken so wie die ca. 600 km lange Ostküste der Adria: eine Kette gebirgiger Inseln und dahinter die schier endlose, weiße Mauer der Dinarischen Alpen am Rand eines riesigen Karstplateaus – mit einer Vielfalt von Landschaften und einer einzigartigen Mischung von Geschichte und Kultur. Für eine Autoreise auf der Jadranska Magistrala, der Adriatischen Küstenstraße von Istrien an den Skutarisee, sollte man sich mindestens eine Woche Zeit nehmen. Angenehme Hotels und gute Restaurants finden Reisende überall entlang der Strecke.

Von dem kleinen, venezianisch anmutenden Hafenstädtchen Piran geht es über Porec und durchs wunderschöne istrische Innenland zum Ferienort der alten Habsburger Monarchie Opatjia. Eine wilde Küstenlandschaft begleitet die Fahrt über Jablanac – eine Überfahrt von hier zur Insel Rab ist eine reizende Abwechslung – nach Zadar, hinter dessen Mauern sich gewaltige Kunstschätze verbergen. Mit dem Boot sollte man zu den Kornaten, einem Paradies für Segler und Taucher, übersetzen. Oder man fährt wenige Kilometer ins Landesinnere zum einmalig schönen Naturschauspiel der Krka-Wasserfälle. Weiter geht es nach Sibenik mit der Kathedrale Sveti

Jakob, dem wohl schönsten Renaissancebau der Küste.

Etwa 60 km südlich liegt auf dem Weg nach Split das mittelalterliche Inselstädtchen Trogir. Split ist mit dem weitgehend erhaltenen Palast des römischen Kaisers Diokletian direkt am Ufer der Adria einer der kulturellen Höhepunkte dieser Reise. Über Makarska erreicht die Tour Dubrovnik. Von dort geht die Fahrt auf der manchmal recht schmalen Küstenstraße über die montenegrinische Staatsgrenze an die malerische Bucht von Kotor mit der gleichnamigen Stadt. Das Ziel ist dann der riesige, küstennahe Skutarisee mit unzähligen Inseln, kleinen Klöstern und einer einmaligen Tier- und Pflanzenwelt.

Die Highlights

 Porec hat in der Euphrasius-Basilika ein außergewöhnliches Beispiel frühbyzantinischer Architektur mit herrlichen Mosaiken in der Hauptkuppel.

 Zadar, die alte Hauptstadt Dalmatiens, glänzt hinter gewaltigen Mauern mit Kirchen von karolingischer bis barocker Architektur und mit einem bunten Bauernmarkt.

 Krka-Wasserfälle, wohl die schönsten an der Adriaküste: Über 17 Stufen fällt das Wasser des Skradinski buk und lädt in den Sommermonaten zum Baden ein.

 Trogir hat seinen mittelalterlichen Charme bewahrt, besonders sehenswert ist die Kathedrale mit dem berühmten Westportal, bewacht von zwei steinernen Löwen.

 Split lockt mit dem Palast des römischen Kaisers Diokletian, den er sich als luxuriösen Alterssitz nach seiner Abdankung erbauen ließ.

 Dubrovnik, die Perle an der Adria, war einst mächtig und reich, was in Festungsbauten, Kirchen und Adelspalästen seinen Niederschlag fand.

 Die *Bucht von Kotor* überwältigt mit ihrem steilen, fjordähnlichen Ufer und dem tiefschwarzen Wasser. Vorbei an kleinen Inseln mit weißen Kirchen erreicht man die Stadt Kotor.

Die beste Reisezeit

Wie in allen südeuropäischen Ländern fährt man die Adriatische Küstenstraße am besten im **Mai/Juni** oder alternativ im **September/Oktober**. Doch selbst im Sommer ist große Hitze durch die vom Meer her wehenden Winde an der Küste erträglich. In den wärmeren Jahreszeiten spannt sich blauer Himmel über die gesamte Küste. Nur im Winter tobt oft die Bora, ein Fallwind, und bringt kalte, trockene Luft von den Berggipfeln Richtung Meer.

Besondere Tipps

Für Roadrunner: Dubrovnik ist von allen mitteleuropäischen Flughäfen leicht erreichbar, Split ebenso. Die Strecke dazwischen sollte man mit dem Auto machen.

Für Landschaftsfreunde: Eine kurze Fahrt zu den Dolinen – grünen, landwirtschaftlich genutzten Inseln und kleinen, tiefen Seen inmitten karger Karstfelsen – gibt einen guten Eindruck vom Landesinneren.

Für Luxusfans: Sveti Stefan war ein Fischerdorf auf einer winzigen Insel, daraus entstand ein Traum von einem Luxushotel, leider auch mit Traumpreisen. Trotzdem empfiehlt sich ein kurzer Besuch.

Info: www.croatia.hr/de

← Das malerische Kotor am Ende der gleichnamigen Bucht (o. li.)

← Dubrovnik, versteinerte Erinnerung an vergangene Zeiten (o. re.)

← Trogir, Hafen vieler Segeljachten für Touren entlang der Küste (unten)

↑ Beim Baden an den Krka-Wasserfällen

Traumroute 6 Schweden

Durch Schwedens Süden

Stets am Wasser entlang – Rundtour Malmö–Göteborg–Stockholm

Egal, ob per Auto oder mit dem Wohnmobil: Südschweden ist das ideale Reiseziel für beides! Die Straßen entlang der Küste sind perfekt ausgebaut. Es lässt sich also wahlweise ordentlich Strecke zwischen zwei geplanten Stationen machen oder einfach gemütlich dahinfahren und dort anhalten, wo es gefällt. Rund zwei Wochen sollte man für eine Rundtour längs der Küste Südschwedens einplanen. Startpunkt der Route ist wahlweise Trelleborg – hierhin setzt die Fähre von Travemünde oder Rostock über – oder Malmö. Die drittgrößte Stadt des Landes ist komplett per Autoanreise aus Deutschland machbar: via Kopenhagen und weiter über die Öresundbrücke.

Von hier führt die Tour Richtung Norden, immer der schwedischen Westküste entlang, in jedem Fall mit einem Zwischenstopp in Helsingborg mit seinem mittelalterlichen Burgturm. Weiter geht es nach Göteborg, das der Hauptstadt in Sachen Kultur, Gastronomie und Nachtleben in nichts nachsteht. Ebenso wie die »große Schwester« Stockholm hat Göteborg einen Schärengarten. Auf manche Inseln des autofreien Archipelagos kommt man ganz unkompliziert per ÖPNV-Fähre, etwa auf das idyllische Inselchen Brännö.

Wer nach Göteborg die Küste Richtung Osten verlässt, muss trotzdem nicht lange auf den Anblick von Wasser verzichten: Schon nach wenigen Kilometern ist der Vänernsee erreicht. Nach einer Stippvisite von Karlstad und Örebro lockt Schwedens Kapitale: mit ihrer Altstadt Gamla Stan, der Freizeitinsel Djurgården und dem hippen Stadtteil Södermalm.

Von Stockholm aus geht es – nun die Ostküste entlang – wieder Richtung Süden. Unbedingt sehenswert auf diesem Streckenabschnitt sind die Insel Öland mit ihrer jahrtausendalten Kulturlandschaft, das Wasserschloss von Kalmar und der historische Flottenstützpunkt in Karlskrona. Über Ystad führt die Route schließlich zurück nach Trelleborg bzw. zur Öresundbrücke.

Die Highlights

 Das *Wikingerreservat Foteviken* am Öresund zeigt ein Wikingerdorf aus dem Jahr 1134. Besonders authentisch wirkt das Dorf dank der ehrenamtlichen Living-History-Darsteller.

 Die rund 3000 Jahre alten *Felsritzungen von Tanum* in der historischen Provinz Bohuslän geben Aufschluss über das religiöse und soziale Leben der Bronzezeit.

 Seit 1982 ist *Schloss Drottningholm* auf der Insel Lovön im Mälaren Wohnsitz der schwedischen Königsfamilie. Seit 1991 ist es zudem UNESCO-Weltkulturerbe.

 Beim *Friedhof Skogskyrkogården*, südlich von Stockholm, ist die Architektur perfekt mit der über 100 Hektar großen Kulturlandschaft verschmolzen.

 Den *Schärengarten* vor Stockholms Küste bilden kleine, in der Eiszeit entstandene Inseln. Nur einige Tausend der rund 25 000 Eilande sind bewohnt.

 In der geschichtsträchtigen Agrarlandschaft *Südölands* finden sich viele Zeugnisse der Stein-, Bronze- und Eisenzeit: etwa Grabhügel, Fluchtburgen und Hausfundamente.

 Der *Marinehafen von Karlskrona* kann in den Sommermonaten von Juni bis August per geführter Bootstour erkundet werden.

Die beste Reisezeit

Wer Schwedens größtes Fest des Jahres – Midsommar – mit allen seinen magischen Bräuchen, den Volkstänzen und Trinkliedern mitfeiern will, sollte seine Reise rund **um den 21. Juni** legen. Allen anderen sei gesagt: Am schönsten ist die Region im **späten Frühjahr**. Der Mai hat vergleichsweise wenige Regentage, die Temperaturen sind tagsüber mit rund 15 °C schon recht angenehm – und die Mücken starten ihre »Jagdsaison« erst im Juni und Juli.

Besondere Tipps

Für Roadrunner: Wer weniger als zwei Wochen Zeit hat, entscheidet sich wahlweise für die Ost- oder die Westküste.

Für das Auge: Schweden ist bekannt für seine Designer. Egal, ob Möbel oder Mode: Hier ist alles ästhetisch, funktional und trendig. Also unbedingt shoppen gehen!

Für das Herz: Eine liebgewonnene Erinnerung an Kindheitstage sind die Mumins. Die nilpferdartigen Trollwesen der finnlandschwedischen Schriftstellerin Tove Jansson gibt es in fast jedem Souvenirshop.

Info: www.visitsweden.com

← Blick vom Rathausturm über die Altstadt von Stockholm (o.)
← Stockholms Schärengarten bietet rund 25 000 Inseln (u. re.)
← Weite bis zum Horizont auf der Insel Öland (u. li.)
↑ Schwedische Idylle auf Brönno bei Göteborg

Von L.A. nach San Francisco

Das berühmte Kalifornien-Konzentrat – Auf dem Highway 1 von L.A. bis Bay City

»Golden State« nennen die Kalifornier ihre Heimat, weil mit dem Goldrausch von 1849 der Aufschwung dieser einstigen spanischen Kolonie begann. Der Song »It never rains in Southern California« ist zwar geflunkert, doch ist Hollywood nicht ohnehin große Illusion? Real sind aber die Dollarmilliarden, die Öl, Hightech, Farmen und Tourismus ins Land des entspannten Lebensstils spülen. Fast all dies erleben Besucher, die auf dem legendären Highway 1 zwischen Los Angeles und San Francisco unterwegs sind oder den Norden jenseits der Golden Gate Bridge auf dem Highway 101 erkunden.

Kleine Orte mit großen Namen prägen für drei bis sechs Tage die 750 km lange Südstrecke des – nicht immer am Meer verlaufenden – Pacific Coast Highway: Santa Monica, das schmucke Santa Barbara, San Luis Obispo und dann das Bergland von Big Sur, dessen Klippen in den Pazifik abfallen. In diese Wildnis ziehen sich seit jeher Künstler und Eremiten zurück. Carmel, wo Clint Eastwood einst als Bürgermeister amtierte, ist eine der feinsten Kleinstädte des Westens. Bei Monterey mit seinem großartigen Aquarium erahnt man schon das nahe San Francisco. Noch ein Abstecher ins Silicon Valley, wo aus Garagen die Glaspaläste von Google,

Ebay und Apple wurden, dann ist die »Bay City« erreicht.

Jenseits der Golden Gate Bridge windet sich die Staatsstraße 1 entlang der waldreichen Küste. Viele Touristen bevorzugen hier den Highway 101, aber beide Straßen erschließen die nordkalifornischen Weingebiete und die mächtigen Redwoodwälder. Wer mag, kann weiterrollen durch Oregon und Washington bis Kanada. Ähnliches gilt für das andere Ende der Route südlich von Los Angeles, mit Abstechern ins Disneyland bei Anaheim oder zur »Queen Mary« in Long Beach, und dann weiter nach San Diego und Mexiko – insgesamt rund 2700 km. Welch eine Strecke!

Die Highlights

Universal Studios – Amerikas größtes Filmstudio und zugleich Themenpark mit fünf Millionen Besuchern pro Jahr. Interessante Studiotouren für Kinofans.

Getty Museums – Das 1997 eröffnete *Getty Museum* in Los Angeles zeigt die Sammlung des Ölmilliardärs. Die Getty Villa in Malibu, eine nachgebaute römische Villa, birgt die Kunst der Antike.

Mission Santa Barbara – Die 1786 gegründete Franziskanermission ist die größte der Stationen, mit denen Spanien einst Kalifornien kolonialisierte.

Hearst Castle – Der in den 1920er-Jahren begonnene Prunkbau des Zeitungszars Randolph Hearst bei San Simeon hat 165 Räume.

Point Lobos – Das Natur- und Meeresreservat ist nicht nur für seine landschaftlichen Reize, sondern auch für sein Tierleben – Seehunde und vor allem Seeotter – bekannt.

Cable Cars – Das einzige rollende Nationalmonument der USA entstand ab 1873. Die Fahrer klinken sich auf den steilsten Straßen San Franciscos in das unterirdisch laufende Drahtseil ein.

Alcatraz – Amerikas berühmtestes Gefängnis, gelegen auf einer Insel vor San Francisco, beherbergte u. a. Al Capone.

Die beste Reisezeit

Eine gute Reisezeit für diese Traumroute ist das **Frühjahr**, noch vor den sommerlichen Besuchermassen. Für San Francisco sollte man sowieso immer Pulli oder Windjacke zur Hand haben – auch im Hochsommer, bei Durchschnittstemperaturen von 12 bis 20 °C. Den kältesten Winter, den er je erlebt habe, so der Spötter Mark Twain, sei ein Sommer in San Francisco gewesen. Zum Vergleich: In Los Angeles klettert das Thermometer im Sommer bis auf 40 °C, im Winter hat es noch angenehme 13 °C.

Besondere Tipps

Für Roadrunner: Die Fernstraße US-101, die abschnittsweise mit dem Highway 1 identisch ist, und vor allem die Interstate I-5 erlauben ein schnelleres Fortkommen.

Für Nostalgiker: Der Beach Boardwalk von Santa Cruz, eine hölzerne Uferpromenade, besitzt seit 1907 eine Vergnügungspark mit 35 Attraktionen. Die hölzerne Achterbahn von 1924 und das Looff-Karussell von 1911 sind National Historic Landmarks.

Für den Kopf: Große Literatur entstand an dieser Küste, etwa *Straße der Ölsardinen* von John Steinbeck, *Big Sur* von Jack Kerouac und *Big Sur und die Orangen des Hieronymus Bosch* von Henry Miller.
Info: www.visitcalifornia.de

← California Dreamin': San Franciscos Golden Gate Bridge (o.)
← Motor aus zwischen San Simeon und Big Sur (u. re.)
← San Franciscos Cable Car mit Fisherman's Wharf und der berüchtigten Gefängnisinsel Alcatraz (u. re.)
↑ Pool-Pracht im Hearst Castle, dem Schloss des Zeitungszaren

Florida

Im Vorhof zum Paradies – Von Tampa bis Miami

Florida wurde 1513 von dem Spanier Juan Ponce de León für sein Land in Besitz genommen. Er landete an der Ostküste. Ob ihn die Blütenpracht der neuen Immobilie oder der Tag der Entdeckung – es war Palmsonntag, auf Spanisch »Pascua Florida« – zum Namen der neuen Kolonie inspirierte, darüber streiten sich die Gelehrten bis heute. 1528 machte der Entdecker der Westküste, Pánfilo de Narváez, ein einäugiger Indianerkiller, in der Tampa Bay fest und hoffte auf Gold. Vergeblich. Stattdessen sah er, mit dem verbliebenen Auge, endlose Flächen unkultivierter Erde, von unberührten Wäldern bedeckt und durchsetzt von ausgedehnten Seen und Sümpfen. Diesen Status der Jungfräulichkeit hat das Land am Golf von Mexiko längst verloren. Dennoch gibt es noch manches, was gängigen Vorstellungen vom Paradies ziemlich nahekommt. Dafür sorgen die farbenprächtige subtropische Flora mit Baumriesen, Palmen, Mangroven, Orangenhainen, Bougainvilleen, Azaleen und Gräsern sowie die exotische Fauna mit Schlangen, Schildkröten, Alligatoren, Seekühen, Delfinen und einer faszinierend bunten Vogelwelt. Zum Szenario gehören ferner weiße Sandstrände, spektakuläre Sonnenuntergänge, Trauminseln, ein in allen Schattierungen von Blau

glitzerndes Meer, Korallenriffs, Marschen und Sumpfwildnisse mit verwunschenen Wasserwegen. Für Golfer ist Florida das Paradies schlechthin!

Unsere Route führt von Tampa in nördlicher Richtung nach Crystal River und folgt dann der Westküste nach Süden. An der Strecke liegen sehenswerte, elegante Städte wie St. Petersburg, Sarasota, Fort Myers und Naples, aber auch Inseln wie St. Petersburg Beach, Anna Maria Island und Sanibel Island mit ihren ausgedehnten, schönen Stränden. In Homestead geht es auf den Overseas Highway, der die Inselkette der Florida Keys mit dem südlichsten Punkt der USA, dem Key West, verbindet. Die Reise endet in Miami.

Die Highlights

 Homosassa Springs Wildlife Park – In natürlicher Umgebung tummeln sich in dem Gelände südlich von Crystal River nahezu alle in Florida heimischen Tiere.

 Salvador-Dalí-Museum in St. Petersburg – 1982 eröffnet, beherbergt es weltweit die größte Sammlung von Werken des spanischen Künstlers.

 Ringling-Museen in Sarasota – In dem Park mit der prunkvollen Residenz verbrachte die Zirkusfamilie Ringling ihre Wintermonate.

 Edison & Ford Winter Estates in Fort Myers – In den beiden Villen verbrachten der Erfinder Thomas Alva Edison und der Autobauer Henry Ford ihre Winter.

 Everglades National Park – Die Mischung aus Sumpfsteppe, Zypressen- und Mangrovensümpfen erschließt sich dem Besucher am besten per Kanu oder Motorboot.

 Key West faszinierte bereits Ernest Hemingway und den amerikanischen Präsidenten Harry S. Truman.

 Korallenriffs von Key Largo – Man muss kein Schnorchler oder Taucher sein: Einen Einblick in die Wunderwelt der Korallen gewähren auch Glasbodenboote.

Die beste Reisezeit

Für die Tour sollte man zwei Wochen einplanen. Ideal zum Reisen ist die Zeit **von Mitte Februar bis Mitte Mai**, mit angenehmen Temperaturen zwischen 20 und 28 °C. Von Juni bis September ist es eher heiß und schwül. Zudem ist dies die Zeit der Moskitos, Regengüsse und tropischer Stürme – also nicht ganz so reisegeeignet. Und noch ein Tipp: Den Overseas Highway nach Key West sollte man an Wochenenden meiden: Staugefahr!

Besondere Tipps

Für Roadrunner: Mit einem Verzicht auf Key West und den Overseas Highway lässt sich die Route abkürzen. Man fährt dann von den Everglades direkt nach Miami.

Für ADAC-Mitglieder: AAA-Filialen versorgen ADAC-Mitglieder kostenlos mit Straßenkarten und Tour Books. Zudem erhält man mit einem ADAC-Ausweis Preisnachlässe in vielen Motels und Museen.

Für den Körper: Sonnen- und Insektenschutzmittel sollten stets mitgeführt werden, schließlich ist im Sunshine State Florida immer Sommer – mit allen Begleiterscheinungen.

Info: www.visitflorida.com

← Key West: karibisches Flair auf der Amüsiermeile, Duval Street (o.)
← Alle Wege führen nach Key West: die alte und die neue Seven Mile Bridge (u.)
↑ Paradiesisch: Palmen, klarer Himmel, weißer Strand und blaues Meer

Traumroute 9 Mittelamerika

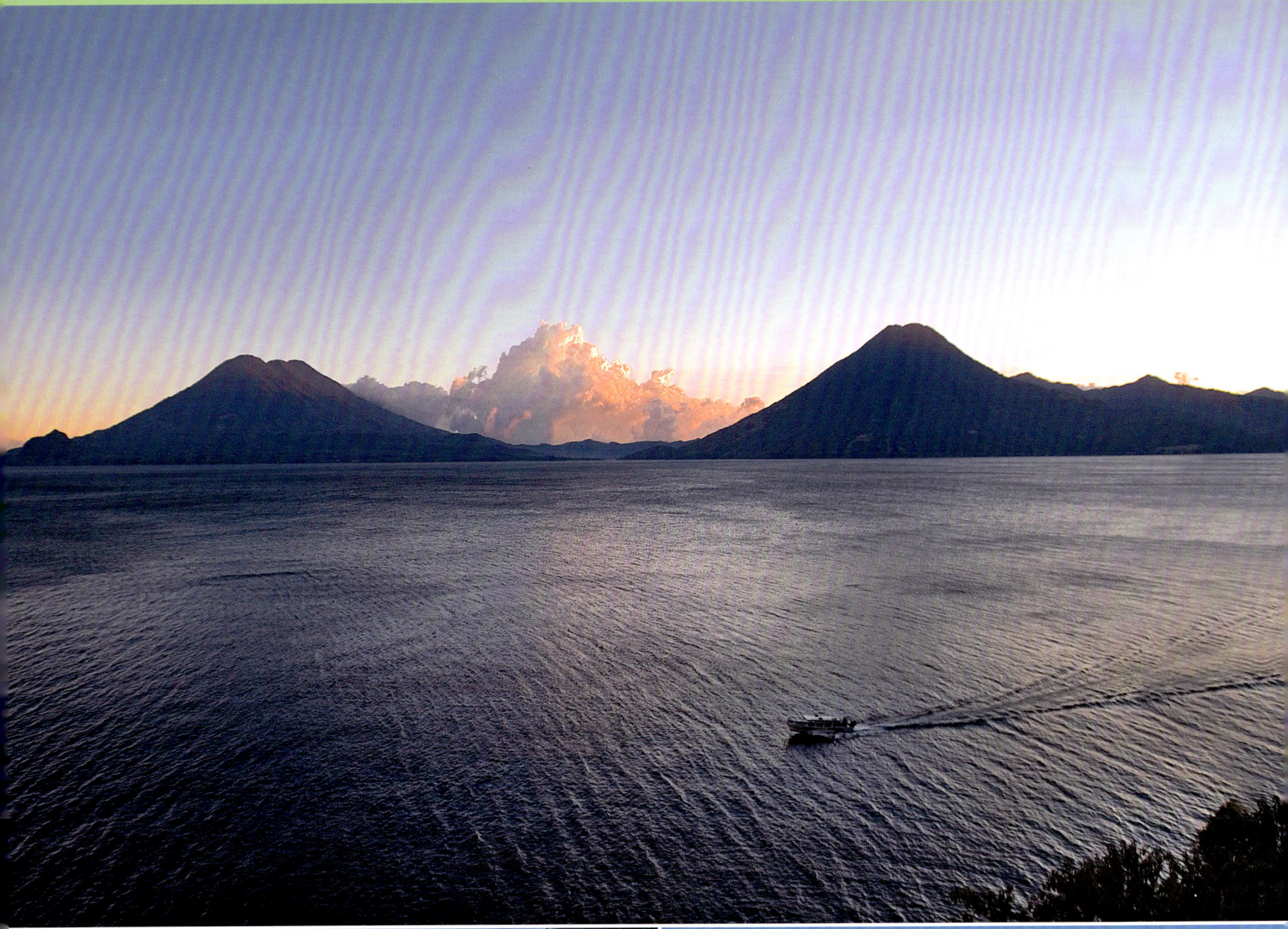

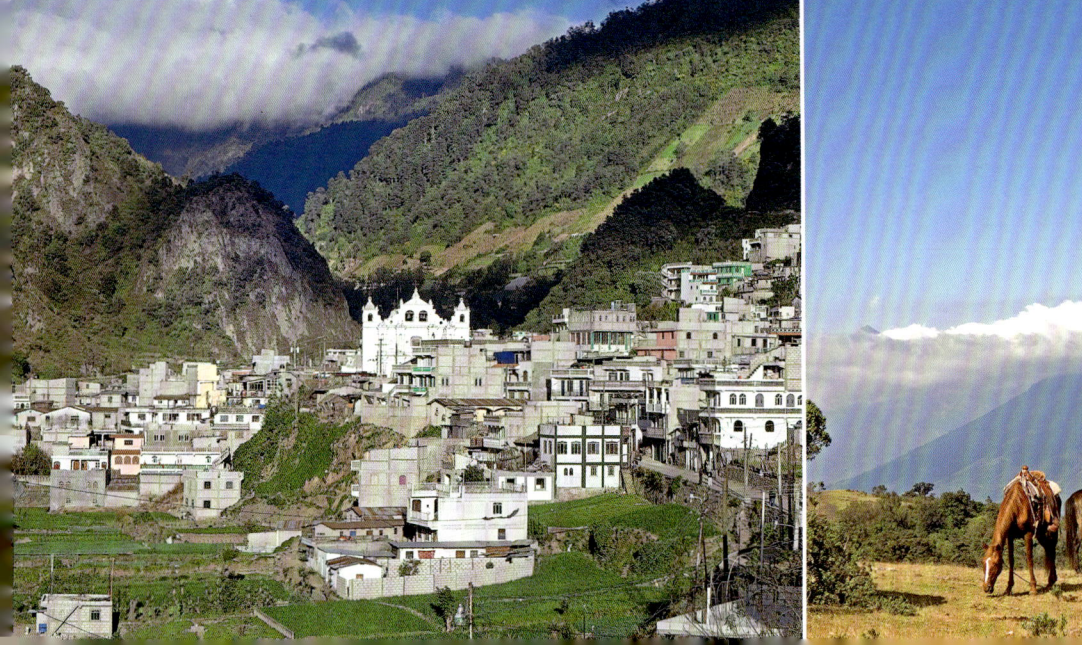

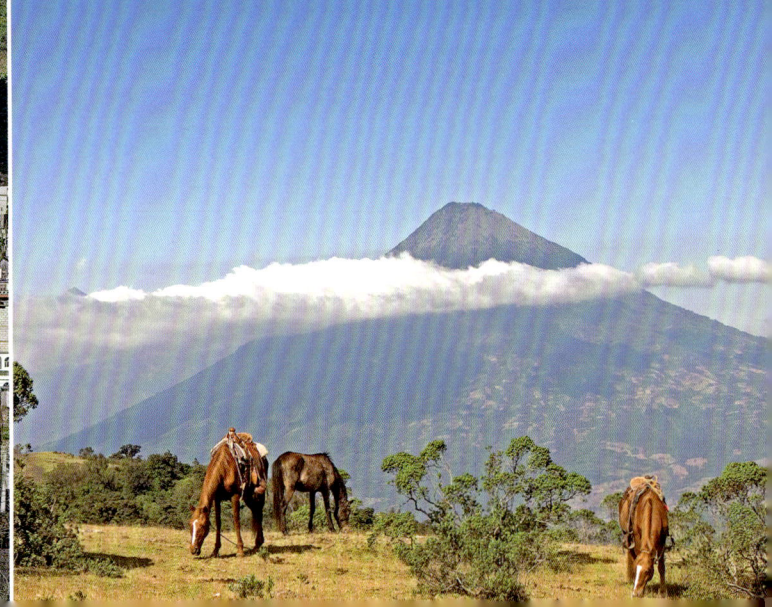

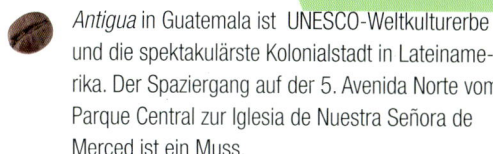

Guatemala/El Salvador

Mayas, Kirchen und Kaffee – Von Antigua bis San Salvador

Antigua schmückt sich mit Kirchen und Klöstern der kolonialen Epoche: schattige Arkadengänge, üppig dekorierte Fassaden, repräsentative Kolonialbauten, ein Luxushotel in den Resten des Klosters Santo Domingo, hübsche Bars, gute Restaurants. Der Lago de Atitlán gilt als einer der schönsten Seen der Welt. In der Tat könnte der saphirgrüne Kratersee vor der Kulisse der drei Vulkane Tolimán, Atitlán und San Pedro dazu verleiten, alle Reisepläne zu vergessen und träge von der Hängematte aus das Panorama zu bewundern – gäbe es nicht das denkmalgeschützte Städtchen Chichicastenango mit seinem pittoresken Markt direkt vor der Santo-Tomás-Kirche.

Tikal, tief in den Regenwäldern des nördlichen Guatemalas, war zur Blütezeit der Maya eine bedeutende Stadt. Ein Spaziergang durch den Dschungel zu reich verzierten Tempelruinen sollte zum Sonnenuntergang auf die Pyramide des Tempel IV führen. Aus über 60 m Höhe schweift hier der Blick weit über die Wipfel des Regenwalds, aus dem die Pyramiden wie Felseninseln herausragen. Copán in Honduras ist die dreieinhalb Stundenfahrt ab Guatemala-Stadt wert. Kunstvoll bearbeitete Stelen, die Terrassen der Akropolis und eine mit Schriftzeichen ge-

schmückte Treppe, welche die Geschichte von Copán erzählt, beeindrucken nicht nur Archäologen.

San Salvador vibriert vor Energie und poliert am Image als kosmopolitische Metropole. Das komplette Gegenteil findet sich im 50 km entfernten, stressfreien Suchitoto: der bildhübsche Platz vor der architektonisch und künstlerisch ungewöhnlichen Kirche Santa Lucia, die von kolonialer Architektur gesäumten Kopfsteinpflasterstraßen, locker-entspannte Bewohner. Hier scheint die Zeit stehen geblieben zu sein. Der Rückweg nach Guatemala führt auf der Ruta de las Flores durch das von Vulkanen umstandene Kaffeegebiet zwischen Nahuizcalco und Ataco.

Die Highlights

● *Antigua* in Guatemala ist UNESCO-Weltkulturerbe und die spektakulärste Kolonialstadt in Lateinamerika. Der Spaziergang auf der 5. Avenida Norte vom Parque Central zur Iglesia de Nuestra Señora de Merced ist ein Muss.

● Die einstigen *Mayametropolen Copán und Tikal* lohnen den Weg in den Dschungel.

● *Lago de Atitlán* – Alexander von Humboldt hielt den tiefblauen, von Vulkanen umgebenen See für den schönsten des Kontinents. Kleine Hotels am nördlichen Steilufer garantieren erholsame Urlaubstage.

● Der *Markt von Chichicastenango* ist einer der größten Märkte der Mayas, beeindruckend bunt und lebhaft.

● *Volcan de Pacaya* – Der aktive Vulkan kann in anderthalb bis zwei Stunden bestiegen werden, bequemer geht es mit Mietpferden, die am Ausgangspunkt des Pfads angeboten werden.

● *Suchitoto* – Koloniales Kleinod auf einem Bergrücken über dem Stausee Cerrón Grande, dessen Inseln bevorzugter Rastplatz für bis zu 200 verschiedene Zugvögelarten sind.

● Kaffeeplantagen an der *Ruta de las Flores* – Auf den schachbrettartigen Feldern an den Hängen der Vulkane entsteht qualitativ hochwertiger Kaffee.

Die beste Reisezeit

In der Trockenzeit **von November bis April** herrscht im Bergland Guatemalas und El Salvadors das angenehmste Reisewetter mit frühlingshaften Temperaturen. Das zentrale Bergland und die dem Pazifik zugewandte Seite Guatemalas sind tagsüber mit 25 bis 28 °C angenehm warm, nachts können die Temperaturen in den höheren Lagen auf 12 bis 15 °C abkühlen. Weihnachten, Neujahr und Ostern ist es ratsam, Zimmer und Transportmöglichkeiten vorab zu reservieren.

Besondere Tipps

Für Roadrunner: Wer Zeit sparen will, sollte eher Copán und El Salvador auslassen, als auf den Flug zum malerischen Inselstädtchen Flores und den Besuch von Tikal zu verzichten.

Für Auge und Ohr: Die Semana Santa, die Karwoche, ist ein festlicher Höhepunkt des Jahres. Besonders sehenswert sind die Feierlichkeiten in Antigua und Santiago Atitlán.

Für zu Hause: Handgewebte, bunt bestickte Mayatextilien, z. B. Huipiles, ärmellose Tuniken, und Jupes, Röcke, oder eine Packung Hochlandkaffee aus Ataco sind keine schlechten Mitbringsel.

Info: www.kompassguatemala.com, www.elsalvador.com

← Die Vulkane Toliman und San Pedro am Lago de Atitlan(o.)
← Das Marktstädtchen Zunil im westlichen Hochland Guatemalas(u. re.)
← Blick vom Pacaya-Vulkan zum Volcán de Agua (u. li.)
↑ Viel Selbstgewebtes auf den Märkten

Mit dem Liniendampfer –
Von Grenada bis St. Vincent

Schon lange kennen Rucksack-Traveller den Geheimtipp, der eine der schönsten Traumrouten durch die karibische Inselwelt möglich macht, und zwar nicht nur für betuchte Yachtensegler: Sie fahren mit regulären Fährbooten und dem Postdampfer zwischen Grenada, Carriacou, Union Island, Mayreau, Canouan, Mustique, Bequia und St. Vincent.

Los geht unsere Tour in St. George's, Grenadas Inselhauptstadt, mit der Schnellfähre »Osprey Express«. Bald schon tauchen die Sandy Islands mit schneeweißen Palmenstränden und Robinson-Crusoe-Buchten aus dem Türkisblau, danach Carriacous Inselberge, auf. Nach Union Island überbrückt das Wassertaxi »Jasper« die nächste Etappe, und von dort die »Barracuda« als Postboot und Linienfrachter planmäßig die restlichen Paradiesinseln bis nach St. Vincent. Vor Mayreau wird ein- und ausgebootet, da es keine Mole gibt: Kleinkinder, Hühner und Colakästen gehen über die Reling, in schaukelnde, farbenprächtige Boote. Wer hier den Ausstieg wagt, könnte vom Inselkirchturm aus Canouan, Union Island und bei klarem Wetter sogar Grenada sehen, sowie die fünf Koralleninseln der Tobago Cays, deren traumhafte Riffe zu den besten Schnorchelplätzen der Welt zählen.

Nach kurzer Fahrt taucht Canouan aus der See auf, mit schroffen, steil ins Meer abfallenden Felswänden. Auf Mustique wäre ein Blick auf Mick Jaggers Haus »Jacaranda« zu werfen, und auf Bequia ließ sich Bob Dylan einst seine Jacht »Water Pearl« bauen. Pünktlich gegen Mittag legt der Postdampfer in St. Vincents Kingstown an. Mit spektakulären Ausblicken auf die Inselparadiese der Grenadinen vervollständigt ein halbstündiger Rückflug nach Grenada die Schiffsreise zu einem karibischen Erlebnis der sehr speziellen Art. Wenngleich die Traumreise nur ein paar Tage verbraucht, halten ihre Bilder bis ans Ende des Lebens.

Die Highlights

Die koloniale Perle *St. George's auf Grenada* gehört zu den schönsten Inselhauptstädten der Welt.

Die Gewürz- und Muskatnussproduktion im Fischerort *Gouyave* und das *Dougaldston Spice Estate*, beide auf Grenada, sollten Reisende unbedingt besuchen.

Eine Tour zur höchsten Erhebung Carriacous (291 m) belohnt mit einem Traumblick auf Hillsborough und die Karibische See.

Das legendäre *Frangipani in Bequia* ist die erste Anlaufstelle für europäische Skipper nach überstandenen Atlantiktörns. Wo ließe sich also besser ein Planter's Punch bestellen und ein Song von Bob Dylan hören?

Die *Basil's Bar* ist das verlängerte Wohnzimmer aller Insel-VIPs auf Mustique.

An der berühmten *Wallilabou Bay auf St. Vincent*, dem Drehort des Kino-Blockbusters »Fluch der Karibik«, sowie an den gleichnamigen Wasserfällen sollten Filmfans gewesen sein.

Zum Gipfel des 1234 m hohen *Vulkans La Soufriere* gelangen geübte Hiker in rund zwei Stunden, mit dem Genuss einer umwerfenden Aussicht auf die Karibische See.

Die beste Reisezeit

Im Spätherbst beginnt die karibische »Trockenzeit« mit gemäßigteren Temperaturen und geringerer Luftfeuchte, weshalb die beste Reisezeit für die Kleinen Antillen **zwischen Dezember und April** liegt. Über Weihnachten findet allerdings die absolute Hochsaison statt, und selbst teure Übernachtungsbetten sind dann kaum mehr zu bekommen. Ideal ist also, die Grenadinen-Tour ab Mitte Januar zu machen.

Besondere Tipps

Für Roadrunner: Eilige machen den Trip mit dem Postboot zwischen Union Island und St. Vincent, für Day Tripper reicht der Törn zwischen Grenada und Carriacou.

Für den Reisepass: Zwischen Carriacou und Union Island verläuft die Staatsgrenze von Grenada und St. Vincent & The Grenadines, es wird problemlos gestempelt.

Für Linienpassagiere: Zwischen St. Vincent, Bequia, Canouan, Mayreau und Union Island herrscht regulärer Fährverkehr. Aktuelle Fahrpläne liefert die Website www.discoversvg.com. Die »Jasper« fährt täglich zwischen Union Island und Carriacou, der »Osprey Shuttle« zwischen Carriacou und Grenada.

Info: www.grenadagrenadines.com, www.discoversvg.com

← St. George's gehört zu den schönsten Inselperlen der Karibik ... (o.)

← ... wo in kürzester Zeit ordentlich Souvenirs an den Mann gebracht werden müssen (u.)

↑ Die Inselschönen warten mit schmackhaften Früchtesnacks auf dem Parkplatz des Grand Etang Nationalparks

Die Cape-Namibia-Route

Eine vielseitige Panoramatour – Von Kapstadt nach Windhoek

Menschenleere Sandbuchten, endlose Strände, postkartenreife Leuchttürme, vorgelagerte Inseln in weiten, schilfbestandenen Wasserlandschaften sowie knallbunte Fischerboote, all das liegt am Rand der rund 1500 km langen Cape-Namibia-Route auf der südafrikanischen Nationalstraße N7 und der namibischen B1.

Die West Coast von Kapstadt hinauf bis nach Strandfontein bietet Landschaften, die an Schleswig-Holstein erinnern, mit rustikalen Küstenorten, weiß getünchten Fischerkaten sowie brandungsstarken Hotspots für Windsurfer. Wir rollen über die R307 und genießen die ersten aquatischen Aussichten in Yzerfontein, einem ursprünglich winzigen romantischen Fischerdorf, wo die frischen »Frutti di Mare« direkt vom Bootsdeck an die Klientel aus der nur 60 km entfernten Großstadt Cape Town verkauft werden. Vor dem hübschen Lagunenhafen Langebaan breitet sich das Paradies des West Coast National Park aus. Paternoster hat sich im typisch kap-holländischen Stil erhalten, und ist mit seinen putzigen Fischerhäusern Pilgerort für Künstler und Fotografen.

Zwischen dem putzigen Seaside-Domizil Dwarskersbos und Lambert's Bay zeigen sich nonstop Landschaften zum Malen: Schafe,

Kühe und Ziegen auf saftigen Weiden, dahinter Sanddünen, hinter denen der kalte Atlantik auf endlose Kilometer anschwappt. Nördlich von Lambert's Bay kommt nach dem Grenzübergang in Noordoever auf einer der schönsten Panoramarouten des südlichen Afrika eines der ganz großen namibischen Abenteuer auf Cape-Namibia-Fahrer zu: der Fish River Canyon – sowie schwere Entscheidungen. Von der B1 links ab erst nach Klein-Aus und zur atlantischen Jugendstilperle Lüderitz? Oder über Klein-Aus nach Sossussvlei, ins rotfarbene Sanddünengebirge? Oder zur herausfordernden Passroute, die die Strecke nach Windhoek zu einem Fahrspaß mit Aussicht gestaltet?

Die Highlights

 In *Langebaan* heißen die drei bekanntesten Fischrestaurants »Pearlys«, »Driftwoods« und «Strandloper«!

 Der *West Coast National Park* gleich nebenan veranstaltet das reinste Naturspektakel mit Massen von Kaptölpeln, Kormoranen, Brillenpinguinen sowie Flamingos in seinen Feuchtgebieten.

 Paternosters *Voorstrand*-Restaurant an der weiten Sandbeach sollten Reisende entlang der Route unbedingt besuchen.

 Die *Jacobsbaai* ist ein Geheimtipp der nächsten Bucht, wo im einzigen Restaurant »The Weskusplek« West-Coast-Experten gourmettechnisch garantiert unter sich bleiben.

 Vor *Lambert's Bay* versteckt sich das Strandrestaurant »Muisbosskerm«, in dem man für 20 Euro köstliche Seafood-Gelage essen kann.

 Das *Bushman's Kloof Wilderness Reserve* (www.bushmanskloof.co.za) in den Cederberg Mountains ist ein luxuriöses Übernachtungsparadies erster Güte.

 Am *Fish River Canyon* liegt mit der Gondwana Cañon-Lodge (www.gondwana-collection.com) eine der schönsten Lodges Namibias.

Die beste Reisezeit

Eine Reise auf der Cape-Namibia-Route bedeutet klimatechnisch eine Art Mischkalkulation zwischen der angenehmen Sommerlichkeit an Südafrikas Küsten und den dann vor Hitze brutzelnden namibischen Wüstenregionen. Diese läuft auf **Frühjahr und Herbst** hinaus. Bildschön ist das südafrikanische Namaqualand zwischen Oktober und November, wenn dort die Sukkulentenflora und die Fynbosvegetation im prächtigsten Farbenkleid blühen.

Besondere Tipps

Für stilvolle Nächte: Schöne Domizile entlang der Route sind beispielsweise The Farmhouse Hotel in Laangeban (www.thefarmhousehotel.com) und The Oystercatcher's Haven in Paternoster (www.oystercatchershaven.com).
Für die Grenzerfahrung: Die Selbstfahrerroute zwischen Kapstadt und Windhoek in Namibia ist das Ergebnis der grenzüberschreitenden Zusammenarbeit zwischen Südafrika und Namibia. Zu den schönsten Streckenabschnitten zählen die Küstenpiste bis Lambert's Bay und die Namibische Passroute.
Info: www.capenamibia.com

← Die paradiesische Enklave der Bushman's Kloof Wilderness Reserve (o.)
← Herrliche Sandbuchten und Strände ziehen sich an Kapstadts West Coast bis nach Lambert's Bay (u. ll.)
← Außer Rand und Band: Kids nach Schulschluß in Lüderitz ... (u. re.)
↑ ... von denen ganz sicher keines die Traumstrecke der C 37 südlich des Fish River Canyons kennt

Traumroute 12 Namibia

Durch Südnamibia

Natur- und Kulturschauspiele – Von Windhoek nach Lüderitz

Nach Tintenpalast, Christuskirche und Reiterdenkmal rauscht unser Hilux-Landcruiser Richtung Rehoboth ab. Wir geben uns zwei Wochen für die über 1300 km lange Strecke, die besonders grandiose Natur- und Kulturschauspiele verspricht. Im Farmhouse bei Stampriet ist die erste Etappe geschafft. Die idyllische Lodge am Rand der Kalahari funktioniert samt Kühen und Schweinen waschecht als Bauernhofbetrieb. Morgens führt das glatte Asphaltband der Straße B1 zügig über Mariental und Keetmanshoop – wo unbedingt das Kaiserliche Postamt fotografiert werden muss! – ins wilde Nowhereland, wo zackige Bergketten auf der gut befahrbaren Piste D545 das Abenteuer »Fish River Canyon« einleiten.

Zwischen Grünau und Hunsbergen versteckt sich das ehemalige Bauerngehöft der oberbayerischen Schanderl-Brüder aus Margarethenberg, das heute die Cañon-Lodge ist. Vor der Motorhaube des Landcruisers liegt jetzt die stärkste Strecke unfassbarer landschaftlicher Reize, die sich wie auf Breitleinwand entfaltet: So weit das Auge reicht beeindruckende »Rocky Mountains« mit weiten Tälern und Hochebenen; auf der opulent angelegten Piste fährt nur selten ein Auto. Am Ende sprengt die wild blühende

Oase am Fluss Oranje mit blaugrünen Wassern und dichter Uferbewachsung die aride Farbgebung aus Ocker und Umbra.

Von der modernen Minenstadt Rosh Pinah geht es komfortabel auf Asphalt bis nach Aus zur Geisterschlucht. Von dort sind es noch 160 km durch wüstenartige Landschaften und wandernde Dünen. Schließlich empfängt uns im Sperrgebiet deutscher Jugendstil: erst die halbversunkenen herrschaftlichen Villen von Kolmanskuppe, als Nächstes die Lüderitzer Felsenkirche (1911) und das Goerke-Haus (1910) sowie weitere Gründerzeitbauten in der Ringstraße, der Bismarckstraße und der Nachtigallstraße, dahinter das Glitzern des Atlantiks.

Die beste Reisezeit

Während des namibischen Sommers, also während unseres Winters, ist der Fish River Canyon gesperrt: Auf 50 °C können die Temperaturen dort ansteigen. Auch für Nicht-Wanderer sind Kalahari und Namib dann ein zweifelhaftes Vergnügen, weshalb eine Tour durchs südliche Namibia am schönsten im **Frühling** ist, wenn es mit bis zu 28 °C moderat zugeht, bei geringer Luftfeuchtigkeit und sanftem Wüstenwind.

Die Highlights

 In der hauptstädtischen *Township Katutura* lässt sich die längste Kneipenstrecke Afrikas in der Evelin Street besuchen, mit zahllosen typisch einheimischen Shebeen-Bars, in der Regel »illegalen«, einfachen Kneipen.

 Bekannt ist *Keetmanshoop* für seinen Köcherbaumwald, für erstklassige Tankstellen und fotogene Kolonialarchitektur.

 In der *Gondwana-Wüstenlodge Roadhouse* (www.gondwana-collection.com), wo fantastische Oldtimer-Automobile helfen, ein einzigartiges Food & Exhibition-Spektakel zu inszenieren, sollte man unbedingt einen Stopover einlegen.

 Der *Fish River Canyon* lässt sich vom Nationalpark aus am schönsten bestaunen, Wanderwege führen zu verschiedenen »View Points«.

 Auf dem mehrtägigen *Mule Trail* kommt man direkt in den Fish River Canyon hinunter – für alle, denen die reine Aussicht nicht reicht!

 Die Wildpferde am *Wasserloch von Gharub* lassen sich vom Aussichtspunkt nahe dem altdeutschen Bahnhof auf der Strecke Klein-Aus–Lüderitz gut beobachten.

 Das Lüderitzer *Freilichtmuseum Kolmanskuppe* bringt Besuchern täglich die kaiserlich-koloniale Vergangenheit der Diamantenzeit nahe.

Besondere Tipps

Für Roadrunner: Die Traumroute lässt sich nur verkürzen durch eine allgemeine Straffung des Zeitplans, oder man verzichtet auf einige der schönsten Highlights.

Für feine Nächte: Entlang der Route nächtigen Reisende im Lüderitz Nest Hotel (www.nesthotel.com), romantisch wird es in den Eagle's Nest Chalets von Klein-Aus Vista (www.klein-aus-vista.com).

Für Abenteurer: Ein besonderes Erlebnis ist eine Tour durch das ehemalige Diamantensperrgebiet zu den Geisterstädten Pomona, Grillenfeld und Bogenfels, beispielsweise mit Namibia Tours & Safaris (www.namibia-tours-safaris.com).

Info: www.namibia-tourism.com

← In den Wüstenvehikeln von Tommys Tours & Safaris geht es wild her … (o.)

← … wer es bequemer mag, kann den Blick vom Aussichtspunkt genießen (u.)

↑ Am Rande der Wüste erwartet den Besucher dann noch jede Menge altdeutscher Jugendstil

Das Aldabra-Atoll

Unter Segeln – Durch das größte Atoll der Welt

Das Aldabra-Atoll ist grün, flach und von riesiger Ausdehnung. Man erreicht es nur per Schiff, und seine vier Hauptinseln sind allesamt unbewohnt – abgesehen von einem Dutzend Wissenschaftlern. Das Atoll, erst im 17. Jahrhundert entdeckt, ist im Lauf der letzten 775 Millionen Jahre viermal untergegangen, zuletzt vor 130000 Jahren – und durch Vulkanausbrüche unter dem Meeresspiegel viermal wieder neu entstanden. Immer wieder siedelten sich Landschildkröten an. Derzeit leben gut 150000 Exemplare auf der Insel: die größte Population dieser Art weltweit.

Ausgangspunkt der Tour ist der Flughafen von Mahé, von wo es mit dem Charterflieger nach Assumption geht. Dort wartet die »Sea Star« und läuft dann Aldabra, Cosmoledo und Astove an, bis am siebten Tag wieder Assumption erreicht wird.

Die Lagune von Aldabra pumpt jeden Tag eine Milliarde Kubikliter Wasser. Zweimal pro Tag leert die Ebbe die Lagune fast vollständig, zweimal wird sie wieder geflutet. Tauchern bietet sich hier ein einmaliges Schauspiel: Vor der Ebbe versuchen alle Fische, Wasserschildkröten, Rochen und Junghaie beinahe gleichzeitig die Lagune zu verlassen, sich vom Sog rausziehen zu lassen. Da es aber insgesamt nur vier Kanäle zum offenen Meer hin gibt,

kommt es zum Stau. Der Riesengrouper stumpt dabei den Hammerhai beiseite. Der Stingray schwebt als fliegender Teppich über alle hinweg. Schwärme von Fischen in verschiedenen Farben kolorieren den Kanal. Der Red Soldierfish sowie die gelb-schwarzen Sergeant Major klingen zwar namentlich wie Vorgesetzte, aber den Unterwasserverkehr regeln sie nicht. Es geht drunter und drüber. Die Gruppe vom Drei-Mast-Schooner »Sea Star« ist mittendrin, lässt sich treiben im Main Channel und nach draußen ziehen. Dann heißt es aufgepasst: Die Kanalmündung ist nahe. Draußen im offenen Meer lauern bei Ebbe in der Lagune die großen Kaliber, ausgewachsene Weißspitzhaie und mächtige Barrakudas. Die Beute – Aldabra-kadabra! – schwimmt ihnen ja praktisch ins Maul …

Die Highlights

 Die *Segelyacht »Sea Star«* ist ein 42 m langer und 8 m breiter Drei-Mast-Schooner mit Teakholz-(Sonnen-)Decks und acht klimatisierten Kabinen mit Dusche/WC.

 Das *Atoll* ist das größte zusammenhängende der Welt, 35 x 14 km groß und UNESCO-Weltnaturerbe.

 Assumption heißt die Ausgangsinsel mit einer betonierten Landebahn mitten im Indischen Ozean. Hütten, 24 Gräber, verrostete Fässer – mehr ist nicht zu sehen.

 Aldabra, die Hauptinsel, beheimatet die größte Schildkrötenpopulation der Erde. Am Settlement Beach kann man mit jungen Riffhaien schwimmen.

 Cosmoledo ist die Vogelinsel. Die Tiere kennen den Menschen nicht als Feind. Deshalb kann man ganz nahe an die Vögel und Nester, ohne sie zu stressen.

 Astove bietet den Höhepunkt des Törns für alle Taucher: mit einem sensationellen Walldive, einem Tauchgang an der Abbruchkante des Riffs.

 Indischer Ozean, das Gewässer der ganzen Tour: Zwischen den Inseln kann man neben der Yacht her surfen oder paddeln – einmalig!

Die beste Reisezeit

Das Aldabra-Atoll liegt abseits im Indischen Ozean, zwar näher an Madagaskar, gehört aber dennoch zu den Seychellen. Die einwöchigen Segeltörns mit der »Sea Star« – und nur so kann man das riesige Atoll bereisen – werden wegen Wind und Seegang ausschließlich im **März und April** angeboten. Eine schöne, aber nicht zu starke Brise treibt voran. Und bei wolkenlosem Himmel liebkosen perfekte 30 °C auf den Inseln und nur 2 °C weniger im tiefblauen Meer.

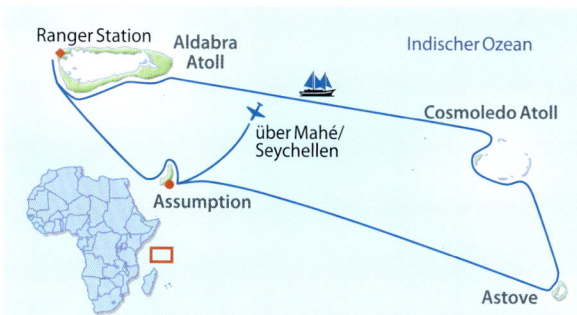

Besondere Tipps

Für Roadrunner: Es gibt keine Abkürzung. Man muss hin und zurück über Mahé, der Seychellen-Hauptinsel, mit dem Charterflieger nach Assumption und von dort den ganzen Sieben-Tages-Törn machen.

Für den Gaumen: Auf hoher See angelt die Crew für den Grill am Abend an Bord. Frischer gibt's nirgendwo besten Fisch.

Für zu Hause: Da die Besucherzahl im Atoll bei nur rund 500 pro Jahr liegt, darf man auch mal eine der Muscheln mitnehmen. Aldabra-Muscheln haben nur sehr wenige Sammler …

Info: www.aldabra.org

← Annäherung eine der Inseln, ein Gefühl wie zu Zeiten der »Bounty« (o.)
← Einzige Bewohner sind Wissenschaftler, die in einfachen Holzhäusern nächtigen (l. u.)
← Die Schildkröten sind fast so groß wie in Mensch in der Hocke (r. u.)
↑ Der Riesengrouper hat Zähne wie ein Pferd

Traumroute 14 Israel

Das Heilige Land

Auf den Spuren des alten Testaments – Von Tel Aviv zum Toten Meer

Das kleine Land lässt sich bequem in sieben bis zehn Tagen besichtigen. Ganz entgegen bestimmter Vorurteile ist Israel ein perfektes Reiseland und ungefährlich, was nicht bedeutet, das man nicht auf die aktuellen politischen Entwicklungen im Umgang mit den Nachbarländern achten sollte. Vom Flughafen Tel Aviv geht es die Küste entlang Richtung Norden. In Caesarea erheben sich direkt am Meer die grandiosen Ruinen von Herodes dem Großen. Malerisch in der Natur gelegen ist die antike Nekropole in Bet She'arim mit labyrinthisch in den Felsen geschlagenen Grüften. Die ehemalige Kreuzritterstadt Akko bietet einen Mix aus mittelalterlichen und arabischen Bauwerken.

Vorbei am malerisch gelegenen See von Genezareth und an Nazareth finden sich in Bet Alfa die Mosaiken einer der ältesten Synagogen Israels. Nicht weit entfernt wurde eine ganze antike Stadt ausgegraben: Bet She'an! Durch das Jordantal führt die Straße durch Gebiete, die der Palästinenserverwaltung unterstellt sind. Mietwagen mit israelischem Autokennzeichen sollten nicht von der Straße abfahren. Durch das Gebiet fahrende Touristen werden allerdings so gut wie nie kontrolliert. Nördlich des Toten Meers überquert man wieder die israelische Grenze.

Für die Altstadt von Jerusalem und die Museen sollte man sich mindestens zwei Tage Zeit nehmen. Am Toten Meer gibt es Masada zu erklettern, einen 400 m hohen Berg mit den Ruinen der einstigen Festung des Herodes. Südlich des Toten Meers beginnt die Negevwüste mit ehemaligen Nabatäerstädten. Mitten im Negev liegt ein 8 km langer und 300 m tiefer Krater: Mizpe Ramon kann nur mit ähnlichen Canyons in den USA verglichen werden. Zurück nach Tel Aviv. Das historische Zentrum der Stadt ist ganz im Bauhausstil errichtet, ein Weltkulturgut der UNESCO, bietet auch einen der schönsten Sandstrände des Mittelmeers.

Die Highlights

Caesarea – Ein Amphitheater, eine Pferderennbahn und ein Palast direkt am Meer mit dem Blick auf die Wellen. Alles wurde von König Herodes dem Großen errichtet.

Akko – Okzident und Orient, das Mittelalter der Kreuzritter und Moscheen der Muslime: Akko hat seinen uralten Charme bewahrt.

Bet She'an – Eine römische Stadt zum Durchwandern. So gut erhalten, dass sie bei der nächtlichen Lightshow wie zu neuem Leben erweckt scheint.

Jerusalem – Seit mehr als 3000 Jahren Stadt der Religionen, mit einer der faszinierendsten Altstädte der Welt.

Totes Meer und *Masada* – Das Meer liegt am tiefsten Punkt der Erde. In 400 m Höhe erhebt sich darüber die legendäre Bergfestung Masada, mit der die Juden den Römern trotzten.

Mizpe Ramon – Ein riesiger Krater mitten in der Wüste, ein im Nahen Osten einmaliger Canyon.

Tel Aviv – Ein Eldorado für Bauhaus-Fans: Die Bauten aus den 1920er- und 1930er-Jahren befinden sich in Strandnähe. Tolle Sandstrände.

Die beste Reisezeit

Wer eine Israelreise plant, muss weniger auf das Wetter als auf die politischen Entwicklungen im Nahen Osten achten. Attentate gab es seit Jahren keine mehr, die politische Situation ist zwar nicht ruhig, aber für Reisende ungefährlich. Meiden sollte man die Sommermonate mit Temperaturen um die 40 °C. Bei Durchschnittstemperaturen zwischen 15 und 25 °C ist die Zeit **von Spätherbst bis März** ideal für eine Reise. Eine Kopfbedeckung ist bei Besichtigungstouren stets unerlässlich.

Besondere Tipps

Für Roadrunner: Kürzer ist die Tour von Tel Aviv nach Caesarea und Bet She'an, nach Jerusalem, ans Tote Meer und nach Masada, anschließend Rückkehr nach Tel Aviv.

Für Auge und Ohr: Der vierteilige Fernsehfilm »Gelobtes Land« von dem britischen Regisseur Peter Kosminsku schildert ausgezeichnet Israels historische und politische Probleme.

Für den Gaumen: Abendessen in Jaffa, im »Aladin« (www.aladin.co.il). Unbedingt einen Tisch auf der Terrasse reservieren, die Aussicht auf Tel Aviv ist umwerfend!

Info: www.goisrael.de

← Salzablagerungen am Ufer des Toten Meeres (o.)

← Die Altstadt von Jerusalem am späten Abend (u.)

↑ In der Bergfestung Masada über dem Toten Meer trotzten einst die Juden den römischen Angriffen

Wo Adam und Eva Zuflucht fanden – Von Habarana nach Colombo

Sri Lanka ist – so die Übersetzung des Sanskrit-Wortes – ein »strahlendes Land«. Ein Titel, den die knapp 66 000 qkm große Tropeninsel wirklich verdient: Feinsandige Strände am warmen Indischen Ozean säumen ein dschungelgrünes Bergland, durch dessen Wildreservate noch Elefanten, Leoparden und Bären streifen. Legenden zufolge sollen Adam und Eva nach der Vertreibung aus dem Paradies hier Zuflucht gefunden haben. Dokumentiert sind fast 3000 Jahre Geschichte und Kultur, einschließlich portugiesischer, niederländischer und britischer Kolonialzeit. Die knapp 1000 Kilometer lange Rundreise beginnt in der Ex-Hauptstadt Colombo (bis 1982) und führt nach Nordosten – mitten hinein in die große voreuropäische Historie.

Erste Station ist Habarana, der ideale Ausgangspunkt für Besuche der UNESCO-Welterbestätten Anuradhapura, Polonnaruwa und Sigiriya. Es folgt die Küstenstadt Trincomalee, die Touristen wegen der heißen Quellen und der vorgelagerten Korallen-Badeinsel Pidgeon Island besuchen, die aber während des Bürgerkriegs mit den Tamilen – von 1983 bis 2009 – kaum erreichbar war. Von dort aus geht es via Habarana ins Bergland, in die Königs- und Pilgerstadt Kandy. Die nächsten Stationen sind Nuwara Eliya und

der rund 2200 Meter hohe Nationalpark Horton Plains mit seiner Bergszenerie, ehe man im Yala-Nationalpark – einem fast 1000 Quadratkilometer großen, teilweise für Touristen gesperrten Schutzgebiet – wieder an die Küste kommt. Die Straße streift den in Europa weniger bekannten Badeort Tangalle, bevor Galle, die geschichtsreiche »Metropole des Südens«, erreicht ist. Die küstennahe Route führt nun nordwärts an den nahen Stränden der Westküste entlang: Hier liegen die bekanntesten Ferienorte des Landes, etwa Ahungalla, Bentota und Beruwala, bis man sich beim kolonialen Nobelhotel Galle Face den Außenbezirken von Colombo nähert.

Die beste Reisezeit

Das Tropenklima sorgt – ausgenommen im Bergland – ganzjährig für Temperaturen um 30 °C. Im bis zu 2500 Meter hohen Bergland ist es 5 bis 15 Grad kühler. Im Norden und Osten ist es trockener als im Südwesten mit den bekanntesten Badestränden. Der Nordost-Monsun von Dezember bis März und der Südwest-Monsun von Juni bis Oktober sorgen für vermehrte Regenfälle. Gute Reisezeiten sind also **April/Mai** und der **November**. Allerdings muss man auch dann mit Schauern rechnen.

Die Highlights

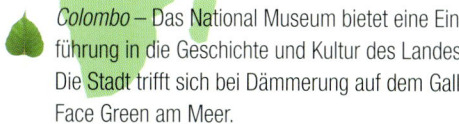
Colombo – Das National Museum bietet eine Einführung in die Geschichte und Kultur des Landes. Die Stadt trifft sich bei Dämmerung auf dem Galle Face Green am Meer.

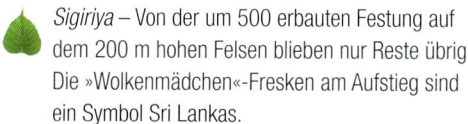
Sigiriya – Von der um 500 erbauten Festung auf dem 200 m hohen Felsen blieben nur Reste übrig. Die »Wolkenmädchen«-Fresken am Aufstieg sind ein Symbol Sri Lankas.

Polonnaruwa – Die Ruinen der Königspaläste, Tempel und Buddhastatuen aus dem 11. Jahrhundert bilden eine der besten archäologischen Anlagen Sri Lankas.

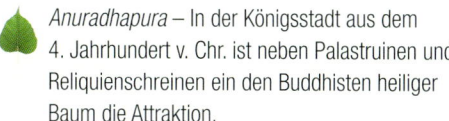
Anuradhapura – In der Königsstadt aus dem 4. Jahrhundert v. Chr. ist neben Palastruinen und Reliquienschreinen ein den Buddhisten heiliger Baum die Attraktion.

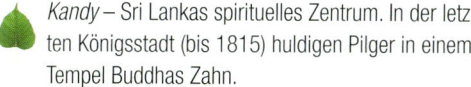
Kandy – Sri Lankas spirituelles Zentrum. In der letzten Königsstadt (bis 1815) huldigen Pilger in einem Tempel Buddhas Zahn.

Nuwara Eliya – Die Stadt im Gebirge, einst Ferienort der Kolonialbeamten und Teefarmer, pflegt ihre viktorianisch-britische Architektur.

Galle – Die Mauern um die attraktive, in niederländischer Kolonialzeit – im 17. und 18. Jahrhundert – geprägte Altstadt sind eine beliebte Flanierzone.

Besondere Tipps

Für Roadrunner: In Kandy kann man die Route abbrechen und direkt nach Colombo zurückfahren.

Für Gesundheitstouristen: Die umfassende indische Heilkunst Ayurveda wird in Sri Lanka in zahlreichen Ferienhotels angeboten und ist zu einem wichtigen Teil des Wohlfühltourismus geworden. Ayurvedaärzte müssen nach ihrem Studium ein Staatsexamen ablegen.

Für Tierfreunde: Im »Elefanten-Waisenhaus« von Pinnawela nahe Kandy werden kleine Dickhäuter ohne Mutter in Herden großgezogen und später in Reservaten ausgewildert. Besucher können den Elefanten bei Fütterungen und beim Bad zusehen.

Info: www.srilanka.travel

← Sri Lanka hat 1340 Kilometer Küste; der Strand bei Galle lädt zum Baden ein (o.)

← Der Palast von Polunaruwa, ein Relikt aus der Königszeit (u. re.)

← Stupas in Anuradhapura, der Königsstadt aus dem 4. Jahrhundert (u. li.)

↑ In der Teeplantage von Debatenne, gegründet von Sir Lipton im Jahr 1890

Jangtsekiang

Im Reich des großen Stroms – Kreuzfahrt von Chongqing nach Wuhan

China stellt fast ein Drittel der Menschheit, allein 400 Millionen Menschen leben am Jangtsekiang, mit 6300 Kilometern Asiens längster Strom. China hat auch so viele Millionenstädte wie kein anderes Land. Peking, Shanghai, Hongkong kennt jeder. Aber was ist mit den anderen mehr als 50 Millionenmetropolen? Etwa Chongqing: Über 20 Millionen Einwohner machen die Metropolregion zur größten des Landes. Und wer eine Flusskreuzfahrt auf dem Jangtsekiang unternimmt, lernt sie auch kennen, denn von dort nimmt die viertägige Tour ihren Lauf.

Reisen in China sind wie Wundertüten. Die Durchquerung der ersten der drei weltbekannten Schluchten ist eine davon. Zwölf Minuten, für die viele Gäste beinahe um die halbe Welt gereist sind. Der Fluss ist jetzt keine 50 m mehr breit. Es wird eng, steil und Kapitän Li lässt das Horn dröhnen, als müsse er die »San Pablo« bekämpfen, jenes »Kanonenboot auf dem Jangtsekiang«, auf dem Steve McQueen eine seiner Paraderollen spielte.

Mehr als hundert andere Boote begegnen der »Victoria II« auf dem Weg durch die drei Schluchten. Lastkähne, beladen mit Kohle oder Zement, deren Rumpfoberkante keine Handbreit vom Wasserspiegel trennt, Perso-

nenschiffe, die man hierzulande »Seelenverkäufer« nennen würde. Li ist ein Kind des Flusses. Rund 700 Mal hat er den Jangtse schon bezwungen. Heute ist es ein Kinderspiel: »Keine Stromschnellen mehr, keine wandernden Sandbänke.«

Nach Xiling, der dritten und mit 76 km längsten Schlucht, verflacht die Landschaft, aber besonders für technisch interessierte Zeitgenossen gibt es noch eine Wundertüte. Der Drei-Schluchten-Staudamm ist ein Bauwerk mit gigantischen Ausmaßen: 185 m hoch und 2309 m lang ist die Staumauer. Der Stausee hat eine Länge von 600 Kilometern. Das Wasserkraftwerk in seinem Inneren liefert so viel Strom wie 14 Atomreaktoren.

Die Highlights

 Die 88 m lange »Victoria II« mit 77 Außendoppelkabinen, alle mit Bad und WC, gehört zu den besten Dampfern auf dem Fluss. Top ist der Whirlpool auf dem Sonnendeck.

 Der Fluss *Jangtsekiang* ist Asiens längster Strom, nach Nil und Amazonas der drittgrößte der Erde, aber leider zum Baden völlig ungeeignet.

 Chongqing, der Ausgangsort, ist eine der größten Städte der Welt, heißt Backofenstadt wegen der Sommerhitze, und der Jangtse hat dort eine Strömungsgeschwindigkeit von 5 km pro Stunde.

 Fengdu – Ein Mythenpark à la Disney chinois – bringt Himmel und Hölle zusammen.

 Die *drei Schluchten Qutang, Wuxia* und *Xiling* sind das Highlight jeder Jangtse-Cruise. Am eindrucksvollsten ist die 50 m schmale erste Schlucht.

 Die *drei Kleinen Schluchten* erlebt man im Floß. Eine Bilderbuchwelt mit üppig grünen, von Affen bevölkerten Steilhängen und den archaischen Felshöhlen des Ba-Volkes.

 Der *Drei-Schluchten-Staudamm*, ein Megabauwerk und ein Symbol für das neue China, begeistert jeden Ingenieur und ärgert alle Umweltschützer.

Die beste Reisezeit

Mai und **Juni** sowie **September** und **Oktober** sind die besten Monate für diese Flusskreuzfahrt, weil es dann am Jangtse nicht so diesig ist. Im Oktober kann es zwar morgens noch etwas kühl sein, doch tagsüber darf man trotzdem mehr als 20 °C erwarten. Ab November wird es meistens zu kalt, während man die heißen Sommermonate Juli und August wegen viel Niederschlag und einhergehendem Hochwasser meiden sollte.

Besondere Tipps

Für Roadrunner: Es gibt keine Abkürzung, man muss die ganze Route fahren. Es können allenfalls noch längere Touren gewählt werden, die aber langweiliger sind.

Für die Vorbereitung: Eine DVD vom »Kanonenboot auf dem Jangtsekiang« mit Steve McQueen am Ort des Geschehens, auf dem Jangtse, anschauen!

Für zu Hause: In Wuhan, der Endstation, kann man zahlreiche Luxus-Plagiate für wenig Geld erstehen. Die Textilien sind meist recht gut, Uhren sind dagegen eher Glückssache.

Info: www.victoriacruises.com

← Der Jangtsekiang ist mit 6380 Kilometern der längste Fluss Chinas (o.)
← Unterwegs in den Drei Schluchten Qutang, Wuxia und Xiling (u.)
↑ Auf der MS Victoria Queen unterhalten Kabarettaufführungen die Passagiere

Traumroute 17 Thailand

Zentralthailand – Chao Phraya

Das Treiben im Fluss –
Von Bangkok nach Ayutthaya

Rund 100 Jahre alt ist die Teakholzbarke »Manohra Song«, die aufs Feinste und mit viel Liebe restauriert wurde. Das 20 m lange Schiff verfügt über nur vier Doppelkabinen, alle mit Annehmlichkeiten ausgestattet wie in einem Luxushotel – jedoch bewusst ohne TV oder Musikanlage. Das Boot verkehrt lediglich auf knapp 100 Kilometern des Chao Phraya vom Millionenmoloch Bangkok nach Ayutthaya, der alten Königsstadt. Mit dem Auto oder Zug fährt man die Strecke in 90 Minuten. Wer die »Manohra Song« bucht, plant drei Tage ein.

»Manohra Song« fahren heißt, beim Genießen schauen und erleben. Der Großstadtdschungel lichtet sich ab Nonthaburi. Dann zieht ländliche Idylle am Sonnendeck vorbei. Die Mahlzeiten, leckere, nicht allzu scharfe Thai-Gerichte, gibt es an Bord. Abends ist das Deck fürs mehrgängige Dinner festlich gedeckt: Kerzenlicht unter Sternenglanz – Slow Food beim Slow Trip.

Das frühe Aufstehen lohnt. Die Besatzung reicht bei Sonnenaufgang den vorbeiziehenden Bettelgang-Mönchen Essen in ihre Opferschalen, ein landesweit üblicher Ritus. Einer der Mönche bringt die Gäste ins nahe Kloster Wat Bang Na, ehe das Flussleben wieder vorüberzieht. Frauen erledigen per

Kanu ihre Einkäufe, auch der Postbote paddelt von Haus zu Haus, Schulkinder werden vom Schulboot aufgesammelt. Nur wenige Kilometer nördlich von Bangkok ist der Chao Phraya noch Bade-, Arbeits-, Markt-, Spiel- und Müllplatz. Er ist der Lebensraum.

Die Barkenfahrt ist eine Sache. Ayutthaya eine andere, für die man sich genauso viel Zeit nehmen sollte wie für den Weg dorthin. Die Königsstadt bietet eine der schönsten Tempelanlagen Asiens. Das berühmte Buddha-Gesicht im Baum befindet sich am Eingang des Tempelbezirks. Umwerfend sind Wat Lokayasutha und der 50 m lange Steinbuddha in gelber Robe sowie Wat Yai Chaimongkoh, einer der beeindruckendsten Buddhaplätze der Welt.

Die Highlights

 Das Schiff, die »Manohra Song«, ist eine 100 Jahre alte Teakholzbarke, die umgebaut zweimal wöchentlich als Vier-Sterne-Schiff auf dem Chao Phraya verkehrt.

 Der Fluss *Chao Phraya* ist nur der Verkehrsweg, jedoch zum Baden völlig ungeeignet.

 Bangkok, der Ausgangsort, bietet genug für mehrere Tage. Aber es gibt wohl kaum einen Thailand-besuch ohne »Grand Palace« und Wat Phra Kheo sowie den 45-Meter-Buddha von Wat Pho.

 Nonthaburi wirkt mit seinen Klongs wie Bangkok vor 50 Jahren im Miniformat. Schön sind das alte Rathaus am Ufer und die Turmuhr am Anleger.

 Bang Pa In ist so etwas wie der kulturelle Höhepunkt zwischen neuer Haupt- und alter Königsstadt. Es ist die europäisch anmutende ehemalige königliche Sommerresidenz.

 Wat Pailom ist einen Ausflug wert. Das Storchenkloster wird zwischen Dezember und Juni regelrecht von Störchen aus Bangladesch heimgesucht. Dann bringen sie dort ihre Jungen zur Welt.

 Ayutthaya ist in seiner Gesamtheit eine der faszinierendsten Tempelstädte Asiens und UNESCO-Welterbestätte. 35 Könige residierten dort.

Die beste Reisezeit

Die Flusskreuzfahrt wird ganzjährig angeboten, doch das **Frühjahr** ist fürs Dahingleiten auf dem Chao Phraya bei leichtem Fahrtwind am besten. Zwar sind dann Temperaturen zwischen 30 und 40 °C nicht selten, aber die geringe Luftfeuchtigkeit macht die Hitze erträglich. Ansonsten müsste man immer wieder mit zwar kurzen, aber sehr heftigen Regengüssen rechnen. Während der Monsunzeit zwischen Juni und Oktober sollte man die Tour auf keinen Fall machen.

Besondere Tipps

Für Roadrunner: Es gibt keine Abkürzung, es sei denn, man fährt mit dem Auto, Bus oder Zug von Ayutthaya nach Bangkok zurück oder weiter in den Norden oder Nordosten des Landes.
Für den Gaumen: Das »Pae Krung Kao« in Ayutthaya serviert auf einem Ponton im Fluss schneeweiße und extrem zarte Süßwasserkrabben aus dem Fluss Pasak.
Für zu Hause: Ein ein bis drei Zentimeter großer Talisman in Form eines Buddhas bringt das Glück mit in die Heimat.
Info: www.manohracruise.com

← Ritt auf dem Elephanten vor dem Wat Ratchaburana, Ayutthaya (o. li.)
← Steinerne Buddhas in Seidenkleidern in Wat Yai Chai Mongkhon (o. re.)
← Der Tempel des liegenden Buddha, Wat Phra Chetuphon, Wat Pho (u. li.)
← Die Ruinen des Tempels von Wat Rajaburana, Ayutthaya (u. re.)
↑ Der Kopf des Sandsteinbuddhas von Wat Mahathat, Ayutthaya

Traumroute 18 Südostasien

Buddhismus pur – Von Chiang Mai nach Luang Prabang

Die Rundreise mit vielen Highlights startet im berüchtigten Goldenen Dreieck zwischen Thailand, Myanmar und Laos. Etwas außerhalb von Chiang Mai liegt die herrliche Tempelanlage Wat Phra That Doi Suthep, das Wahrzeichen der Stadt. Gold, wohin das Auge blickt und dazu der Duft von Räucherstäbchen. Ungern verlässt man die Stadt Richtung Sukhothai, wird dort aber schnell durch eine der schönsten Tempelanlagen Südostasiens versöhnt. Vorbei an mit Seerosen überwucherten Teichen und Buddhastatuen kann man Tage damit verbringen, die enorm große Anlage mit dem Fahrrad zu erkunden. In Bangkok hat man mit dem Wat Phra Keo, dem Königspalast, und dem Wat Pho nur die wichtigsten der unzähligen Sehenswürdigkeiten abgehakt. Unbedingt sollte man zusammen mit den vielen Mönchen zum Wat Arun auf die andere Flussseite übersetzen und die grandiose Tempelanlage besichtigen.

Per Flugzeug gelangt man dann ins Reich der Khmer, nach Kambodscha. Trotz zwei Millionen Einwohnern ist Phnom Penh sehr beschaulich. Nach der Besichtigung von Wat Phnom, Königspalast und Silberpagode kann man noch über einen der vielen Märkte schlendern. Mit dem Bus geht es dann ent-

lang dem See Tonle Sap nach Siem Reap, von wo aus man mit einem Tuk-Tuk die Gegend bis zu den schwimmenden Dörfern am Tonle-Sap-See erkunden kann. Schließlich stehen zwei bis drei Tage für den Besuch der imposanten Tempel von Angkor an.

Ein kurzer Flug führt nach Luang Prabang in Laos. Man fühlt sich in ein bewohntes Museum versetzt: uralte Tempel, der Königspalast und dazu viele Mönche, die in ihren orangen Gewändern durch die Straßen ziehen. In einer kleinen Bar gegenüber dem Zusammenfluss von Mekong und Nam Khan kann man bei einem Beerlao-Bier den beeindruckenden Sonnenuntergang beobachten, bevor die etwa vier Wochen dauernde Reise zu Ende geht.

Die Highlights

 Den *Wat Phra That Doi Suthep* in Chiang Mai sollte man in den ruhigen Morgenstunden besuchen.

 Der *Wat Arun*, der Tempel der Morgenröte, liegt malerisch am Ufer des Chao-Phraya-Flusses in Bangkok. Über eine sehr steile Treppe kann man den zentralen Tempelturm hinaufsteigen und wird mit einem fantastischen Blick über Bangkok belohnt.

 Sukhothai präsentiert sich mit seinen Tempeln und Seen sehr abwechslungsreich. Hier unbedingt ein Fahrrad ausleihen.

 Die *Schwimmenden Dörfer am Tonle-Sap-See* zeigen vor allem in der Trockenzeit, wie sehr der Wasserstand schwanken kann.

 Phnom Penh präsentiert mit dem Zentralmarkt im Art-déco-Stil einen Überblick über das vielfältige Warenangebot.

 Angkor Wat und *Angkor Thom* beeindrucken gleichermaßen durch Schönheit und Größe. Am besten lässt man sich von einem Tuk-Tuk-Fahrer durch die riesige Khmer-Tempelanlage fahren.

 Luang Prabang bietet jeden Morgen ein unvergessliches Erlebnis, wenn die Mönche zu Hunderten durch die Straßen ziehen und von Gläubigen mit Essen versorgt werden.

Die beste Reisezeit

Empfehlenswert ist die Trockenzeit mit vielen Sonnenstunden von **Mitte Februar bis Ende März**. Mit Temperaturen um die 30 °C sollte man überall rechnen. Nachteil ist, dass eine Bootsfahrt durch die schwimmenden Dörfer am Tonle-Sap-See und auf dem Mekong wegen des niedrigen Wasserstands nur in kleinen Booten möglich ist. August bis Oktober empfiehlt sich wegen der vielen Regentage nicht als Reisezeit.

Besondere Tipps

Für Roadrunner: Die Strecke von Chiang Mai nach Bangkok kann man per Flugzeug abkürzen, ebenso von Phnom Penh nach Siem Reap.

Für die Nacht: Ein Tipp ist das schicke, sehr kleine Designhotel »The 240« in Phnom Penh in wunderbarer Umgebung. Zimmer mit eigenem kleinen Pool auf der Terrasse wählen!

Für das Wissen: Fliegen ohne Flügel, Eine Reise zu Asiens Mysterien von Tiziano Terzani. Der Autor gibt einen guten Einblick in die für Europäer teilweise schwer zu verstehenden Gebräuche Asiens.

Info: www.inasien.de

← Die Tempelanlage Angkor Wat (Kambodscha) vom Westeingang aus gesehen (o.)

← Mönche passieren eine klapprige Bambusbrücke über den Nam Khan in Luang Prabang (Laos) (u. li.)

← Goldene Buddha-Statuen in der Tempelanlage Wat Phra That Doi Suthep etwas außerhalb von Chiang Mai (Thailand) (u. re.)

↑ Buddhistische Mönche in Angkor Wat (Kambodscha)

Von Nord nach Süd

Auf der Nationalstraße 1A –
Von Hanoi nach Ho-Chi-Minh-Stadt

Hanoi ist der beste Startpunkt für eine Reise durch Vietnam. Hier sind noch Reste des alten Vietnams zu sehen, etwa das Viertel der alten Berufsgilden. Im Zentrum der Stadt befindet sich der sagenumwobene Hoan-Kiem-See. Ein Besuch in Hanois einmaligem Wassermarionetten-Theater ist ein absolutes Muss. Unvergesslich auch eine Dschunkenfahrt durch die Halong Bay: Hunderte von Felsinseln ragen in der gewaltigen Bucht aus dem Meer.

Von Hanoi geht es über die 1A gen Süden, die Nationalstraße verbindet das lang gestreckte Land wie eine Perlenschnur. Die Route führt über den Wolkenpass, eine natürliche Grenze und zugleich Wetterscheide zwischen Nord- und Südvietnam. Bis hierher drang die chinesisch geprägte Kultur vor, jenseits des Passes herrschten die Cham. Von ihrer Kultur sind noch einige Tempel erhalten, bildnerische Artefakte befinden sich im Museum von Da Nang.

Zuvor trifft die 1A auf Hue. Die konfuzianische Dynastie der Nguyen errichtete hier 1802 eine »Verbotene Stadt« en miniature. Im Vietnamkrieg schwer beschädigt, wird sie seit Jahrzehnten restauriert. Ganz in der Nähe liegt eine der erstaunlichsten Nekropolen der Welt. Die Herrscher errichteten nicht nur Grabhügel, sondern kleine Palastanlagen, die sie schon zu Lebzeiten bewohnten. Weiter südlich erreicht man Hoi An. Einst hatten sich japanische und chinesische Handelsherren in der Stadt niedergelassen, ihre Stadtviertel existieren noch, verbunden durch die Japanische Brücke.

Entlang der Küste zieht sich die 1A nach Nha Trang, dem großen Fischereihafen. Endlose Strände und riesige Salinen prägen die Landschaft. Vor Ho-Chi-Minh-Stadt lohnt ein Abstecher nach Tay Ninh zum Dom der Cao Dai. Ihr einmaliger Mischglaube fasste alle Weltreligionen zusammen. Ho-Chi-Minh-Stadt, das einstige Saigon, präsentiert sich schließlich relativ jung und lebensfroh, was man am deutlichsten auf dem Binh-Tay-Markt im Chinesenviertel Cholon spürt.

Die Highlights

- Die *Einsäulenpagode* im Regierungsviertel von Hanoi gehört zu den malerischsten ganz Vietnams.

- Die Tempel *Chau Tay Phuong* und *Chua Thay*, 40 km vor Hanoi, beeindrucken durch ihre harmonische Architektur, ihre gewaltigen Wächterfiguren und einmaligen Buddhas.

- Der *Literaturtempel in Hanoi* war die konfuzianische Beamtenschmiede der letzten Dynastie. Das weitläufige Gelände hat sich nur erhalten, weil es nicht mit dem Palast zusammen nach Hue verlegt wurde.

- Palast und Zitadelle von *Hue* wurden während des Vietnamkriegs schwer beschädigt, sind aber inzwischen teilweise restauriert und UNESCO-Weltkulturerbe.

- Die Mausoleen *Minh Mangs* und *Tu Ducs* sind Grabstätte, Parkanlage, Tempel und Landvilla in einem.

- *My Son*, das religiöse Zentrum der Cham-Kultur, ist von Da Nang aus leicht zu erreichen. In entlegenen Gebieten sollte man auf den Wegen bleiben, immer noch lauern Minen und Blindgänger als Kriegshinterlassenschaft.

- Der *Cao-Dai-Dom* in Tay Ninh wurde von 1933 bis 1955 erbaut und ist Zentrum des Caodaismus.

Die beste Reisezeit

Bei rund 1650 km von Nord nach Süd sind die klimatischen Unterschiede merklich. Im Norden herrschen von November bis April eher winterliche Temperaturen bis maximal 17 °C. Im Sommer sind es um die 38 °C. Im Süden liegen die Temperaturen im April, dem heißesten Monat, zwischen 26 und 32 °C. Von Juni bis September kommt es zu schweren Regenfällen. Zusammengenommen ergibt sich **Januar bis April** als beste Reisezeit.

Besondere Tipps

Für Roadrunner: Abkürzen lässt sich die Reise, wenn man einen der preiswerten Inlandsflüge von Hanoi nach Hues Flughafen Phu Bai nimmt.

Für Probierfreudige: Einmal am Straßenrand in einer Garküche essen ist immer ein fröhliches Erlebnis, nahezu alles ist schmackhaft. Nur eine Spezialität Vietnams ist für Europäer ungenießbar: angebrütete Enteneier.

Für das Wissen: Einen Einblick ins Saigon der 1950-Jahre gibt der Roman von Graham Greene *Der stille Amerikaner*, der hellsichtig die Entwicklungen des Indochinakriegs voraussahnte.

Info: www.vietnamtourism.com

← Grabstätte des Minh Mang in Hue ist eines der interessantesten Kaisergräber aus dem 19. Jahrhundert (o. li.)
← Die Ruinen der Cham Tempel bei My Son (o. re.)
← Den Westen von Hanoi überragt eine dreizehnstöckige Pagode (u. li.)
← Ein Ausflug in die Inselwelt der Halong Bucht bleibt unvergesslich (u. re.)
↑ Die Boote der Einheimischen dienen der Fischerei und dem Transport von Waren und Touristen

Eine Insel der Seligen – Von Taipeh bis Kenting

Taiwan – das von der Volksrepublik China zwar beansprucht wird, dessen rechtlicher Status aber bis heute ungeklärt ist – könnte fast eine Insel der Seligen sein, wären da nicht immer wieder Erdbeben und zur Monsunzeit verheerende Taifune. Wer heute an Taiwan denkt, sieht elektronische Ausrüstungen, Flachbildschirme, Hochhaussilhouetten oder riesige Containerschiffe – alles »Made in Taiwan«. Dass es daneben aber hoch aufragende Gebirge, herrliche Strände, wunderbares Essen und viel chinesische Tradition gibt, ist kaum bekannt.

Die etwa viertägige Traumroute von Nord nach Süd beginnt in Taiwans Hauptstadt, Taipeh. Dort präsentiert das National Palace Museum, eines der großartigsten Museen der Welt, riesige Sammlungen chinesischer Kunst und Kultur. Der Mengjia-Lungshan-Tempel mit den Märkten und der Schlangenallee zählt zu den interessantesten Ecken der Stadt.

Über die Autobahn geht es nach Yehliu. Wegen der oft nur chinesischen Wegmarken empfiehlt es sich übrigens, sich auf der gesamten Route von einem lokalen Führer begleiten zu lassen. In Yehliu, am Strand des Chinesischen Meers, haben Regen und Salzwasser bizarre Felsformationen geschaffen. Unbedingt sehenswert! Nach etwa 200 Kilometern ent-

lang einer wilden Küste beginnt die tief eingegrabene Tarokoschlucht.

Der Weg in den Westen der Insel führt über den – nach seiner Form benannten – Sonne-Mond-See mit dem farbenfrohen Wenwu-Tempel. Von hier aus geht es in das westliche Tief- und Hügelland nach Lukang mit seinen schmalen, verwinkelten Gassen und dem berühmten Hienhou-Tempel. An der Autobahn, gut 250 km südlich von Taipeh, liegt die älteste Stadt Taiwans, Tainan. Hier gelang es dem chinesischen Helden Koxinga im 17. Jahrhundert, die Insel von der damals niederländischen Herrschaft zu befreien. Noch heute zeugen zahlreiche Tempel und Klöster von ungebrochener Kultur. Etwa 120 km weiter südlich liegt das Ziel der Route, Kenting, mit seinem tropischen Urwald und den herrlichen Sandstränden.

Die beste Reisezeit

Als Reisezeit sind vor allem die Monate von **März bis Mai** mit Tagestemperaturen von 22 bis 28 °C geeignet. In Fahrenheit, worin die Temperaturen hier gemessen werden, bedeutet das 72 bis 82 °F. Leicht höher klettert das Thermometer im **September/Oktober,** auch eine gute Reisezeit. Die Monate Januar und Februar können im Norden feuchtkalt sein, Juli und August sind heiß und feucht sowie berüchtigt für Taifune.

Die Highlights

- In Taipeh ist das *National Palace Museum* Wallfahrtsort aller Kunstfreunde. Nur ein kleiner Teil der ca. 700 000 Ausstellungsstücke – von archäologischen Funden über Kalligrafien bis hin zum Porzellan – kann gezeigt werden.

- Der *Mengjia-Lungshan-Tempel* ist ein architektonischer Höhepunkt Taipehs, mit herrlichen Schnitzereien und einer Halle für Opernaufführungen während der Tempelfeste.

- *Yehliu,* hier haben Wind, Salzwasser und Regen Sandsteinbildnisse in vielen Farben und seltsamen Formationen geschaffen.

- Mit der *Tarokoschlucht* hat sich der Liwu-Fluss auf seinem Weg zum Chinesischen Meer bis zu 600 m tief in den Juramarmor eingeschnitten.

- Der *Sonne-Mond-See* fügt sich romantisch in die umliegenden grünen Berge ein. Schön ist der Blick von der höchsten taiwanesischen Pagode aus.

- *Lukang* lockt mit schmalen Gassen, Kaufmannshäusern mit zauberhaften Innenhöfen, kleinen Straßenrestaurants und Geschäften für schöne Gegenstände.

- In *Tainan* werden im prächtigen Stadtgott-Tempel papierene Opfergaben für die toten Vorfahren verbrannt.

Besondere Tipps

Für Roadrunner: Ein ganztägiger Besuch des National Palace Museum in Taipeh gibt einen einmaligen Einblick in Geschichte und Kultur Chinas.

Für den Gaumen: Din Tai Fung (www.dintaifung.com.tw) ist ein familiengeführtes, sehr lebhaftes, mehrstöckiges Restaurant in Taipeh, wo man sich gerne zu köstlichen Teigtaschen, gefüllt mit Gemüse, Fleisch oder Krebsfleisch, trifft.

Für Porzellanfreunde: In der Hsiao Fang Pottery, in Peitou gibt es Nachbildungen der schönsten Porzellane aus dem National Palace Museum, die mit großer Hingabe und einzigartiger Sachkenntnis verkauft werden.

Info: www.taiwantourismus.de

← Taipeh bei Nacht, Weltmetropole, aber immer noch mit viel traditioneller, chinesischer Kultur (o.)

← Das National Palace Museum, Wallfahrtsort für alle Liebhaber der chinesischen Kultur (u.)

↑ Die kleinen Imbissstände an den Straßenrändern servieren die besten Nudelsuppen

Traumroute 21 Australien

Australische Ostküstentour

Auf dem Pacific und Bruce-Highway – Von Sydney nach Cairns

Zeitreiche Reisende umzirkeln ganz Australien auf dem Highway 1, mit etwa 14500 Kilometern die längste Nationalstraße der Welt. Die meisten beschränken sich aber auf das Teilstück von Sydney nach Cairns: 2500 Kilometer auf dem Pacific Highway von Sydney bis Brisbane und dem Bruce Highway von Brisbane bis Cairns. Die Hauptstraße verläuft meist im Inland, deshalb muss, wer Strände oder Küstenstädte erleben will, auf Stichstraßen abbiegen und auf die kleinen Straßen ausweichen, die teilweise an der Küste verlaufen. Bisweilen lohnen sich genauso Abstecher ins Landesinnere, vor allem wegen der Nationalparks. Fast 120 säumen diese Route, teils in den Bergen, teils am Strand oder auf den Inseln. Eine Empfehlung? Fraser Island, die größte Sandinsel der Welt mit Wäldern, Seen, Dingos und ohne einen Meter asphaltierter Straße.

Bereits zwei Stunden nördlich von Sydney lohnt sich in Newcastle eine Fahrt ins Hinterland, ins Weinrevier des Hunter Valley. Port Stephens ist mit seinen Stränden und Dünen ein Geheimtipp. Port Macquarie lockt mit Australiens bekanntester Koala-Klinik. In Tweed Heads läuft die Grenze zu Queensland mitten durch die Stadt, weiter nördlich beginnt die Gold Coast, das bekannteste Ur-

laubsgebiet des Landes – mit Appartement-Hochhäusern in Surfers Paradise. An der nördlich von Brisbane folgenden Sunshine Coast gilt Noosa als Ort mit besonderem Chic. Ab hier beginnt vor der Küste die Kette der zahllosen Inseln, die größtenteils zum legendären Great Barrier Reef gehören. Die Stadt Rockhampton liegt auf dem Südlichen Wendekreis, der Grenze zum tropischen Australien. Townsville lockt mit seinem Riff-Aquarium. Am Ziel in Cairns lohnt sich ein Trip nach Port Douglas: Auf den 70 Kilometern des Captain Cook Highway findet man dann die Straße, die man sich vom Pacific Highway erträumt hat: von Palmen gesäumt und direkt am Meer.

Die beste Reisezeit

Sydney hat meist angenehme Temperaturen zwischen 11 und 22 °C, der winterliche Juni ist der regenreichste Monat, September der statistisch trockenste. Brisbane misst durchschnittlich zwischen 10 und 30 °C, Cairns zwischen 17 und 32 °C. Hier in den Tropen sind allerdings Regen- und Trockenzeit wichtiger. Die Wet Season geht von November bis Mai, Straßen können dann zeitweise überflutet sein. Beste Reisezeit ist also von **Juni bis Oktober** – in unserem Sommer und Herbst.

Die Highlights

 Sydney – Auch touristisch eine Weltstadt mit Architekturjuwel-Oper, Gang über den Bogen der Harbour Bridge, Rund- und Fährfahrten im riesigen Naturhafen.

 Newcastle – Hafenstadt an der Hunter-Mündung mit historischem Fort, acht Stränden, darunter ein Küstenstreifen für internationale Surfwettbewerbe.

 Byron Bay – Die Hippies von einst sind zurück mit ihren Kindern, aber der Badeort ist immer noch hip. Der zugängliche Leuchtturm auf Cape Byron ist der östlichste Punkt des Festlands.

 Brisbane – Einen guten Blick auf die Hauptstadt von Queensland bietet der Botanische Garten auf dem Mount Coot-tha. Lone Pine ist der älteste Koala-Park Australiens.

 Townsville – »Reef HQ« gilt als das größte Korallenriff-Aquarium der Welt, das Museum of Tropical Queensland liefert gutes Hintergrundwissen.

 Atherton Tableland – Die bei Überseetouristen wenig bekannte Hochebene offeriert ländliche Erholung mit einer Wasserfallrundfahrt, mit Seen und Wanderrevieren.

 Cairns – Die Tropenstadt hat eine künstliche Badelagune. Eine historische Eisenbahn und eine Gondelbahn führen nach Kuranda im Regenwald.

Besondere Tipps

Für Roadrunner: Parallel zur Straße verkehren Züge und Busse, zudem gibt es viele Flugangebote.

Für Inselfreunde: Die 74 Whitsunday Islands zwischen Great Barrier Reef und Festland sind größtenteils Nationalpark. Urlauberziele sind etwa Hamilton und das luxuriöse Hayman.

Für Korallenfans: Das 2600 km lange Great Barrier Reef ist die größte lebende Struktur der Erde mit fast 3000 Korallenriffen und 900 Inseln, einige mit Hotels. Bootstouren führen zu Schnorchel-Plattformen, eindrucksvoll sind Flüge über das Riff.

Info: www.queensland-australia.eu

← High Life in Down Under: die Strände von Byron Bay (o.)
← Sydney, die Metropole rings um Harbour Bridge und Opera House (u. li.)
← Die Gischt der Barron Falls bei Cairns sorgen für Erfrischung (u. re.)
↑ Der Koala ist der Gegenentwurf zu jeglicher Aktivität

Traumroute 22 Neuseeland

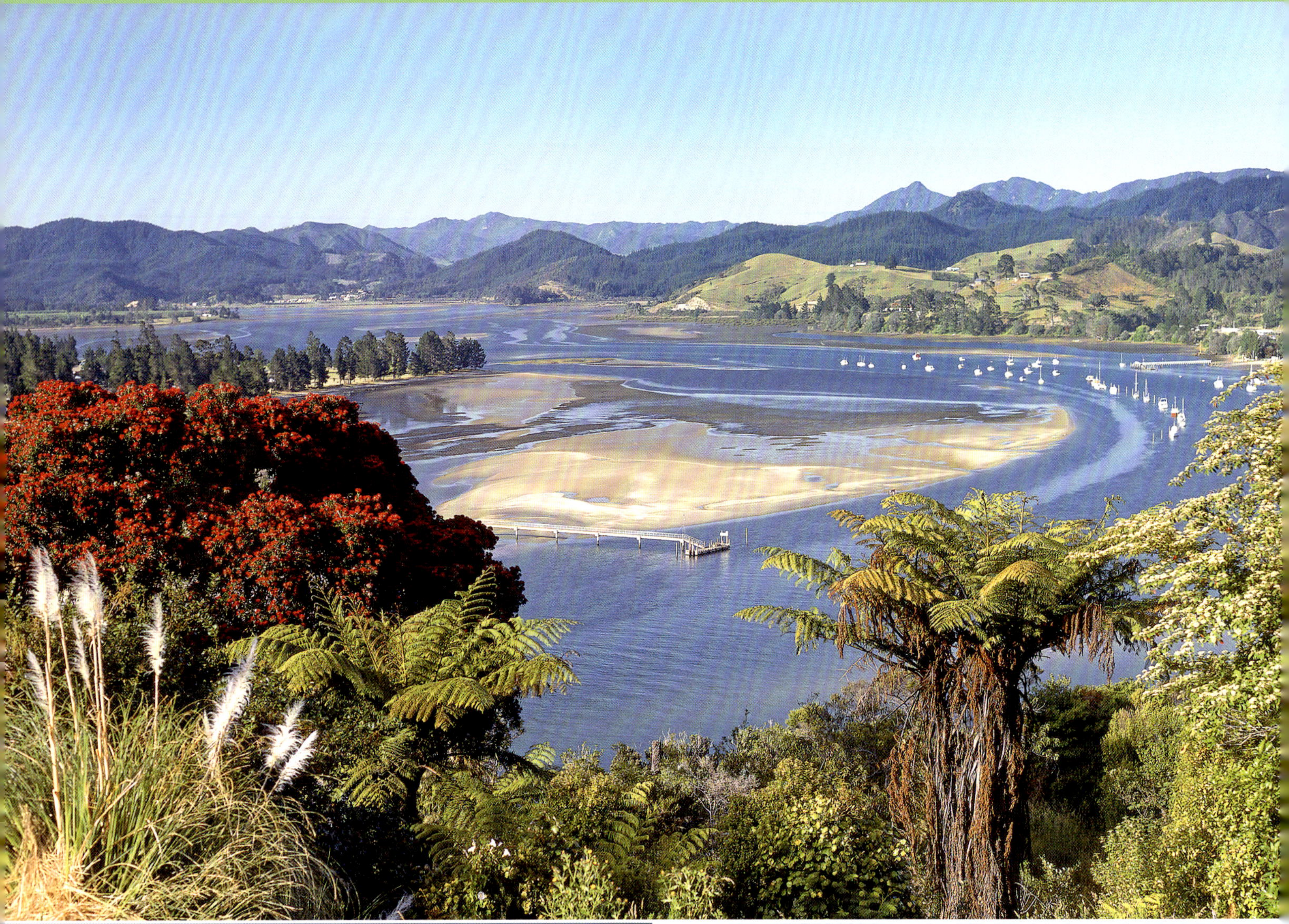

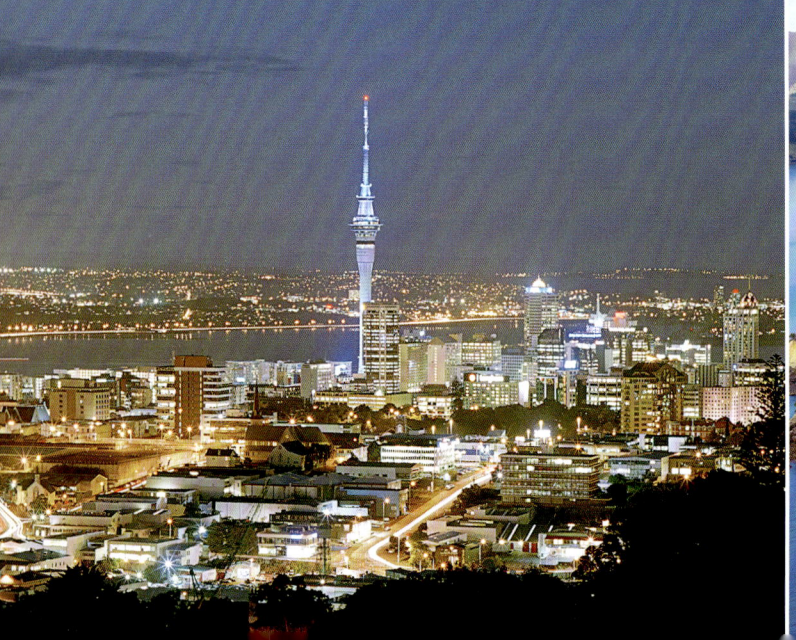

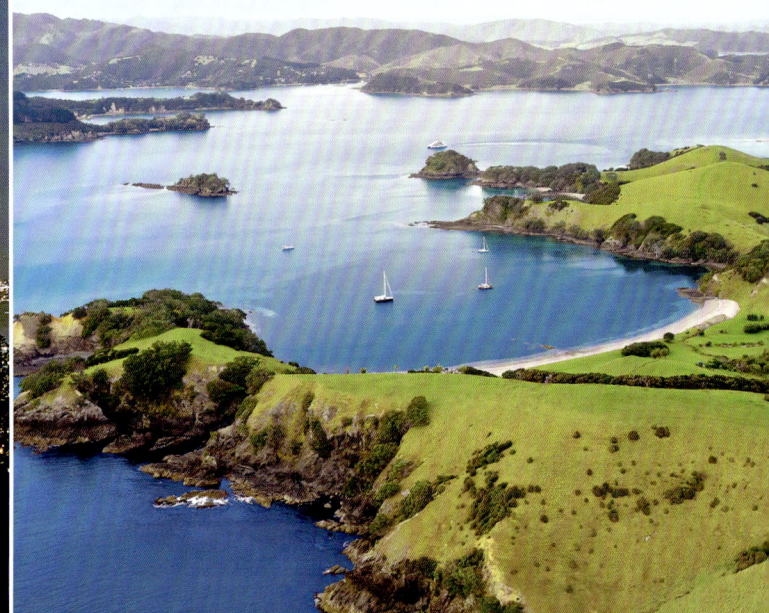

Weinstraßen Neuseelands

»Das schönste Ende der Welt« – Von Auckland nach Queenstown

»Das schönste Ende der Welt« – Neuseelands einstige Werbezeile erfüllt sich in Auckland, dem Beginn dieser Rundreise, noch nicht unbedingt. Aber schon außerhalb der Metropole zeigt sich die Vielfalt des kleinen Landes. Etwa unterwegs zur Nordspitze, auf dem 90-Mile-Beach, Strand und offizielle Straße zugleich. An deren Ende, am Cape Reinga, nehmen die Seelen verstorbener Maoris Abschied von ihrem Land. Dessen europäische Geschichte begann weiter südlich, an der Bay of Islands, wo auch der erste Wein wuchs.

Den Trauben folgend kann man seiner Rundreise einen kulinarischen Akzent geben, beginnend hier gleich in der Region Northland. Wie in allen Weingebieten bitten die Winzer zu Proben. Der Ostküste folgend gelangt man nach Gisborne nahe der Datumslinie. Zeit für ein Glas Chardonnay, ehe es weiter geht ins Weinrevier Hawke's Bay. Schließlich die Hauptstadt Wellington und ihren guten Tropfen. Die Fährüberfahrt zur Südinsel endet im – dank seines Sauvignon Blanc – global gerühmten Marlborough. Die Ostküstenroute führt geradewegs nach Christchurch, wo die Rebgärten der Region Canterbury vor der Kulisse der bis zu 3754 m hohen Alpen gedeihen. Die süd-

lichste Weinregion der Welt liegt, vor dem kalten Wind der Antarktis durch Berge geschützt, bei Queenstown in Otago.

Zur Rückfahrt empfiehlt sich der Landstreifen an der feucht-grünen Westküste. Hier reichen die Gletscher fast bis zum Meer hinab. Bei Westport biegt die Küstenstraße ab ins Gebirge und zur Cook Strait, die Neuseelands Hauptinseln trennt. In diesem sonnenreichsten Landesteil wächst ein viel gelobter Wein. Zurück auf der Nordinsel führt die Route durchs Inland zum Lake Taupo und zu Rotoruas heißen Quellen. Über die Straße 30 lohnt sich ein Umweg zu den Waitomo Caves mit ihrer Glühwürmchenhöhle. Via Hamilton ist dann auch bald Auckland erreicht.

Die Highlights

 Auckland – Für den Überblick: Sky Tower. Fürs Wissen: Auckland Museum nebst Südsee-Sammlung. Typisch Auckland: Segeltour im Hauraki Gulf.

 Bay of Islands – Ein fotogener Schärengarten und die Wiege des modernen Neuseelands: Hier schlossen Maoris und Pakehas, die ersten europäischen Siedler, 1840 einen Vertrag.

 Napier – Der Wiederaufbau nach einem Erdbeben 1931 schuf die Art-déco-Perle an der Hawke's Bay – Art-déco-Weekend im Februar.

 Wellington – Mindestprogramm für die Hauptstadt: Per Cable Car hinauf zum Botanischen Garten und Nationalmuseum Te Papa.

 Christchurch – Beim Erdbeben 2011 wurde die historische Stadt schwer beschädigt. Heute hilft jeder Touristendollar beim Wiederaufbau.

 Queenstown – Das schön gelegene Ferienzentrum der Südinsel am Lake Wakatipu ist bei Familien, aber auch bei Aktivurlaubern und Extremsportlern geschätzt.

 Nelson – Die Kleinstadt, berühmt für Modekunst und rund 2400 Sonnenstunden pro Jahr, ist Ausgangspunkt zu drei populären Nationalparks.

Die beste Reisezeit

Der neuseeländische Herbst, die Zeit der Weinlese, fällt – entgegengesetzt zur Nordhalbkugel – auf die Spanne **zwischen Februar und April.** Die beliebten »Wine and Food Festivals« werden allerdings genauso gerne im Frühling oder im Sommer zelebriert. Februar/März sind aber auch aus klimatischen und ökonomischen Gründen eine gute Reisezeit: Es ist meist noch warm und es ist preiswerter, weil die Hochsaison (Weihnachten bis Ende Januar) verstrichen ist.

Besondere Tipps

Für Roadrunner: Den subtropischen Norden auslassen und direkt von Auckland an die Bay of Plenty fahren.

Fürs Fotoalbum: Fotos vom Milford Sound an der Westküste sind Ikonen des Landes. Die Autofahrt in die Fjordszenerie kostet allerdings Zeit. Teurer, aber noch attraktiver ist ein Flug ab Queenstown über die Alpen in die schöne Bucht.

Für Badefreunde: Auf der Halbinsel Coromandel bei Auckland kann man sich am Hot Water Beach bei Whitianga seine Badewanne schaufeln – aus der Erde dringt warmes Wasser. Bei Ebbe ein Erlebnis.

Info: www.newzealand.com/de

← Die Coromandel Halbinsel liegt nahe Auckland und dennoch abseits der Touristenpfade (o.)
← Auckland ist die einzige Millionenstadt auf Neuseeland (u. li.)
← Das historische Zentrum der Kolonialzeit war die Bay of Islands (u. re.)
↑ Die uralte Maori-Kultur wird sichtbar im Schnitzwerk der Marae, der spirituellen Versammlungsräume

Mit dem E-Bike am »Strom« entlang radeln – Von Berlin nach Kopenhagen

Die Dänen und die Norddeutschen waren 2012 die schnellsten: Sie setzten den Trend zum Pedelec, zum Fahrrad mit elektrischem Hilfsmotor, um zum »ersten internationalen Radweg für E-Bikes«. Dazu richteten sie auf dem 630 km langen Fernradweg Berlin–Kopenhagen ein durchgehendes Netz von Ladestationen für die Fahrrad-Akkus ein. Heute sind die Anschlüsse maximal 35 km voneinander entfernt und ermöglichen sozusagen ein »Radeln immer am Strom entlang«. Vielfach warten die Steckdosen in Herbergsbetrieben, die sich an der beliebten Radlerpiste schon seit Jahren auf diese sattelfeste Klientel eingerichtet haben. Auf dem Schlossplatz in Berlin beginnt die Reise. Sie führt durch das Brandenburger Tor hinaus in das Land Brandenburg und durchquert anschließend Mecklenburg-Vorpommern, entlang von Seen und Flüssen. Die Schilder am Wegrand weisen zu alten Kirchen und historischen Klöstern, aber auch zu KZ-Gedenkstätten.

Von Berlin schlängelt sich die Route via Henningsdorf, Oranienburg, Zehdenick und Himmelpfort mit seinem Wunschzettel-Weihnachtspostamt nach Fürstenberg an der Havel. Mit Neustrelitz ist die Mecklenburgische Seenplatte erreicht. Waren an der Müritz und Güstrow zählen zu den touristisch bekannten Adressen Mecklenburgs. In Rostock geht es schließlich auf die Fähre, nach 105 Minuten auf der Ostsee legt das Scandlines-Schiff im dänischen Gedser auf der Insel Falster an. Dass Dänemark reich an Inseln ist – es sind mehr als 400 – ahnt man, wenn es über Falsters Nachbarinseln Barholm und Møn auf die Hauptinsel Seeland geht. 254 km sind es noch von Gedser, Dänemarks südlichstem Zipfel, bis zum Ziel Kopenhagen. Nyköbing, die Metropole des Südens, liegt ebenso an der Strecke wie die 128 m hohen Kreideklippen von Møn, eines der Postkartenmotive im Königreich, das sich mit København eine der schönsten Hauptstädte Europas schuf.

Die beste Reisezeit

Der **Sommer** ist die beste Reisezeit, aber das wissen Tausende anderer Touristen natürlich auch. Entsprechend eng kann es selbst auf gut dimensionierten Radwegen werden. Dafür bleibt es lange hell. Klimatisch liegt Berlin am Rand der Kontinental-Klimazone, die in dieser Jahreszeit für stabile Wetterlagen sorgt. Weiter in Richtung Ostsee ist das Wetter naturgemäß maritim geprägt: Immer wieder mal ein Schauer – und stets Wind, der natürliche Feind aller Radler.

Die Highlights

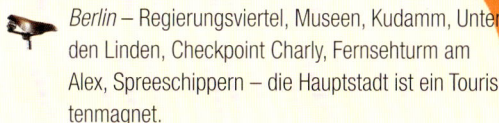 *Berlin* – Regierungsviertel, Museen, Kudamm, Unter den Linden, Checkpoint Charly, Fernsehturm am Alex, Spreeschippern – die Hauptstadt ist ein Touristenmagnet.

Neustrelitz – Residenzstadt mit klassizistischem Markt, barocker Orangerie, Schlosskirche und Schlosspark.

Güstrow – Norddeutsche Renaissanceresidenz mit Schloss und Domschule, an den Künstler Ernst Barlach erinnern drei Museen.

 *Rostock* – Backsteinbaukunst mit Kirchen, Rathaus, Kontorhäusern und Stadtbefestigung aus der Hansezeit. Das 2012 im Zoo eröffnete Darwineum ist ein Wissens- und Erlebnispark mit Gorillas und Orang-Utans.

Gedser – 25 km weißer Sandstrand, Skandinaviens südlichster Punkt; der über 200 Jahre alte Leuchtturm ist nicht zugänglich.

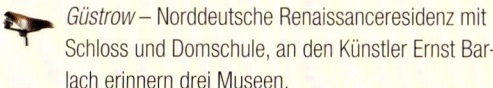 *Nyköbing* – Privates Sherlock-Holmes-Museum und Mittelalterzentrum mit Ritterturnieren und Steinschleuder-Vorführungen.

Kopenhagen – Kleine Meerjungfrau, Nyhavn, Tivoli, Neue Oper, Strøget (Europas älteste Einkaufsstraße), Schloss Amalienborg mit Wachwechsel und, und, und ...

Besondere Tipps

Für Roadrunner: Wer dem Berliner Verkehr entgehen will, nimmt die S-Bahn nach Henningsdorf und startet von dort.

Für Verliebte: Zuerst *Rheinsberg: Ein Bilderbuch für Verliebte* von Kurt Tucholsky lesen. Dann von Zehdenick oder Fürstenberg einen Abstecher nach Schloss Rheinsberg machen. Möglichst mit der/dem Geliebten.

Für Strandfreunde: Das Seebad Warnemünde, ein Ortsteil von Rostock, besitzt den breitesten Sandstrand an der deutschen Ostseeküste. Im Sommer kann man den 37 m hohen Leuchtturm besteigen.

Info: www.bike-berlin-copenhagen.com

← Am Nyhavn ist das große Kopenhagen klein (o. li.) ...
← ... am Brandenburger Tor gibt sich das noch größere Berlin mächtig (o. re.)
← Unter der Glaskuppel des Berliner Reichtages wird Deutschland regiert (u. li.)
← In Schloss Frederiksborg bei Kopenhagen sind Museen untergebracht (u. re.)
↑ Die Kirche St. Petri in der Altstadt von Rostock

Traumroute 24 Europa

Kreuzfahrt über die Donau
Von Passau zum Schwarzen Meer

»Donau so blau ...«, verheißt Österreichs inoffizielle Hymne, der Donauwalzer von Johann Strauss. Blau? Na ja – anderes hat den Strom, der zehn Länder und viele Kulturen durchfließt, zu einer der beliebtesten Routen des Kontinents gemacht. Rund 120 Kreuzfahrtschiffe mit jährlich mehr als 500 000 Gästen sind auf den 2225 km zwischen Passau und dem Schwarzen Meer unterwegs, drei Wochen hin und zurück.

Bald nach Passau erreicht Europas zweitlängster Strom Österreich und die Schlögener Schlinge, wo sich die Wasser um 180 Grad wenden. Linz konnte sich von der Stahlstadt zur Kulturmetropole wandeln. Die schöne, weinselige Wachau beginnt mit Melk und seinem grandiosen Benediktinerstift. Dürnsteins blauer Kirchturm ist ein Symbol der Wachau, überragt von jener Burg, in der Englands König Richard Löwenherz gefangen saß. Bei Krems endet die Wachau, die Donau nähert sich Wien. Dort starten die Katamarane, die in 75 Minuten in die slowakische Hauptstadt Bratislava flitzen.

Mit Esztergom ist Ungarns einstige Hauptstadt erreicht. Bald hinter dem Donauknie, in dem der Strom um 90 Grad abknickt, liegt die heutige Hauptstadt Budapest. Unter den weiteren ungarischen Orten wird

Kalocsa oft angelaufen: Das größte Paprika-Gebiet der Welt ist Teil der Puszta. Vukovar bietet die Chance zum Landgang in Kroatien. Im serbischen Novi Sad wurden 1999 im Kosovokrieg alle Brücken zerstört, so war die Schifffahrt bis 2005 stark behindert. Auch Serbiens Kapitale Belgrad ist nun wieder ein beliebter Kreuzfahrtstopp. An der serbisch-rumänischen Grenze muss die Donau die Karpatenberge »knacken«: Das Eiserne Tor mit der nur 150 m breiten Kazan-Enge treibt alle Passagiere auf Deck. Es folgt eine Reihe rumänischer, bulgarischer und ukrainischer Häfen, bis Tulcea und das Donaudelta, ein UNESCO-Welterbe, erreicht sind.

Die beste Reisezeit

Das Klima entlang der Donau ist typisch mitteleuropäisch, das beste Wetter bietet folglich der **Sommer**. Die Temperaturen pendeln bei 20 bis 25 °C. Je weiter südlich man kommt, desto wärmer wird es im Regelfall. In Wien zählt man ganzjährig sieben bis neun Regentage im Monat. In Belgrad ist es im Sommer ähnlich, sonst sind es eher zwölf bis 14 Tage. Tulcea verzeichnet im **August/September** etwa vier Regentage, von November bis Mai sind es acht bis zehn.

Die Highlights

 Passau – Die »Drei-Flüsse-Stadt« ist einer der größten Häfen Europas für Flusskreuzfahrer und als Barockstadt ein touristisches Juwel Bayerns.

 Melk – Das Stift hoch über Stadt und Strom ist eines der größten Kulturensembles Europas und mit seiner prächtigen Bibliothek eine der großen Attraktionen Österreichs.

 Wien – Stephansdom, Ringstraßen-Tram, Hofburg mit Kaiserappartements und Sissi-Museum, Heurigen etc. – ein Höhepunkt Europas!

 Bratislava – Altstadt und Burg ziehen im einstigen Pressburg die meisten Besucher an. Originell: das Ufo-Restaurant auf dem Pfeiler der Donaubrücke.

 Esztergom – Die im 19. Jahrhundert erbaute Basilika oberhalb der Landestelle ist die größte Kirche des Landes. Ihre Schatzkammer und das nahe Burgmuseum fokussieren Ungarns Geschichte.

 Budapest – Die Fischerbastei bietet einen guten Blick auf das Parlament. Auf die Besichtigungsliste gehören auch Besuche in einem historischen Thermalbad und einem alten Café.

Belgrad – Serbiens Kapitale wird überragt von ihrer historischen Festung. Das Altstadtviertel Skadarlija gilt mit seinen Kneipen als »Montmartre Belgrads«.

Besondere Tipps

Für Roadrunner: Die beliebte Strecke Passau–Budapest–Passau dauert eine Woche.

Für Gigantomanen: Im Ausflugsziel Bukarest wartet ein bizarres Exemplar diktatorischer Bauwut: der 1989 vom Alleinherrscher Ceauşescu eröffnete Parlamentspalast. Touren führen heute durch einen Teil der 5100 Räume.

Für Naturfreunde: Das von Kanälen und Seen durchzogene Donaudelta, ein Weltkulturerbe, bietet 5000 Tier- und Pflanzenarten eine Heimat. Das macht Rundfahrten in kleinen Booten so attraktiv, vor allem im Frühling, wenn Millionen weißer Pelikane ihre Jungen aufziehen.

Info: www.danubecommission.org

← Budapest, hier mit Kettenbrücke und Matthiaskirche, ist ein Höhepunkte jeder Donaureise (o.)

← Das österreichische Kloster Melk ist ein berühmtes Barockjuwel (u. li.)

← Im New York Cafe im Boscolo Hotel in Budapest (u. re.)

↑ Kaffeehaus-Kultur in Wien, ein »UNESCOKulturerbe«

Traumroute 25 Schweiz

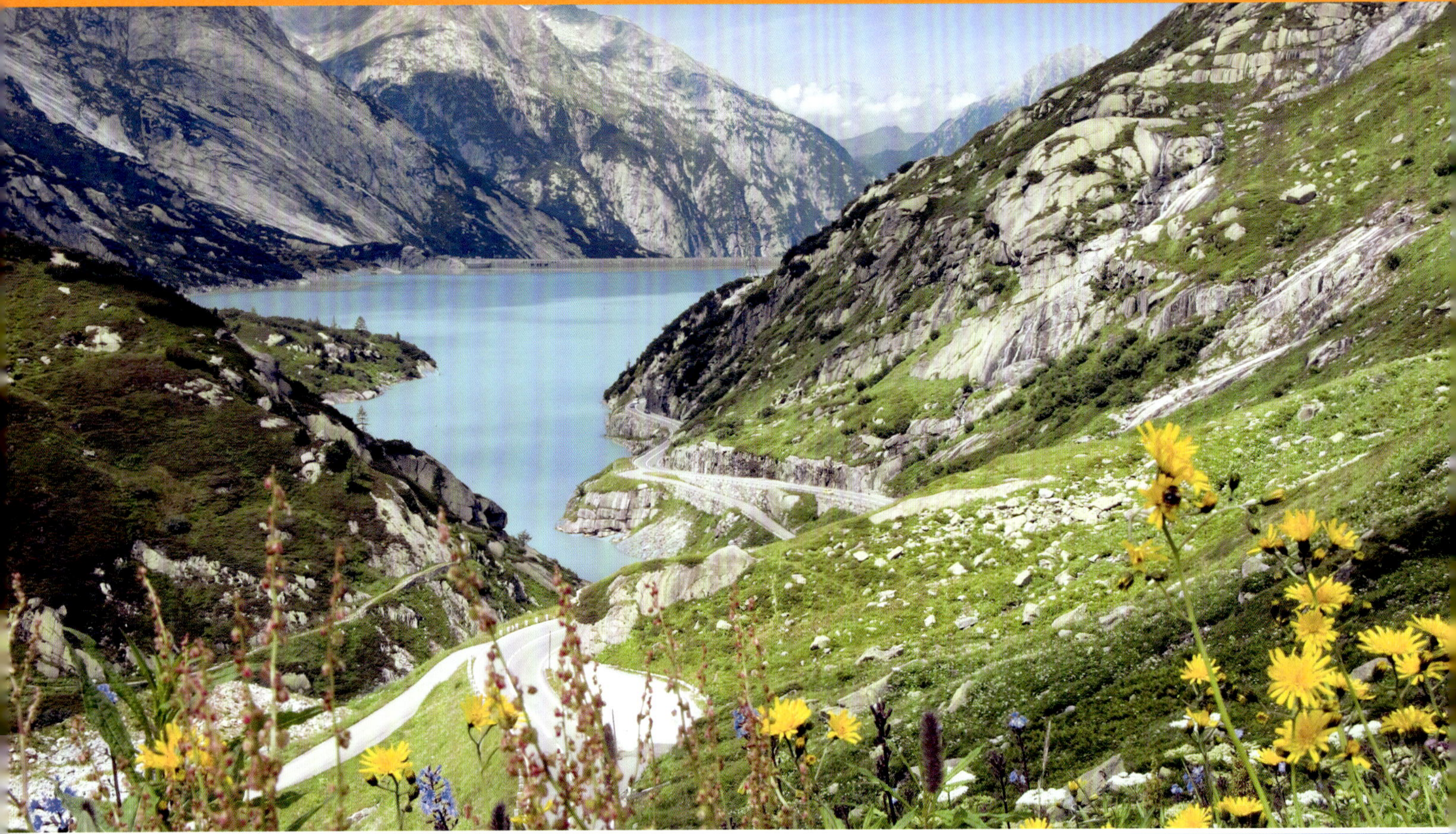

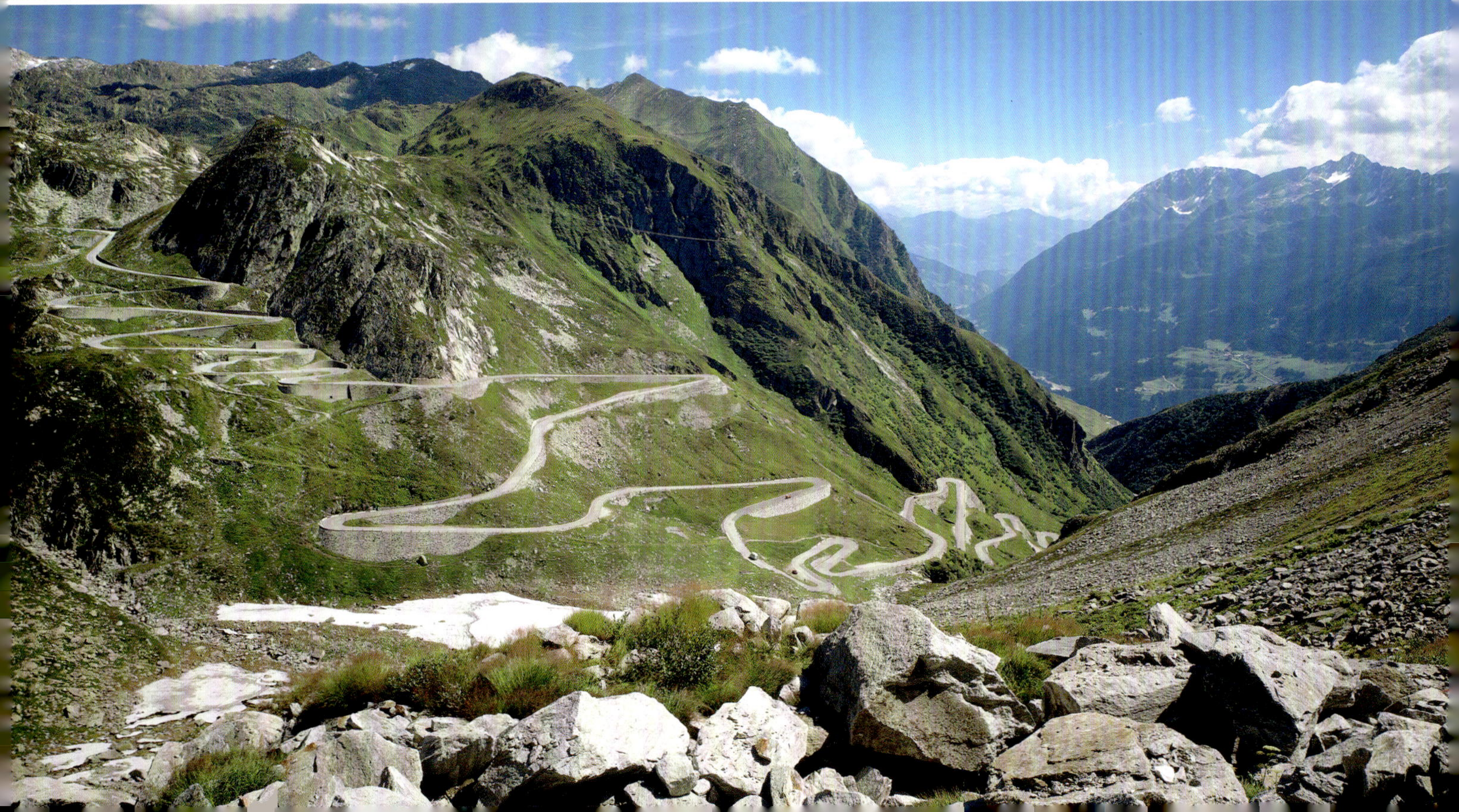

Große Schweizer Pässetour

Das Innerschweizer Kurvenkarussell – Von Wassen bis Airolo

130 Straßenkilometer, 85 Serpentinen, Steigungen bis 12 Prozent und eine grandiose Hochgebirgslandschaft: Das ist das Innerschweizer Kurvenkarussell zwischen Wassen im Reusstal und Airolo im Tessin. Es führt über vier Pässe – Susten-, Grimsel-, Furka- und Gotthardpass – und mitten hinein ins Herz der Eidgenossenschaft. Letztgenannter Pass, der Gotthard, ist nationaler Mythos und das Tor zum Tessin. Er trennt zwei Kulturräume – nördlich und südlich der Alpen, in seinem Großraum entspringen Alpenflüsse in alle vier Himmelsrichtungen: die Reuss nach Norden, der Rhein nach Osten, der Ticino nach Süden und die Rhone nach Westen.

Die Fahrt- und damit auch die Himmelsrichtung wechseln auf dieser grandiosen Passstrecke ständig, manchmal schon nach wenigen Sekunden: Es folgen die nächste Serpentine, ein neuer Blickwinkel auf Granitfluchten, auf Gletscher und Gipfel, in schwindelnde Abgründe. PS-Boliden heulen passwärts, immer am Limit, Busmonster quälen sich durch die engen Kehren, Rennradler verlangen ihrer Beinmuskulatur das Äußerste ab, sausen dann halsbrecherisch zu Tal. Und im Val Tremola – dem »Tal des Zitterns« – sind wahre Nostalgiker mit echten Pferdestärken unterwegs: per Kutsche. Fast wie vor

hundert und mehr Jahren, als Reisen noch Erlebnis und manchmal auch Strapaze war.

Heute steuert man lässig seine Bertone-Karosserie aus den 1970er-Jahren durch die 24 Kehren des Tremolatals. Oben am Gotthard, wo das Denkmal des russischen Generals Suworow so manchen Geschichtsunkundigen verwirrt und der Wind mitunter böig um die Felsen pfeift, wird dann eine Pause fällig. Ist doch schön, so eine Fahrt durch die Heimat des Wilhelm Tell! Nach all der Kurvenfahrerei empfiehlt sich die anschließende Weiterreise am Ticino entlang zum Lago Maggiore, wo die Sonne etwas öfter scheint als über den Drei- und Dreieinhalbtausendern der Urner, Glarner und Tessiner Alpen: Gute Weiterfahrt!

Die Highlights

 Die *Aareschlucht* zwischen Meiringen und Innertkirchen ist eine der spektakulärsten Schluchten des Landes. Man kann sie auf einem soliden Steg durchwandern.

 Die *Gelmerbahn* bei Handegg ist genau richtig für Abenteuerlustige: Die Talfahrt im offenen Wagen bei einem Maximalgefälle von 106 Prozent – dem steilsten Europas! – verlangt starke Nerven.

 Der *Grimsel-Stausee* ist ein Highlight an der Grimselstraße. Zwischen seinen Betonmauern: das interaktive Besucherzentrum Nollen und das historische Alpinhotel Grimsel Hospiz.

 Der *Rhonegletscher* leidet sichtbar unter dem Klimawandel. Vor hundert Jahren noch bis in den Talboden von Gletsch reichend, zieht er sich immer weiter zurück.

 Schöllenenschlucht – Straße und Zahnradbahn überwinden die wilde Granitklamm unterhalb von Andermatt in kühner Trassierung.

 Das *Gotthardmuseum* auf der Scheitelhöhe informiert über die historische Rolle des Passes.

 Val Tremola – Die Abfolge von 24 Serpentinen mit Kopfsteinpflaster hat Kultstatus – auch bei Rennradlern, die ordentlich durchgeschüttelt werden.

Die beste Reisezeit

Die Alpenpässe in der Zentralschweiz sind den Winter über gesperrt, das schränkt die Reisezeit natürlich erheblich ein. Meistens werden sie erst zwischen Mitte Mai und Anfang Juni vom Schnee geräumt. Dann ist bis Mitte Oktober oder Mitte November Saison, je nachdem, wann die ersten schweren Schneefälle einsetzen. Die hohen Innerschweizer Passstraßen sind – ganz klar – ein Reiseziel für den **Sommer**!

Besondere Tipps

Für Roadrunner: Kürzer wird die Tour, wenn man den Gotthardpass auslässt und von Hospental nach Wassen im Reusstal zurückfährt.

Für das Wissen: Wilhelm Tell von Friedrich Schiller oder *Wilhelm Tell für die Schule* von Max Frisch.

Für Geschichtsinteressierte: Eine Führung durch das Festungsmuseum am Gotthardpass erinnert an den Zweiten Weltkrieg, als die Passregion zur Alpenfestung ausgebaut wurde.

Info: www.schweizerseiten.ch/alpenpaesse/index.htm

← Der Stausee Räterichsboden liegt direkt an der Nordrampe der Grimsel-Passstraße (o.)

← Die alte Straße über den Gotthardpass wurde in der ersten Hälfte des 19. Jahrhunderts erbaut; legendär ist ihre Trassierung im Val Tremola mit 24 Serpentinen (u.)

↑ Von Innertkirchen am Fuß von Susten- und Grimselpass empfiehlt sich ein Abstecher in die Aareschlucht

Traumroute 26 Frankreich

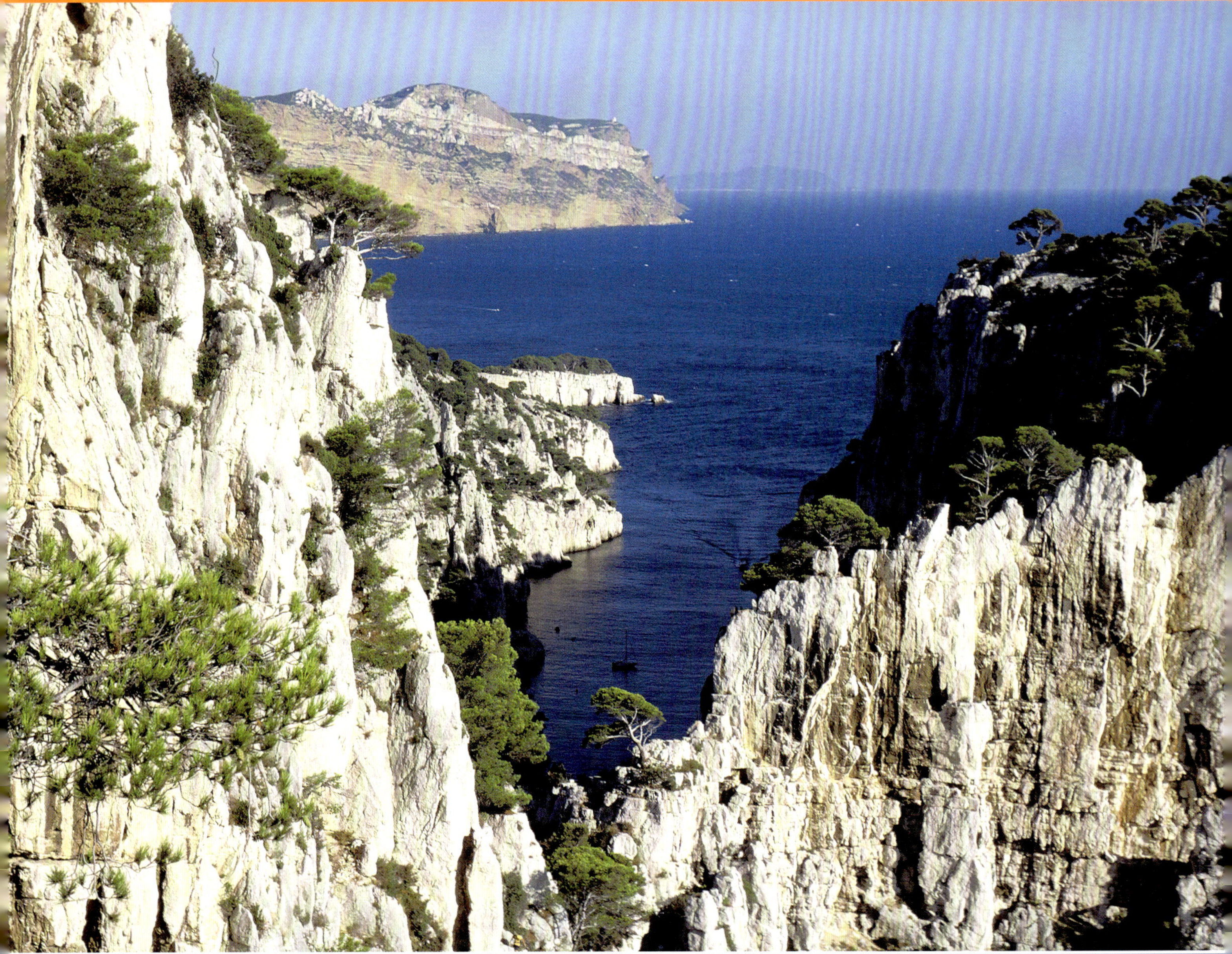

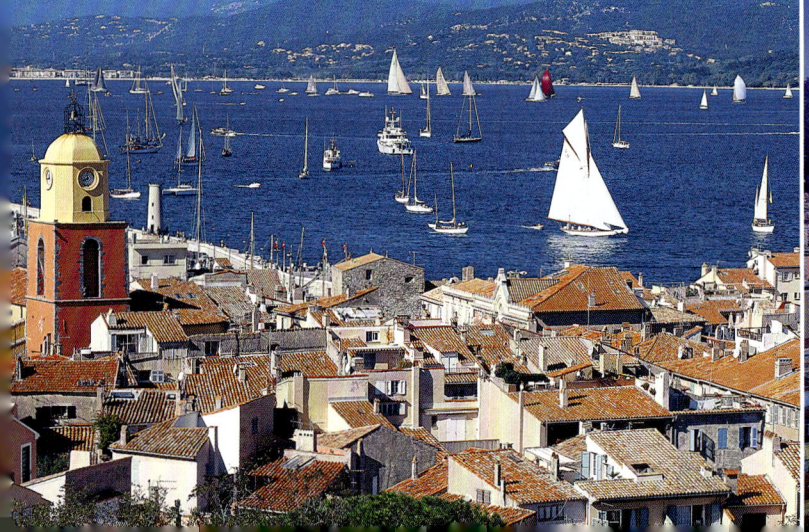

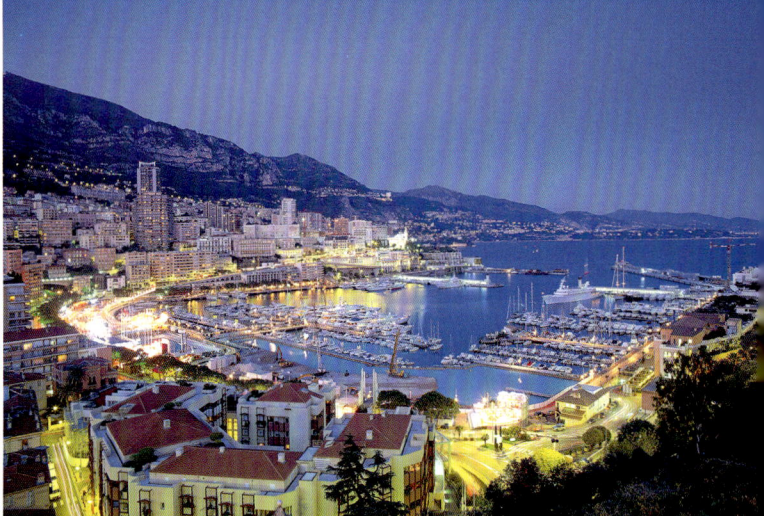

Côte d'Azur

Mondänes Reisen an der Riviera – Von Cassis bis Menton

Côte d'Azur – azurblaue Küste: Allein dieser Name klingt schon wie ein großes Versprechen! Geprägt hat den Begriff der französische Dichter Stéphen Liégeard, der 1887 ein Werk mit dem Titel *La Côte d'Azur* veröffentlichte. Seither ist die französische Riviera Sehnsuchtsort vieler Urlauber. Die komplette Küste erstreckt sich über rund 300 km von Cassis im Westen bis Menton an der italienischen Grenze.

Beginnend bei Cassis, zeigt sich die Küste mit den Calanques – spektakulär zwischen Steilwänden liegenden Badebuchten – gleich von ihrer schönsten Seite. Toulon, die südlichste Stadt der Côte d'Azur, ist zwar nicht gerade ein Mussziel, besitzt aber als wichtigster Marinehafen Frankreichs eine lebhafte Atmosphäre und eine besuchenswerte Altstadt. Auf Höhe von Hyères locken mit der Halbinsel Giens und den vorgelagerten Îles d'Or traumhafte Surfstrände und versteckte Badebuchten. Weiter westlich folgen die Ferienorte La Londe-les-Maures und Cavalaire-sur-Mer. Von hier bieten sich Wandertouren ins Massif des Maures an: Das bis zu 800 m hohe Gebirge gibt immer wieder fantastische Ausblicke auf das Mittelmeer frei.

Weiter geht es nach Saint-Tropez. Seit Brigitte Bardot und Gunter Sachs dem ver-

schlafenen Fischerdorf in den 1950er-Jahren zur Berühmtheit verhalfen, treffen sich hier die Reichen und Schönen, um gesehen zu werden, und die Touristen, um zu sehen. Auch die mondänen Metropolen Cannes und Nizza sowie das Fürstentum Monaco locken mit Exklusivität, einem schillernden, exzessiven Nachtleben – sowie einem hohen Promifaktor.

Und vor alldem liegt das azurblaue Meer. Von den satten Farben und dem unvergleichbar hellen Licht der Küste schwärmten bereits große Maler wie Henri Matisse und Pablo Picasso. Auch ihren Spuren können Reisende entlang der Küste folgen: etwa im Picasso-Museum in Antibes oder im Musée Matisse in Nizza.

Die Highlights

- Die *Calanques* – zwischen weißen Kalkfelsen liegende Badebuchten mit türkisblauem Wasser – liegen westlich von Cassis. Ihre Steilwände sind zudem ein beliebtes Kletterrevier.

- Die *Îles d'Or* vor Hyères – Porquerolles, Port-Cros und die Île du Levant – verfügen über schöne Naturhäfen und sind beliebte Wander-, Radel- und Badeziele.

- Das *Massif des Maures* erstreckt sich über 60 km im Hinterland von Hyères bis Fréjus und überrascht mit fantastischen Ausblicken aufs azurblaue Meer.

- *Saint-Tropez* ist seit den 1950er-Jahren Treffpunkt der Schönen und Reichen. Wer die Strände von Saint-Tropez genießen will, kommt besser außerhalb der Saison.

- Nach *Cannes* locken nicht nur Festivals der Medienwelt, sondern auch exklusive Lokale und schicke Boutiquen.

- *Nizza* ist eindeutig die Metropole der französischen Riviera: mit viel italienischem Flair, einer lebendigen Altstadt und sehenswerten Kunstmuseen.

- *Monaco*, der zweitkleinste europäische Staat nach dem Vatikan, erstreckt sich über 2 qkm und ist spektakulär in einen Felsen gebaut.

Die beste Reisezeit

300 Tage Sonnenschein im Jahr verspricht die Côte d'Azur. Wer sonnenbaden, schwimmen und surfen will, kommt am besten im Sommer. Im **Juli und August** klettern die Temperaturen gerne über 30 °C und ebenso die Nächte sind mit mehr als 20 °C angenehm warm. Dafür gibt es im Mai und Juni, September und Oktober deutlich mehr Platz am Strand, die Unterkünfte sind günstiger und das Sightseeing in Saint-Tropez, Nizza und Monaco macht auch mehr Spaß.

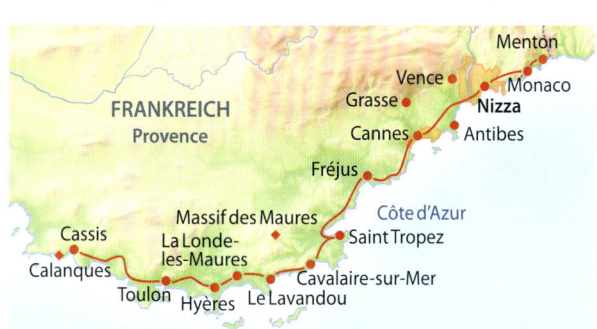

Besondere Tipps

Für Roadrunner: Wer weniger Strecke und dafür mehr Strand genießen will, beschränkt sich auf den Küstenabschnitt zwischen Hyères und Saint-Tropez.

Für den Gaumen: Kaum eine Weinbauregion verarbeitet so viele Traubensorten wie die Provence. Bekannte Weine der Côte d'Azur sind beispielsweise Cassis oder Côtes de Provence.

Für den Geldbeutel: ... oder auch nicht? Die Côte d'Azur präsentiert sich dank ihrer vielen Casinos als kleines Glücksspielmekka. Das bekannteste unter ihnen ist die Spielbank Monte Carlo.

Info: www.franceguide.com

← Die Calanques: enge, steilwandige Küsteneinschnitte im Kalkgestein des Mittelmeers (o.)
← Sonnenbeschienene Dächer und Segelboote im Golf von Saint Tropez (u. li.)
← Viel Geld und Prunk auf kleinstem Raum: das Fürstentum Monaco (u. re.)
↑ Blick vom Park Colline du Château auf den Hafen von Nizza

Kunst und Natur im Überfluss – Zwischen Florenz und Terni

Landstraßen, die romantischer nicht sein können. Das bietet die Toskana, mit einem Abstecher ins malerische Umbrien. Eine Tour für zehn oder 14 Tage Ferien. Von der Renaissancemetropole Florenz geht es durch Wälder und vorbei an mit Weinreben bewachsenen Hügeln nach Arezzo. Das Städtchen bietet mittelalterlichen Charakter und die Kirche San Francesco. Die ehemalige Etruskerstadt Cortona liegt zauberhaft am Monte Sant'Egidio. Steile Gassen mit uralten Palazzi laden zum Minitrekking ein. Die gut ausgeschilderte Straße führt nach Perugia und Richtung Süden nach Spello, Trevi und das wegen seines Sommerfestivals im Juli berühmte Spoleto.

Vorbei am malerischen Todi geht es nach Orvieto. Wie eine Erscheinung präsentiert sich auf einem flachen Hügelplateau die mittelalterliche Altstadt mit dem grandiosen Dom. Eine Schwimmpause sollte man am Bolsenasee oder in den Thermen von Saturnia einlegen, wo schon die alten Römer kurten. Eine Landstraße führt Richtung Norden. Durch das pittoreske Tal Val d'Orcia erreicht man die Weinhochburgen Montepulciano und Montalcino. Es folgen kleine Dörfer, Burgen und dann Siena. Die fächerförmige Piazza Il Campo liegt mitten in der an Paläs-

ten, Kirchen und Kunstwerken reichen Stadt. Weinberge und Wälder wechseln sich auf dem Weg in das »mittelalterliche Manhattan« San Gimignano mit seinen Geschlechtertürmen ab. Vorbei an Volterra geht es ans Meer. Zwischen Cecina und Livorno finden sich garantiert saubere Strände. Nach der Besteigung des Schiefen Turms in Pisa empfiehlt sich ein Spaziergang über den ehemaligen Mauerring von Lucca. Montecatini Terme mit den Belle-Époque-Badesälen ist sicherlich Italiens schönste Therme. Nach einem Besuch von Pistoia, bekannt für seine Schokoladenproduktion, und Prati mit seinem berühmten Museum für zeitgenössische Kunst und einem intakten Renaissancestadtzentrum, endet die Rundreise in Florenz.

Die beste Reisezeit

Auf jeden Fall **zwischen Frühling und Herbst.** Nur im absoluten Hochsommer sollte man wegen der Hitze auf diese Tour verzichten und wegen des Umstands, dass auch das letzte Bett meist ausgebucht ist. Es sei denn, man bucht jede Übernachtung im Voraus. Ab Juni können die Temperaturen die 30-°C-Marke überschreiten. Zwischen März und Juni werden durchschnittlich 20 bis 25 °C gemessen; das gilt ebenso für den Herbst.

Die Highlights

 Florenz – Die Wiege der Renaissancekultur bietet mit den Uffizien und dem Palazzo Pitti weltberühmte Kunstsammlungen, daneben kunstreiche Paläste, Kirchen und Klöster.

 Perugia – Auf den Resten etruskischer und römischer Gebäude wurden im Mittelalter Palazzi und Kirchen errichtet. Die Galleria Nazionale zeigt malerische Höhepunkte der Umbrischen Schule.

 Assisi – Die Franziskusbasilika erstrahlt nach aufwendigen Restaurierungsarbeiten infolge eines schweren Erdbebens wieder in altem Glanz.

 Orvieto – Die Altstadt bietet den vielleicht schönsten spätgotischen Dom. Atemberaubend schöne Fresken von Luca Signorelli zeigt die Capella della Madonna di San Brizio.

 Montalcino und *Montepulciano* – Hier werden der Brunello di Montalcino und der Vino Nobile di Montepulciano gekeltert, zwei der besten Weine Europas.

 Pisa – Weltkulturerbe ist nicht nur der Turm, sondern auch der Dom und das Baptisterium, Höhepunkte romanischer und gotischer Architektur in Italien.

 Lucca – Seit Giacomo Puccinis Zeit scheint sich hier nicht viel verändert zu haben: zauberhafte romanische Kirchen und herrschaftliche Paläste an der schnurgeraden Via Fillungo.

Besondere Tipps

Für Roadrunner: Kürzer geht die Route von Florenz über Arezzo, Montepulciano und Siena, San Gimignano, Pisa und Lucca wieder nach Florenz.

Für Musikliebhaber: Ein Tipp für Klassikfreunde ist das kleine, aber sehr feine Musikfestival »Incontri in terra di Siena«.

Für Gaumen und Gemüt: Im Chianti nördlich von Siena lassen sich fantastische Weine verkosten. In vielen Fällen kann man direkt auf den Weingütern übernachten.

Info: www.enit.de

← Der Dom von Orvieto wurde im 14. Jahrhundert vollendet (o. li.)
← Brunnen auf der Piazza Grande in Montepulciano (o. re.)
← Die Piazza della Signoria und der Palazzo Vecchio in Florenz (u. li.)
← Die Abtei St. Antimo in der Nähe von Montalcino (u. re.)
↑ Per Oldtimer über die Landstraße bei Montalcino

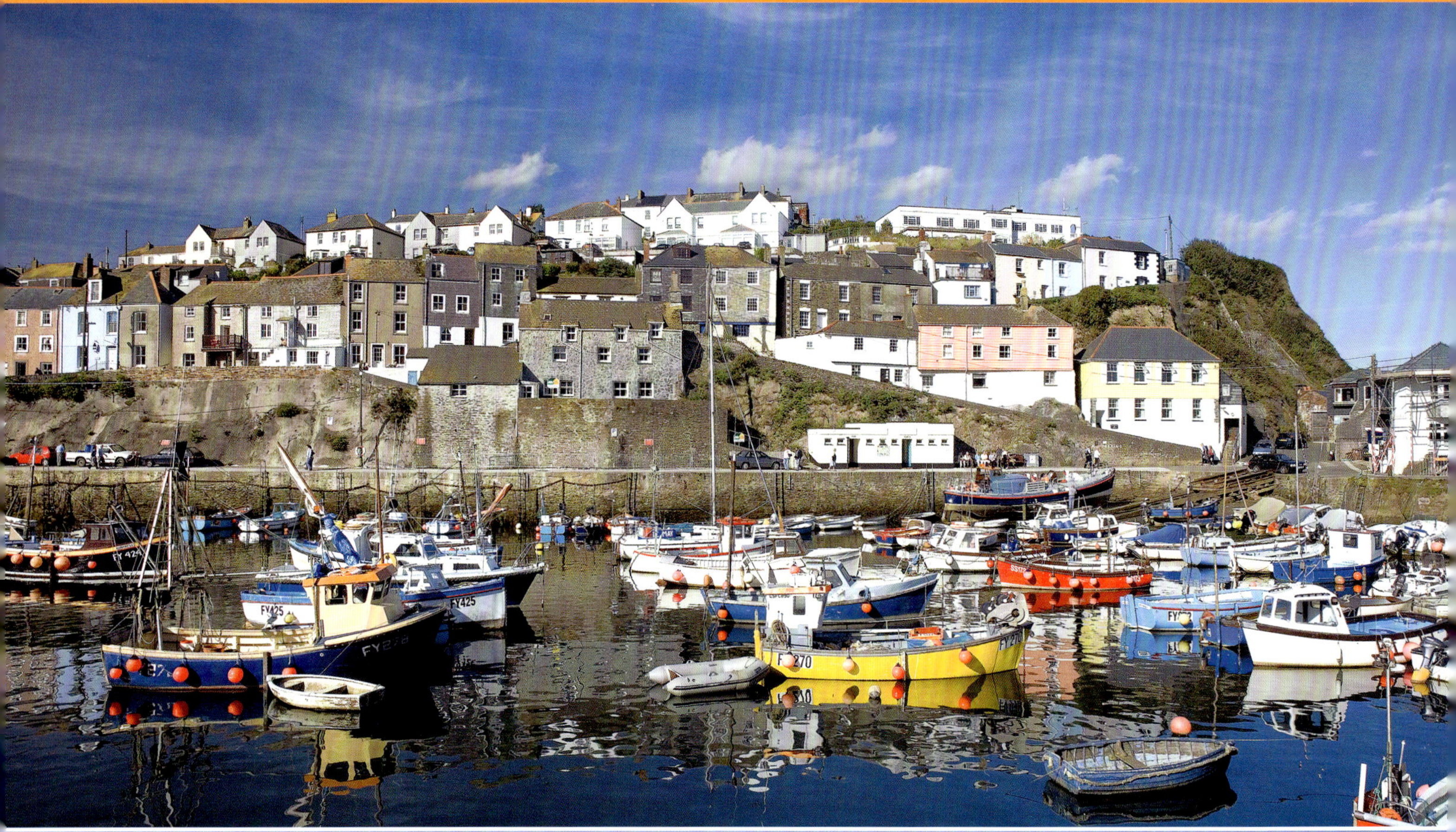

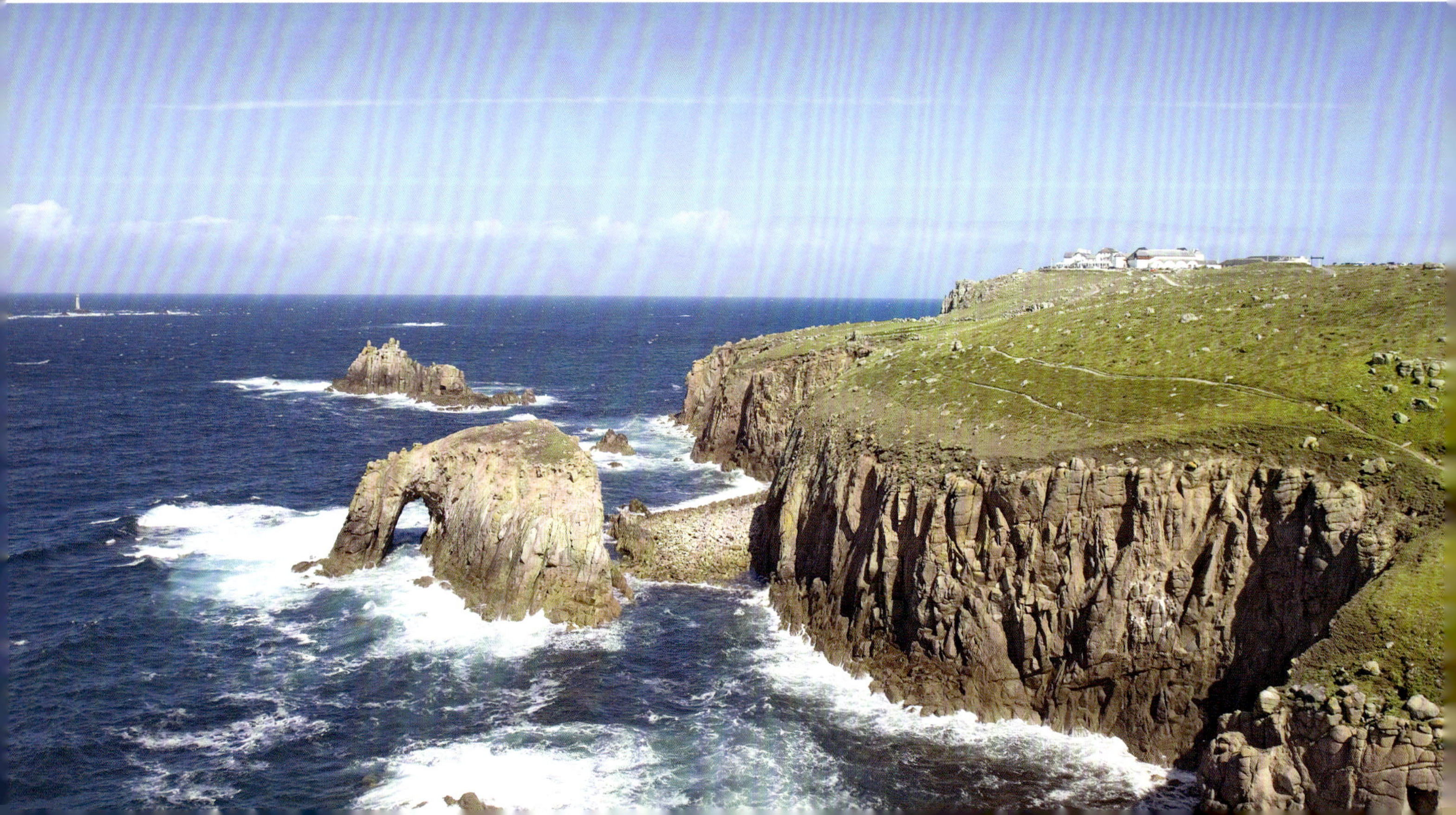

Cornwall

Kein Platz für den Union Jack – Zwischen Tamar River und Land's End

Das wahre England liegt in der Provinz. Countryside sagen die Briten, und meinen damit, dass dort alles konservativ und beschaulich ist. Vor den Bauernhöfen weisen handgeschriebene Tafeln auf »Eier von freilaufenden Hühnern«, »Kartoffeln aus neuer Ernte« und »saftige Äpfel« hin. Pferde galoppieren über Koppeln, Schafe und Kühe grasen auf sattgrünen Weiden. Und die Menschen tragen Kleidung nach Art »Britischer Bad Taste«: giftgrüne Trainingsjacken aus Glitzerpolyester zu grauen Hosen.

Die Einwohner Cornwalls sind Nachfahren der Kelten, die sich unter dem Druck der Römer in ihr jetziges Territorium zurückziehen mussten. Man fühlt sich mehr den Schotten, den Walisern, sogar den Bretonen in Frankreich zugeneigt als den Engländern. Und so macht man sich einen Spaß daraus, Kornisch zu sprechen, denn das versteht wirklich nur, wer zwischen Tamar River und Land's End geboren wurde.

Keine Gemeinde hier hat mehr als 20 000 Einwohner, die raue Landschaft trotzte den Menschen mehr ab als anderswo, Individualismus und extremes Heimatgefühl stehen hoch im Kurs. Klassische Urlauberghettos wie andernorts sind hier unbekannt. Bis auf eine Ausnahme vielleicht: Den Strand von Falmouth haben die Einwohner den Eindringlingen überlassen. Kein einziges Wohnhaus steht an der langen Seepromenade, dafür unzählige Hotels. Im Kontrastprogramm schlängeln sich einspurige Wege durchs Bodmin Moor, wo bronzezeitliche Steinkreise an das weltberühmte Stonehenge erinnern. Und wer wirklich raues Wasser sehen will, fährt dorthin, wo der Wind pfeift: Land's End! Der Atlantik klatscht an die schroffen Felsen. Kaum zu glauben, dass nur ein paar Kilometer weiter Pinien wie in der Toskana und Tamarisken wie in großen Teilen Afrikas gedeihen. Die Europaflagge flattert am westlichen Zipfel Cornwalls ebenso im Wind wie die kornische. Was fehlt, ist nur der Union Jack …

Die Highlights

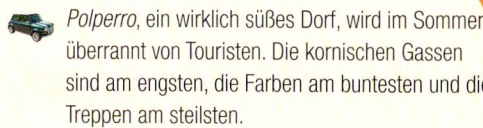
Polperro, ein wirklich süßes Dorf, wird im Sommer überrannt von Touristen. Die kornischen Gassen sind am engsten, die Farben am buntesten und die Treppen am steilsten.

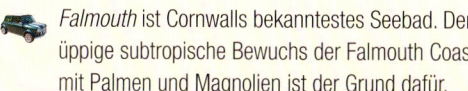
Falmouth ist Cornwalls bekanntestes Seebad. Der üppige subtropische Bewuchs der Falmouth Coast mit Palmen und Magnolien ist der Grund dafür.

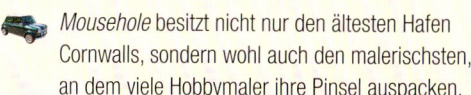
Mousehole besitzt nicht nur den ältesten Hafen Cornwalls, sondern wohl auch den malerischsten, an dem viele Hobbymaler ihre Pinsel auspacken.

Land's End ist landschaftlich eine der schönsten, aber auch rauesten Gegenden der Penwith-Halbinsel und zugleich der westlichste Punkt Cornwalls.

Newquay kennt den Tourismus schon seit der Viktorianischen Zeit. Elf Strände liegen in nächster Umgebung, und abends wird gern im Casino gespielt.

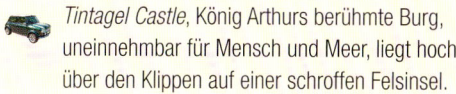
Tintagel Castle, König Arthurs berühmte Burg, uneinnehmbar für Mensch und Meer, liegt hoch über den Klippen auf einer schroffen Felsinsel.

Bodmin Moor ist eine weite, melancholisch anmutende Landschaft, bestehend aus grünem Weide- und Grasland, unterbrochen von rustikalen Steinwällen.

Die beste Reisezeit

Bis Mai ist das Wetter noch unsicher, ab Juli beginnen die großen Sommerferien, und die kleinen Buchten von Cornwall füllen sich ebenso wie die urigen Ortschaften. Also erweist sich die **goldene Mitte Juni** als praktischer Reisemonat mit – für britische Verhältnisse – angenehmen 17 bis 18 °C Luft-, aber noch bitterkalten 13 °C Wassertemperatur. Dafür bietet der Juni mit nur zwölf Regentagen und durchschnittlich sieben Stunden Sonne Jahresbestwerte.

Besondere Tipps

Für Roadrunner: Wer sich auf die vorzuziehende Kanalküste beschränkt und die Atlantikküste sowie das Bodmin Moor auslässt, benötigt ab und bis Plymouth nur etwa vier Tage statt einer Woche.

Für das Wissen: Ein Rosamunde-Pilcher-Roman vermittelt kornische Romantikgefühle.

Für den Gaumen: Eine Empfehlung sind Pasties, nicht zu verwechseln mit Pastries aus der Konditorei. Die Teigtaschen sind mit Gemüse, Kartoffeln und Rindfleischstückchen gefüllt – ein Menü, das man ohne Teller und Besteck essen kann.

Info: www.visitcornwall.com

← Fast wie eine Festung wirkt das Fischerdorf Mevagissey in Cornwall (o.)
← Land's End auf der Halbinsel Penwith, Cornwall; die Spitze der Landzunge ist die westlichste Ecke von England (u.)
↑ Ein typisches Haus mit typischen Auto davor in Cornwall

Mit dem Hausboot auf großer Tour – Von Lough Allen nach Killaloe

Sionna ist die Namenspatin des Shannon. Die keltische Göttin hatte einst unweit der Quelle die »Haselnüsse der Weisheit« geerntet. Der größte Fluss der »grünen Insel« wäre nicht typisch irisch, wenn nicht allüberall entlang der 360 km bis zur Mündung in den Atlantik Mythen und Legenden heimisch wären, bis hin zu Cata, einem veritablen Monster, gegen das Nessie in Schottland wie ein Plüschtier wirkt. Aber auch die Bestie in den Fluten hindert Tausende Touristen nicht daran, das meist flache und träge dahinfließende Gewässer zu einem der beliebtesten Hausboot-Urlaubsreviere von Europa zu machen.

Die Kombination von Natur, Kultur und Kneipendichte, die große Fahrt ohne Bootsführerschein und die immense Auswahl an Ferienkreuzern hat dem Shannon zu einem zweiten Leben verholfen, nachdem alle Frachtschiffe auf der einst wichtigsten Wasserstraße des Landes als unwirtschaftlich verschwanden. Die 1954 gegründete Inland Waterways Association sorgte dann dafür, dass der Shannon und seine großen Seen zumindest als Revier für Freizeitkapitäne wieder aufleben konnte – einschließlich Schleusen, Liegeplätzen und Brücken mit entsprechender Durchfahrtshöhe. Das war der Beginn ei-

ner unerwarteten Erfolgsgeschichte, die 1994 ein neues Kapitel erhielt, als der alte Kanal zwischen dem Shannon und dem Fluss Erne restauriert wurde und seither die Shannon Cruiser bis zum Upper Loch Erne in Nordirland durchschippern können. Und da auch der historische Grand Canal zwischen Dublin und Shannon und der mit ihm verbundene River Barrow für Privatbootskipper wieder hergerichtet wurden, können diese über 800 km gut ausgeflaggte Strecke navigieren – Europas größtes Revier. Schade nur, dass das Ungeheuer Cata sich nicht sehen lässt, soll es doch glühende Augen, eine Pferdemähne, Krallen aus Eisen und als Schwanz eine Walflosse haben.

Die Highlights

Carrick-on-Shannon – Die historische Kleinstadt, »The Cruising Capital of Ireland«, hat sich ganz auf Hausbooturlauber eingestellt.

Lough Ree – Der zweitgrößte Shannonsee gehört zu den beliebtesten – und gebührenfreien – Angelgewässern, besonders für Hechtangler.

Athlone – Die Burg und die Peter-und-Paul-Kirche sind die Hauptattraktionen der größten Stadt am Strom. Tipp: Sean's Bar, Irlands ältestes Pub.

Clonmacnoise – Die Ruinen der Klostersiedlung – einst geistliches Zentrum der Insel – bilden den Höhepunkt der Sehenswürdigkeiten am Fluss.

Banagher – Von der einstigen militärischen Bedeutung zeugen mehrere mittelalterliche Burgruinen, heute sorgt die Shannon-Cruiser-Marina für Umsatz.

Portumna – Die Stadt nahe beim Lough Derg, dem größten der drei Shannonseen, birgt eine Klosterruine aus dem 13. Jahrhundert und eine Burg aus dem 17. Jahrhundert.

Killaloe – Das Städtchen, Geburtsort des Hochkönigs Brian Boru und somit 1002–14 Machtzentrum Irlands, ist heute der südlichste Hafen für Shannon Cruiser.

Die beste Reisezeit

Die Kabinenkreuzerstrecke auf dem Shannon – 257 km vom See Lough Allen im Norden bis Killaloe im Süden – führt durch Flachland. Dort können es im **Hochsommer** über 20 °C sein, der Durchschnitt liegt aber darunter. Mit Regen ist immer zu rechnen, im Sommer statistisch etwas weniger. Nach den Ferien sind deutlich weniger Cruiser unterwegs, was kürzere Zeiten an den Schleusen bedeutet – und die Bootsmiete ist günstiger.

Besondere Tipps

Für Roadrunner: Kabinenkreuzer lassen sich auch tageweise mieten.
Für Planer: Erfahrene Shannonurlauber mieten stets Boote, die für mindestens eine Person mehr Platz bieten als wirklich reisen, also zum Beispiel für ein Paar mindestens ein Drei-Personen-Boot, für zwei Paare einen Fünf-Personen-Cruiser.
Für Ausflügler: Von Banagher ins georgianische Städtchen Birr sind es nur zwölf Kilometer. Im Park von Schloss Birr, einer der Prachtgärten der Insel, baute der 3. Earl of Rosse 1845 das (bis 1917) größte – und inzwischen restaurierte – Teleskop der Welt.
Info: www.iwai.ie

← Diese Familie ist mit dem Hausboot am River Shannon unterwegs (o.)
← Eine typische Kneipe am Morgen in Ballinamore, County Leitrim (u. li.)
← Die Klosterruine Clonmacnoise in Athlone, County Offaly (u. re.)
↑ Irische Musik in Keenans Pub in Tarmonbarry, Upper Shannon

Die Perlen der Ägäis –
Inselhopping von Serifos nach Mykonos

Schneeweiße Dörfer hoch über dem Blau der Ägäis, einsame Klöster und überkuppelte Kirchen auf schroffen Gipfeln, kubusförmige, weiße Häuser mit bunten Fensterläden in blumenreichen Gassen, antike Tempel, mittelalterliche Burgen, einsame Badebuchten und Partystrände prägen das Bild der Kykladen. Ein perfektes Ziel für »Inselspringer« – per Fähre, Segelboot oder Yacht.

Einblicke in möglichst viele der 25 bewohnten, vielseitigen Inseln eröffnen sich in drei, eher vier Wochen ab Piräus. Fernab des Trubels bieten zunächst Serifos mit dem sich an einen Felsen schmiegenden Hauptort und Sifnos mit 227 verstreut liegenden Kirchen einen guten Einstieg in die ägäische Bilderbuchwelt. Danach können Naturliebhaber auf einer Bootsfahrt rund um Milos eindrucksvolle Küstenformationen und bunte Strände entdecken. Attraktiv sind ebenso Inselzwerge wie Folegandros, dessen steile Felsküste 300 m hoch aus dem Meer ragt. Auf der Vulkaninsel Santorin, mit ihren den Kraterrand emporklimmenden Dörfern und bedeutsamen archäologischen Stätten, beginnt der viel besuchte Teil des Archipels. Auch wenn Winzlinge, wie das Kraterrandeiland Thirassia, stille Ausnahmen bilden. Individueller als Santorin ist Ios. Die schönen

Strände der Insel sind besonders bei jungen Leuten beliebt. Die Insel Naxos mit ihren alten Burgen, langen Sandstränden und Dörfern in reizenden Bergregionen sowie das Marmor-Eiland Paros, seine Klöster mit atemberaubender Aussicht, die lebhaften Küsten- und idyllischen Binnenorte locken ebenfalls Individualisten, aber auch Surfer und Wanderer. Besuchenswert ist zudem die Tropfsteinhöhle auf der kleinen Schwesterninsel Antiparos.

Kosmopolitischer Treff- und möglicher Endpunkt des Inselhoppings ist Mykonos mit einem zauberhaften Hauptort, dem besten Nightlife der Ägäis, traumhaften Stränden und kunterbunter Shopping-Vielfalt. Ein Muss für Kulturfans: ein halbtägiger Ausflug zur Nachbarinsel Delos.

Die Highlights

 Akrotiri – Die beeindruckende Ausgrabung mit erhaltenen Hausfassaden einer bronzezeitlichen Siedlung auf Santorin wird als »Pompeji Griechenlands« bezeichnet.

 Fira – Ein atemberaubender Blick auf die Caldera eröffnet sich vom Hauptort Santorins mit am Kraterrand klebenden Häusern.

 Oia – Den berühmtesten Sonnenuntergang der Ägäis erlebt man im hübschen Kraterranddorf auf Santorin.

 Naxos-Stadt – Schon bei der Hafeneinfahrt nicht zu übersehen: die mittelalterliche Burg in den verschachtelten Altstadtgassen und das monumentale Tor eines Apollontempels.

 Kirche Panagia Ekatontapiliani – Eine der prächtigsten Kirchen der Ägäis ist die »Kirche der hundert Tore« im stimmungsvollen Hauptort Parikia auf der Insel Paros.

 Mykonos-Stadt – Nirgends präsentiert sich die Kykladenarchitektur mit Kubushäusern wie aus dem Bilderbuch besser.

 Delos – Wie in einem Freilichtmuseum liegen auf dem Inselzwerg, dem Geburtsort des Sonnengottes Apollon, die Ruinen der heiligen Stadt der Antike.

Die beste Reisezeit

Am besten eignet sich der Sommer für den Besuch der Kykladen. Zwischen **Juni und August** scheint sicher die Sonne, das Meer ist – auch noch im September – badewarm, und starke Nordwinde sorgen bei Durchschnittstemperaturen von 26 °C für frische Meeresbrisen. Der Winter ist nicht nur wegen unregelmäßiger Fährverbindungen und schlechten Wetters nicht zu empfehlen. Auch Hotels, Restaurants etc. sind von Oktober bis April größtenteils geschlossen.

Besondere Tipps

Für Roadrunner: Auch von den meisten Reiseveranstaltern angeboten wird Inselhopping in zwei Wochen auf Mykonos, Paros, Naxos und Santorin.
Für zu Hause: Hochwertige Keramik gibt es außer auf der »Töpferinsel« Sifnos zudem bei vielen Kunsthandwerkern auf Santorin.
Für den Gaumen: Inseltypisch sind die Käsesorten »graviéra« und »kefalotíri« sowie der Zitronatzitronenlikör »kítro« auf Naxos und der von der Asche- und Bimssteinschicht geprägte einzigartige Wein Santorins.
Info: www.cyclades-tour.gr

← Typisch kykladisch: Pflastersteine einer Gasse auf Paros (o. li.)
← Blick vom Kloster Agion Anargiron auf die Bucht von Parikla (o. re.)
← Blaue Kloster- und Kirchenkuppeln prägen das Bild Santorins (u. li.)
← Das Marmortor »Portara« thront im Hafen von Naxos (u. li.)
↑ In den Gassen unterwegs - Pelikan Petros, das Maskottchen von Mykonos

Mit dem Postschiff unterwegs – Von Bergen nach Kirkenes

Die Fjorde und Inseln eingerechnet, ist die Küstenlinie Norwegens über 83 000 km lang. Kein Wunder also, dass die Norweger traditionell ein Seefahrervolk sind. Der Warenverkehr, insbesondere zu und von den abgelegenen Orten im Norden des Landes, erfolgte fast immer auf dem Seeweg, denn der ist selbst jenseits des Polarkreises ganzjährig befahrbar.

Seit 1893 gibt es den Liniendienst der Hurtigruten-Reedereien, der heute täglich zwischen Bergen und Kirkenes verkehrt. Der Hurtigruten ist es zu verdanken, dass der Norden des Landes regelmäßig und auf die Minute pünktlich mit Post und Waren versorgt wird und Produkte aus dem Norden in den Süden gelangen. Riksvei Nr. 1, Reichsstraße Nr. 1, wird die Hurtigruten deshalb von den Norwegern genannt.

Zwar ist auch heute noch der Post- und Frachtverkehr ein wichtiger Bestandteil des Hurtigruten-Konzepts, doch der Tourismus bestimmt in zunehmendem Maße das Geschäft. Im Sommer werden neben den »klassischen« Hurtigruten-Strecken Fahrten in den Geiranger- und den Trollfjord durchgeführt. Ebenso die Hafenliegezeiten orientieren sich nicht mehr nur an den für die Fracht notwendigen Ladezeiten, sondern vor allem an

den Wünschen der mitreisenden Touristen, für die spezielle Ausflüge zu Sehenswürdigkeiten rund um die Häfen angeboten werden. Der Service an Bord entspricht heute dem von Kreuzfahrtschiffen.

Die Reise dauert zwölf Tage, Start- und Endpunkt ist Bergen. Mit Kirkenes ist am siebten Tag der Wendepunkt erreicht. Hinter dem einfachen Fahrplan versteckt sich ein ausgeklügeltes Baukastensystem von Reisemöglichkeiten, die nahezu beliebig kombinierbar sind. Das reicht vom einfachen Transfer von einem zum anderen Hafen über die Möglichkeit, nur die nord- oder südgehende Route zu buchen, bis hin zur kompletten Reise mit An- und Abreisearrangement, Vor- und Nachprogrammen sowie über 40 verschiedenen buchbaren Ausflügen.

Die beste Reisezeit

Die Hurtigruten sind stolz darauf, zu jeder Jahreszeit und bei jedem Wetter nicht nur zu fahren, sondern auch auf die Minute pünktlich anzukommen. Dabei werden gleich mehrere Klimaregionen durchfahren. Demzufolge kann man jede beliebige Jahreszeit für eine Reise mit Hurtigruten buchen und gelangt dabei in alle möglichen Wettersituationen von hemdsärmelig warm bis bitterkalt. Wer Fauna und Flora genießen will, fährt am besten von **Mai bis September.** Wer das Polarlicht sehen will, von **September bis April.**

Die Highlights

 Bergen ist der ideale Einstieg in das Abenteuer Norwegen. Sehenswert sind der Stadtteil Bryggen, der Markt Torget und die Festung Bergenhus.

 Ålesund, die Jugendstilstadt – Es ist nicht die Flammentragödie im Jahr 1903, was das Besondere der Stadt ausmacht. Es ist vielmehr das, was aus der Asche wieder aufgebaut wurde.

 Geirangerfjord – Der Fjord gehört landschaftlich zum Schönsten, was Norwegen zu bieten hat; er steht auf der Liste des UNESCO-Weltnaturerbes.

 Svartisengletscher – Wann bekommt man schon einmal die Chance, in Meereshöhe auf Tuchfühlung mit einem Gletscher zu gehen? Ohne das Risiko einzugehen, in einer Gletscherspalte zu versinken.

 Lofoten – Auch wenn der Besucher heute nicht mehr selbst jagen und fischen muss, erschließt sich ihm eine vielfältige Natur.

 Tromsø – Polaria-Museum, Eismeerkathedrale und die nördlichste Brauerei der Welt müssen im »Paris des Nordens« besucht werden.

 Nordkap – 2100 km sind es von hier bis zum Nordpol, dazwischen nur das Meer, die Inseln von Spitzbergen und das Polareis.

 Kirkenes ist Wendepunkt der Hurtigrutenschiffe und wichtiger Handelsplatz für Russland und Finnland.

Besondere Tipps

Für Roadrunner: Wer wenig Zeit hat, bucht entweder die nordgehende Route von Bremen nach Kirkenes oder die südgehende in umgekehrter Richtung.

Für den Gaumen: Wal- und Robbenfleisch wird von den Norwegern sehr geschätzt, es muss jeder für sich selbst entscheiden, ob er aus Artenschutzgründen darauf verzichtet, Rentierfleisch steht ebenfalls häufig auf der Karte.

Für zu Hause: Berühmt sind die warmen Norwegerpullover und -jacken, die überall in guter Qualität angeboten werden.

Info: www.hurtigruten.de

← Der Svartisengletscher ist mit 370 km² Länge der zweitgrößte Gletscher Norwegens (o.)

← Bis zu 1000 Meter hoch sind die Berge beidseits des Trollfjordes (u. li.)

← Der Wasserfall »Sieben Schwestern« ist eines der Wahrzeichen des Geirangerfjordes (u. re.)

↑ Seit 1893 verkehren die Hurtigrutenschiffe auf dem Riksvey Nr. 1

Schicker Ostblock, neues Europa: Von Sankt Petersburg bis Berlin

Eremitage, Erlöserkirche, Admiralität: Vielerorts hat sich Sankt Petersburg, das ehemalige Leningrad, den Glanz vergangener Zeiten bewahrt. Bereits die Fahrt vom Hafen ins Zentrum der Stadt führt vorbei an herrlichen Goldkuppeln und restaurierten Jugendstilhäusern. Mit der Metro gelangt man direkt zum Newski Prospekt und schlendert dann an hochpreisigen Geschäften entlang bis zum Abzweig »Erlöserkirche«. Märchenhaft wirken die farbenprächtigen Kuppeln. Unweit davon liegt die weltberühmte Eremitage. Das Umland von Sankt Petersburg begeistert durch bunte Holzhäuser mit schönen Bauerngärten in den kleinen russischen Dörfern.

Gleich hinter der Grenze zeigt sich dann Estland von seiner besten Seite. Vorbei an Gehöften und durch weite Landschaft führt der Weg teilweise direkt am Meer entlang Richtung Palmse, wo es alte Landgüter zu besichtigen gibt. Die Hauptstadt Tallinn liegt an der Ostsee. Vom Domberg aus hat man einen tollen Blick über die Dächer der Altstadt. Weiter Richtung Süden liegt das Städtchen Pärnu, dessen Altstadt mit den netten Cafés und der Katharinenkirche durchaus sehenswert ist.

In Lettlands lebhafter Hauptstadt Riga sitzen die Menschen auch an kühlen Abenden

gern im Freien und feiern den kurzen Sommer. Ganz dunkel wird es um diese Jahreszeit hier nicht. Die Altstadt mit Schwarzhäupterhaus, Rolandfigur und dem Gebäudekomplex »Drei Brüder« kann man gut zu Fuß durchstreifen.

In Litauen darf man den »Berg der Kreuze«, eine Gedenkstätte, nicht versäumen, bevor man bei Klaipeda mit der Fähre auf die Kurische Nehrung übersetzt. In Nida, einem kleinen Ort auf der Kurischen Nehrung, findet man an jeder Ecke Holzhäuser mit blau gerahmten Fenstern. Ein unbestrittenes Highlight ist die gewaltige Dünenlandschaft gleich hinter Nida. Richtung Polen führt die etwa dreieinhalb Wochen dauernde Tour über Lodz und Breslau zurück nach Berlin.

Die Highlights

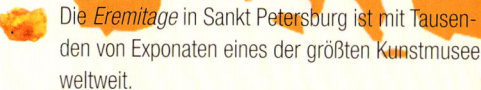 Die *Eremitage* in Sankt Petersburg ist mit Tausenden von Exponaten eines der größten Kunstmuseen weltweit.

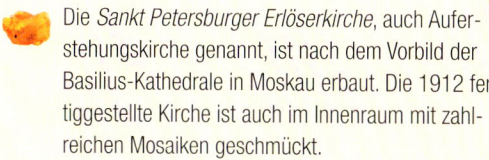 Die *Sankt Petersburger Erlöserkirche*, auch Auferstehungskirche genannt, ist nach dem Vorbild der Basilius-Kathedrale in Moskau erbaut. Die 1912 fertiggestellte Kirche ist auch im Innenraum mit zahlreichen Mosaiken geschmückt.

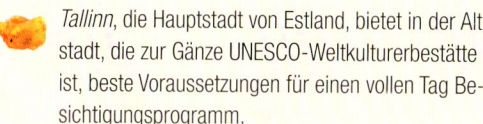 *Tallinn*, die Hauptstadt von Estland, bietet in der Altstadt, die zur Gänze UNESCO-Weltkulturerbestätte ist, beste Voraussetzungen für einen vollen Tag Besichtigungsprogramm.

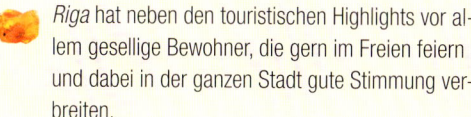 *Riga* hat neben den touristischen Highlights vor allem gesellige Bewohner, die gern im Freien feiern und dabei in der ganzen Stadt gute Stimmung verbreiten.

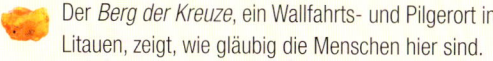 Der *Berg der Kreuze*, ein Wallfahrts- und Pilgerort in Litauen, zeigt, wie gläubig die Menschen hier sind.

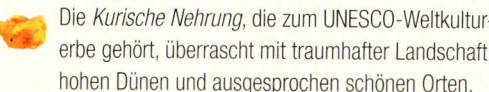 Die *Kurische Nehrung*, die zum UNESCO-Weltkulturerbe gehört, überrascht mit traumhafter Landschaft, hohen Dünen und ausgesprochen schönen Orten.

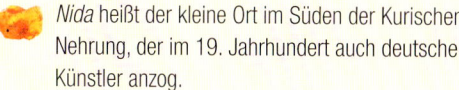 *Nida* heißt der kleine Ort im Süden der Kurischen Nehrung, der im 19. Jahrhundert auch deutsche Künstler anzog.

Die beste Reisezeit

Diese Reise macht man am besten in den **Sommermonaten.** Es regnet dann sehr selten. In Sankt Petersburg wird es nachts nicht mehr richtig dunkel, so kann man lange Abende im Freien genießen. Ein Mückenproblem gibt es nur in Estland außerhalb der Städte, Gleiches gilt für Nida und die Kurische Nehrung. Extrem wenig Sonnenschein und niedrige Temperaturen schließen eine Motorradreise von November bis März aus.

Besondere Tipps

Für Roadrunner: Per Fähre von Lübeck nach Sankt Petersburg, weiter über Tallinn nach Riga und Ventspils, von hier zurück per Fähre nach Lübeck. So erspart man sich den langen Rückweg durch Polen.

Für die Nacht: Eine Empfehlung ist das Hotel Vihula Manor im estländischen Vihula, ein Herrenhaus aus dem 16. Jahrhundert in traumhafter Umgebung.

Für zu Hause: Ein hübsches Souvenir sind Kurenwimpel und Bernsteinschmuck. Eine schöne Auswahl hat das Bernsteinmuseum in Nida.

Info: www.petersburger.info

← Blick vom Domberg über die Dächer der schönen Altstadt von Tallinn (Estland) (o.)
← Die weltberühmte Eremitage in Sankt Petersburg (Russland) (u.)
↑ Bunte und goldene Kuppeln der Erlöserkirche in Sankt Petersburg (Russland)

Traumroute 33 Russland

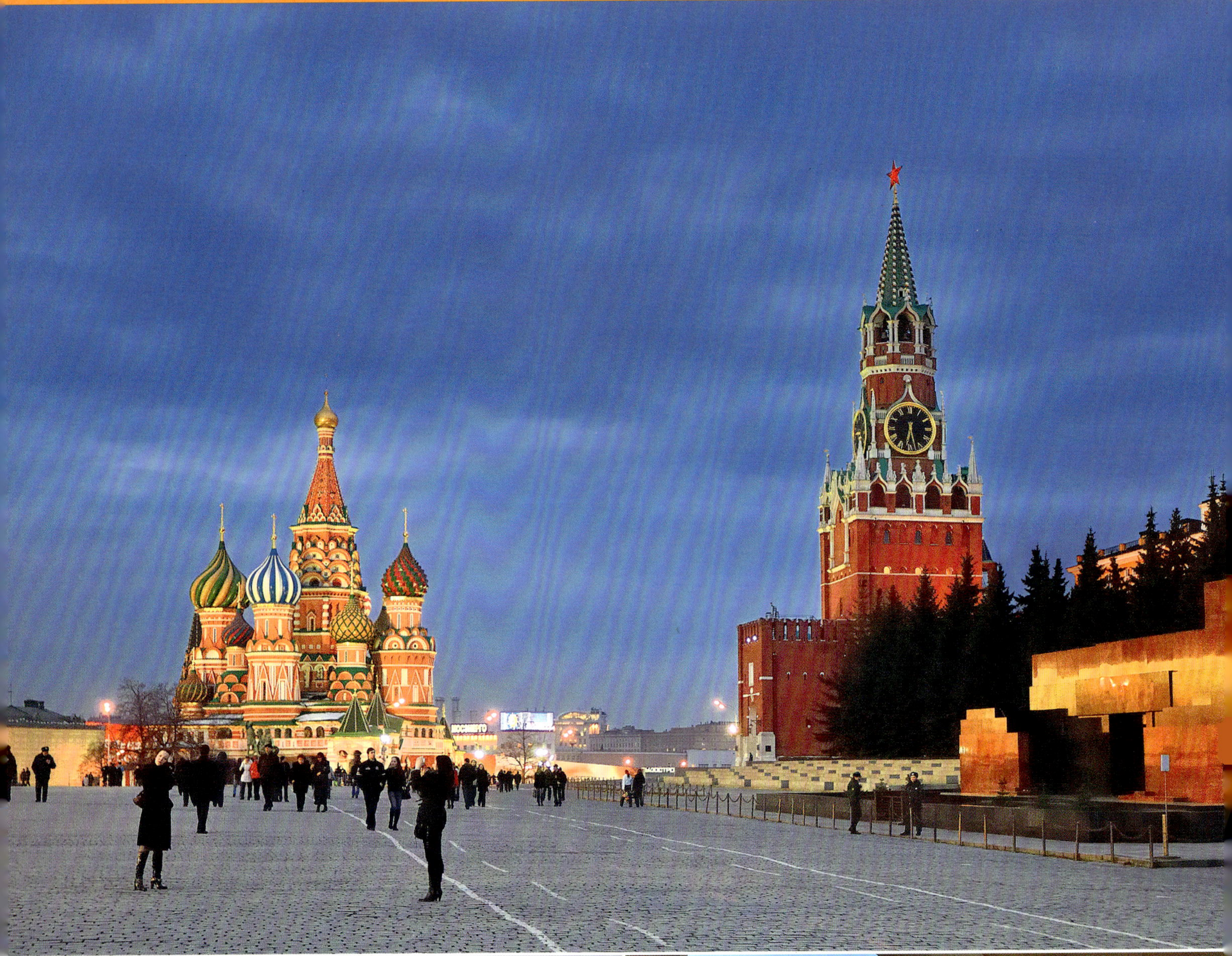

Russlands Goldener Ring

Der russischen Seele auf der Spur – Von Moskau nach Wladimir

Moskau, von den einen geliebt, von den anderen gehasst. Die etwa Elf-Millionen-Einwohner-Hauptstadt ist eine Metropole der Superlative: die höchsten Gebäude Europas, die tiefsten Metrostationen, Stau auf zehnspurigen Straßen, prunkvolle Kirchen und Klöster und endlose Wohnblocks in der Peripherie. Der Mittelpunkt Moskaus und auch ganz Russlands ist der Rote Platz mit dem Kreml. Hier wurde russische Geschichte geschrieben, Tragödien sowie Triumphe.

Nordöstlich von Moskau erstreckt sich ein Ring von mittelalterlichen Städten: der Goldene Ring. Die erste Station unserer zehn- bis 14-tägigen Tour ist das 70 km entfernte »Rom der russisch-orthodoxen Kirche«: Sergijew Possad, um 1340 vom Mönch Sergius von Radonesh als Einsiedelei gegründet. Weiter nördlich gelangt man am malerisch gelegenen Nerosee nach Rostow Weliki. Zwar ist es nicht mit dem wahrhaft großen Rostow am Don zu verwechseln, der imposante Kreml erinnert aber eindrucksvoll an die Blütezeit von Rostow Weliki.

An der Wolga angekommen, sind die geschichtsträchtigen Städte Jaroslawl und Kostroma die nächsten Höhepunkte. Mit einem Schlenker nach Süden gelangt man in die heimliche Hauptstadt des Goldenen Rings:

Susdal. Mit unzähligen Kirchen, Klöstern, Holzhäusern und der fehlenden Industrie verkörpert keine andere russische Kleinstadt so gut die Seele Russlands. Im Jahr 1152 wurde Susdal unter Fürst Jurij Dolgorukij, der auch der Begründer Moskaus ist, zur Hauptstadt seines Fürstentums.

Keine 30 km weiter liegt die Verwaltungsstadt Wladimir. Unvergesslich ist ein Spaziergang durch die Parks oberhalb des Flusses Kljasma, wo Erholungssuchende den Blick über die weiten Flussniederungen schweifen lassen können und mächtige Kathedralen den Weg säumen. Über die Fernstraße M7 oder mit einer zweistündigen Eisenbahnfahrt ist Moskau nach etwa 800 km Rundreise wieder erreicht.

Die Highlights

Kreml und Roter Platz – Wer in sommerlicher Abendstimmung über den Roten Platz flaniert, erlebt einen lebendigen Ort mit fast mediterranem Flair.

Neujungfrauenkloster – Vom Ufer des kleinen Sees neben dem Moskauer Kloster eröffnet sich ein spektakulärer Blick auf die Außenanlagen. Den Friedhof der Prominenten nebenan nicht vergessen.

Kolomenskoje – Die alte Zarenresidenz liegt am Ufer der Moskwa und gehört heute zum Stadtgebiet Moskaus.

Sergijew Possad – Die Klosteranlage zählt zum UNESCO-Welterbe, ihr Besuch ist an orthodoxen Feiertagen ein besonderes Erlebnis.

Jaroslawl – Mit ihren unzähligen Kirchen gilt die Stadt als eines der beliebtesten Touristenziele in Russland.

Susdal – Mit mehr als 100 historischen Baudenkmälern auf kleinstem Raum erinnert Susdal an ein gewaltiges Freilichtmuseum.

Wladimir – 7 km von Wladimir entfernt liegt der kleine Ort Bogoljubowo. Sehenswert sind ein prächtiges Barockkloster im Ort sowie die kleine, aber berühmte Mariä-Schutz-und-Fürbitten-Kirche, umgeben von lieblicher Landschaft.

Die beste Reisezeit

Von **Ende Mai bis Ende Juni** ist die optimale Reisezeit. Es ist dann bereits warm, die Vegetation steht in voller Pracht, und es ist noch nicht so heiß wie im Juli und August. Im September kann man bei guten Bedingungen noch einen herrlichen Altweibersommer erleben. März und April sowie Oktober und November sind wegen häufiger Regenfälle nicht zu empfehlen. Mit Temperaturen bis −20 °C ist der russische Winter sicher strenger als in unseren Gefilden, aber längst nicht so kalt wie in Sibirien.

Besondere Tipps

Für Roadrunner: Von Moskau direkt nach Wladimir und Susdal reisen – und von Moskau noch eine Tagestour nach Sergijew Possad unternehmen.
Für die Nacht: In Rostow Weliki kann man direkt im Kreml in einem kleinen Hotel nächtigen.
Für den Durst: Mit russischem Bier und Schaschlik an der Uferpromenade der Wolga in Jaroslawl den Tag ausklingen lassen.
Info: www.russlandjournal.de/russland/goldener-ring

← Geradezu märchenhaft wirken die Basilius-Kathedrale und die roten Mauern des Kremls während der Dämmerung (o.)
← Am Zusammenfluss der Wolga und des Kotorosl in Jaroslawl (u. li.)
← Mehr Kuppeln gehen nicht: Blick durch die Arkaden im Kreml von Rostow Weliki (u. re.)
↑ Abendliches Bad vor der Mariä-Schutz-und-Fürbitte-Kirche in Bogoljubowo

Traumroute 34 Deutschland | USA

Die Transatlantikpassage

Alle Seewege führen nach New York – Von Hamburg nach New York

»Wie weiß der Kapitän, zu welchem Hafen er fahren soll?« Dies ist eine der Passagierfragen, die ein ehemaliger Master der »Queen Mary 2«, ein humorbegabter Nordire, gesammelt hat. Auf den Transatlantikfahrten des Oceanliners ist die Antwort einfach: Alle Seewege führen nach New York, beim Start in Hamburg und einem Zwischenstopp in Southampton. Heute ist die größte der Cunard-Queens das einzige Schiff, das diese einst wichtigste Strecke der Seefahrt noch regelmäßig bedient. Neun bis zehn Nächte dauert die Überfahrt, in den Top-Suiten kostet sie einen satten fünfstelligen Eurobetrag.

Auf der »Queen Mary 2«, kurz »QM2«, werden die Reisenden wie einst in drei Klassen sortiert und unterschiedlichen Restaurants zugeteilt. Die meisten der rund 2600 Passagiere in 1310 Kabinen auf 13 Passagierdecks speisen im Britannia Restaurant, die Suiten-Bewohner im Princess Grill, die Super-Suiten-Mieter im Queens Grill. Die beiden letzteren Gruppen können eine Lounge und eine offene Terrasse nutzen, ansonsten stehen die öffentlichen Räume allen Gästen gleichermaßen offen. Das sind mehrere Restaurants und Bars. Der 24 Stunden geöffnete Kings Court – ein großer Name für ein Selbstbedienungsbuffet mit Kantinencharme

– verwandelt sich abends in mehrere Spezialitätenlokale. Dort speist man gegen Aufpreis, wie auch in einem britischen Gourmet-Restaurant. Britisch und Gourmet? Ja, das passt mittlerweile. Genauso wie die Küche auf der »QM2« generell besser ist als angesichts der Massen befürchtet. Apropos Befürchtung: sechs Seetage, schleppt man sich da nicht vor Langeweile ins Bordhospital? No, Sir. Das Bordprogramm, teilweise ebenso in deutscher Sprache, ist reichhaltig. Insgesamt stimmt das »königliche Angebot«, wenn auch mehr mit Vier- als mit Fünf-Sterne-Zier. In den Suiten mag das anders sein, aber darüber berichten wir nach dem Lottogewinn.

Die Highlights

 Hamburg – Eine Rundfahrt durch Deutschlands größten Seehafen bietet die ideale Einstimmung, um mit dem großen Kahn auf große Fahrt zu gehen.

 Southampton – QE2 Mile hat Englands »Cruise Port No. 1« seine Fußgängerzone genannt. Sie ist flankiert von Sehenswürdigkeiten und gepflastert mit historischen Plaketten.

 Brücke – An Seetagen kann man durch ein Fenster eines kleinen Raums hinter der Brücke in die Kommandozentrale der »QM2« hineinschauen.

 Champagner Bar – Bei einem Glas »Bubbly« lässt sich in der Bar an der Grand Lobby beobachten, wer wie gewandt zum Dinner ins Britannia Restaurant strebt.

 Bibliothek – Mit über 8000 Bänden in verschiedenen Sprachen ist die Bordbücherei die größte ihrer Art weltweit – und zugleich ein gemütliches Refugium für Bibliophile.

 Verrazano Bridge – Unter der Hängebrücke beginnt die großartige Einfahrt nach New York, für sie mussten die Schlote der »QM2« gekürzt werden.

 New York – Die »Welthauptstadt« mit unzähligen Must-see-Attraktionen, etwa Empire State Building, Central Park, Freiheitsstatue, Staten Island Ferry und, und, und …

Die beste Reisezeit

Der Fahrplan bestimmt die Reisezeit: Fünfmal im Jahr geht es meist über den »Großen Teich«, etwa im **Mai, Juni, August, September und Oktober.** Im Frühling und im Herbst sind die

Chancen auf grobe See höher als im Sommer, aber der Atlantik ist stets für Überraschungen gut. Zehn Meter Tiefgang sorgen auch bei nervigen Wellen für eine stabile Lage der »QM2«. Und gegen den grüngesichtigen Notfall ist der Schiffsarzt gut sortiert.

Besondere Tipps

Für Roadrunner: Die »QM2« macht jährlich einige Schnupperfahrten auf der Route Hamburg–Southampton–Hamburg.

Für Geschichtsinteressierte: Die Hamburger BallinStadt ist ein exzellentes Museum zur Emigration über den Atlantik. Hier standen einst die Auswandererunterkünfte, ein passender Startort für den Törn auf der »QM2«.

Für Seebären: Der Ärmelkanal ist das meistgenutzte Seegebiet der Welt. Die Schiffe fahren in Fahrspuren und kreuzen wie die Fähren, wenn sie einen Hafen ansteuern. Das nautisch attraktivste Revier der Reise ist im Commodore Club komfortabel zu beobachten.

Info: www.cunard.de

← Die großen Sonnendecks der QM 2 lassen erkennen, dass der Ozeanriese überwiegend als Urlaubsdampfer die Meere durchpflügt (o.)

← Auf der klassischen Transatlantik-Route ist der Abschluss zugleich der Höhepunkt: die Einfahrt in New York (u.)

† Es bleibt nur noch das Erinnerungsfoto mit Captain Rynd

Die Nordwestpassage

Auf den Spuren großer Entdecker – Vom Atlantik zum Pazifik

Mehrere Jahrhunderte lang haben Seefahrer versucht, die legendäre Nordwestpassage vom Atlantik in den Pazifik zu finden. Der Engländer Martin Frobisher war der Erste, der zwischen 1576 und 1578 drei Reisen mit dem ausdrücklichen Ziel begann, die Passage zu entdecken. Seine Expeditionen scheiterten jedoch allesamt. Nicht besser ging es den Engländern Henry Hudson, William Baffin und Thomas James sowie dem Dänen Jens Munk, die in den folgenden Jahrzehnten nach der Passage suchten. Zu Beginn des 19. Jahrhunderts starteten neue Expeditionen. Aber auch die scheiterten. John Ross musste 1819 aufgeben, Edward Parry ein Jahr später. Berühmt wurde die Franklin-Expedition, die bis heute verschollen ist.

Der Brite Robert McClure kann für sich in Anspruch nehmen, 1850 als Erster die Nordwestpassage bezwungen zu haben. Allerdings verlor er während der Expedition sein Schiff und musste weite Strecken zu Fuß über Land bewältigen, bevor ihn ein anderes Schiff aufnahm und er seine Reise beendete. Erst dem Norweger Roald Amundsen gelang es von 1903 bis 1906, die gesamte Nordwestpassage mit dem Schiff zu durchfahren.

Für Frachtschiffe ist die Nordwestpassage bis heute keine Alternative zum Panamakanal, denn trotz des von Jahr zu Jahr stärker schwindenden Eises in der Arktis besteht immer noch die Gefahr stecken zu bleiben. Anders die wenigen Expeditions-Kreuzfahrtschiffe, die die Nordwestpassage auf den Spuren der Entdecker befahren. Neben Landungen an historischen Orten wie Beechey Island oder Gjöa Havn suchen sie auf Fotojagd nach Eisbären und Robben ganz gezielt nach dem Eis. Und sie werden immer fündig! Aber nicht nur Robben und Eisbären, auch Moschusochsen, Karibus, viele Vogelarten und natürlich Wale werden regelmäßig gesichtet. Zwischen 25 und 29 Tagen dauert die Reise mit dem Schiff, beginnend meist in Kangerlussuaq auf Grönland. Endpunkt ist die ehemalige Goldgräberstadt Nome in Alaska.

Die beste Reisezeit

Auch in Zeiten schwindenden arktischen Eises ist an eine erfolgreiche Durchquerung der Nordwestpassage vor **Mitte August** nicht zu denken. Zu hoch ist das Risiko, im Packeis stecken zu bleiben. Das Wetter ist zu dieser Zeit besser als sein Ruf. Die Temperaturen liegen in aller Regel über dem Gefrierpunkt, häufig werden sogar zweistellige Werte erreicht. Mit Nebel ist immer zu rechnen, strahlender Sonnenschein ist jedoch auch nicht selten.

Die Highlights

- *Davis Strait* und *Lancaster Sound* bieten gute Chancen für Beobachtungen von Buckel-, Fin-, Zwerg- und Grönlandwalen. Auch Orcas sind nicht selten.

- Auf *Beechey Island* überwinterte Sir John Franklin 1845/46. Er baute das Norththumberland House, dessen Fundamente bis heute erhalten sind.

- *Franklin-*, *James-Ross-* und *Simpson Strait* – Auf diesen Abschnitten der Nordwestpassage bestehen die größten Chancen auf Eis und damit auf Eisbären, Bart- und Ringelrobben.

- Die *Bellot Strait* zwischen dem Peel Sound und dem Prince Regent Inlet ist bis weit in den Sommer voller Packeis. Hier werden regelmäßig Eisbären gesichtet.

- In *Gjöa Havn* überwinterte Roald Amundsen zweimal, bevor er seine Reise fortsetzte. Im Gemeindezentrum ist eine umfassende Ausstellung zur Nordwestpassage zu sehen.

- In den *Smoking Hills* glimmen seit mehreren Hundert Jahren durch Selbstentzündung von Schieferkohle entstandene Feuer.

- *Nome* in Alaska ist der Endpunkt der Nordwestpassage. Es ist Zielort des Iditarod-Hundeschlittenrennens, das an den Transport von Diphtherieserum von Anchorage nach Nome im Jahr 1925 erinnern soll.

Besondere Tipps

Für Roadrunner: Für diese Route gibt es keine Abkürzung – es sei denn, man chartert sich ein schnelleres kleines Boot, doch die sind wegen fehlender Eisgängigkeit für diese Tour nicht sehr gut geeignet.

Für den Gaumen: Auf allen die Nordwestpassage durchquerenden Schiffen wird gelegentlich »Arctic char« angeboten. Der Fisch ist ausgesprochen schmackhaft. Die Inuit trocknen ihn traditionell im Freien.

Für zu Hause: Ein schönes Souvenir ist das Ulu, das traditionelle Frauenmesser. Es wird auch heute noch in Handarbeit von den Inuit hergestellt.

Info: www.hlkf.de/reise-finden

← Schon seit über 1000 Jahren brennen die Ölschiefer an den Smoking Hills in Kanadas Northwest Territories (o.)
← Erfolgloser Versuch eines Eisbären, unter der Eisdecke eine Robbe zu erbeuten (u. li.)
← Moschusochsen sind die typischen Bewohner der hohen Arktis (u. re.)
↑ Bartrobben können während der Nordwestpassage oft auf Eisschollen liegend beobachtet werden

Trans Canada Highway

Immer dem Ahornblatt nach – Von Küste zu Küste

8030 Kilometer von Küste zu Küste! Auf dem Trans-Canada Highway signalisiert das Sitzfleisch: »Hey, wir durchqueren das zweitgrößte Land der Erde.« Das Auge meldet hingegen: Großartige Landschaften von den Maritimes, den vom Atlantik geprägten kleineren Provinzen im Osten, bis zu den mächtigen Regenwäldern am Pazifik. Dazwischen französisches Savoir vivre in Quebec und britische Lebensart in Ontario, die endlosen Weizenfelder der Prärie-Provinzen Manitoba, Saskatchewan und Alberta, in dessen Westen die Rocky Mountains hinüberführen nach British Columbia, wo indianische Kultur noch besonders lebendig ist. Abseits der Städte heißt es am Steuer: »Augen auf, Elche!«, bisweilen bummelt auch ein Bär über den Asphalt. Beschildert ist die gesamte Route mit grünen Schildern und einem weißen Ahornblatt.

Die 1971 vollendete Transkontinent-Route beginnt in St. John's, Neufundlands Hauptstadt. Von der Insel geht es per Fähre 177 km nach Nova Scotia, wo der Highway das geschichtsreiche Halifax ausspart – ein Schicksal, das später auch Kanadas wichtigster Stadt, Toronto, widerfährt. Ein Abzweig führt zur Mini-Provinz Prince Edward Island, die Hauptroute verläuft durch New Bruns-

wick. Beim Nachbarn Quebec nutzt die Route Transcanadienne in Lévis die Brücken über den St.-Lorenz-Strom und nach Quebec City, eine der schönsten Städte Nordamerikas. Weiter westlich folgen Montreal und Kanadas Kapitale Ottawa, auf der Grenze mit Ontario gelegen. Hier lohnt sich ein Abstecher nach Toronto und zu den Niagarafällen, ehe es bei Sudbury wieder auf Westkurs geht: über Manitoba, dank großer Fische ein Anglerziel, und Sasketchewans Hauptstadt Regina mit dem populären Camp der Mounties, der legendären Royal Canadian Mounted Police, schließlich zu den Schneegipfeln. Alberta und British Columbia bieten die schönsten Strecken, bis in Vancouver die Fähre nach Victoria auf Vancouver Island ablegt.

Die Highlights

 St. John's – Das Railway Coastal Museum, ein einstiger Bahnhof, dient zugleich als »Mile Zero«, als Startpunkt des Trans-Canada Highway am Atlantik.

 Montreal – Eine Millionenstadt, reich an Sehenswürdigkeiten: der 233 m hohe Mont Royal, die Altstadt, das Olympiagelände von 1976 und vieles mehr.

 Ottawa – Topattraktion der Hauptstadt sind Führungen durch die neogotischen Parliament Buildings von 1922 nebst Fahrt auf den gut 92 m hohen Peace Tower.

 Winnipeg – Das auffallendste Bauwerk in Manitobas Hauptstadt ist das 2012 eröffnete nationale Museum of Human Rights, dessen Turm eine gute Aussicht bietet.

 Calgary – Die moderne Millionenstadt pflegt ihre Wild-West-Historie in vielen Saloons und im Juli zur Stampede, dem größten Rodeo der Welt.

 Vancouver – Die Schöne zwischen Buchten und Bergen lässt sich gut vom 177 m hohen Harbour Center Tower und – nach einer Gondelfahrt – vom 1231 m hohen Grouse Mountain betrachten.

 Victoria – Zentrum der Provinzhauptstadt ist der Hafen mit Fähren und Wasserflugzeugen nach Vancouver, dem Parlamentsbau und dem Royal B. C. Museum.

Die beste Reisezeit

Wie meist auf der nördlichen Hemisphäre sind **später Frühling, Sommer und Frühherbst** auch für die Kanada-Durchquerung die besten Jahreszeiten. Im Sommer ist der Besucherandrang, vor allem in den Nationalparks, am größten, Unterkünfte sollte man im Voraus buchen, ebenso Stellplätze für Wohnmobile. Im Herbst bietet die nordamerikanische Laubfärbung einen zusätzlichen Anreiz. Für alle diese Zeiten ist Mückenschutz zu empfehlen.

Besondere Tipps

Für Roadrunner: Der Fernzug »Canadian« bietet – auch abschnittsweise – eine Alternative.

Für Höhen- und Fallstudien: Vom 553 m hohen CN-Tower, bis 2007 Weltrekordhalter, lässt sich nicht nur Torontos architektonischer Reichtum betrachten, an klaren Tagen sieht man sogar die Gischt der 130 km entfernten Niagarafälle.

Für Bergfreunde: Banff und Lake Louise gehören zu den Highlights der Rocky Mountains und des Trans-Canada Highway. Über dessen höchsten Ort, den Kicking Horse Pass auf 1643 m, geht es nach British Columbia.

Info: www.transcanadahighway.com

← Blick über das Stadtzentrum von Vancouver und Burrard Inlet in der Dämmerung (o.)

← Der Hafen von Viktoria, beleuchtet das Parlament, Vancouver Island (u. re.)

← Moderne Architektur in der 7th Avenue in Downtown Calgary (u. li.)

↑ Rodeoszene aus Calgary, Alberta

Yukon Range

Mit dem Kanu flussabwärts – Von Whitehorse bis Dawson City

Wir folgen der Route der Goldgräber von Whitehorse aus, der Hauptstadt des Yukon, bis nach Dawson City. Ein Aluminiumkanu wird mit Vorräten für zwei Wochen beladen, mit Zelt, Moskitonetzen, Gaskocher und Geschirr. Schnell fädelt sich das schmale Boot in die grüne, eisige Strömung ein und schießt flussabwärts. 700 Flusskilometer liegen vor uns.

Berüchtigt ist der Lake Laberge, in den der Yukon in einem breiten Delta mündet. Seine Ruhe und Idylle täuschen. 50 km lang und an beiden Ufern von Bergketten gesäumt, liegt er wie im Windkanal und kann sich in Minutenschnelle zu einer tosenden Wassermasse verwandeln. Hier und da stehen alte Hütten von Handelsstationen, Schiffshaltepunkten und kleinen Ansiedlungen geisterhaft an wilden Ufern. In Upper Laberge, einer alten Dampfschiffhaltestelle, haben sich indianische Fallensteller vorübergehend eingerichtet. Mit Steve, der nach Tagen der Einsamkeit an uns vorbeitrieb, sind wir am Big Salmon verabredet: Hier, wo der Big Salmon River in den Yukon fließt, steht ein halbes Dutzend Blockhütten neben einem kleinen Friedhof. »Indian Trading Post« ist auf der Flusskarte verzeichnet. Seit Stunden liegt eisige Kälte über dem Wasser, an-

schwellendes Rauschen kennzeichnet gefährliche Stromschnellen. Wir paddeln weiter und weiter, schon allein um uns warm zu halten. Endlich glitzert rechter Hand der Big Salom River silbrig im Schwarz der Nacht – und dann sehen wir Feuerschein. Es ist Steve, sein im Mondlicht schimmerndes Kanu hat er weit auf den Strand hinauf gezogen. Die Blockhütten am Big Salmon River sind in gutem Zustand: Moskitonetze, alte Federkernmatratzen sowie ein Kanonenofen sind hier der reinste Luxus. Nach über zwei Wochen auf dem meditativen Yukon Wilderness Trail ist nach dem Anlegen in Dawson City der Erstkontakt mit dem zivilisatorischen Getriebe mehr als zwiespältig.

Die Highlights

 In *Whitehorse* am Yukon River treffen Klondike und Alaska Highway zusammen, hier liegt der Kulminationspunkt des Northern Territory.

 Der bildschöne *Kluane-Nationalpark* westlich von Whitehorse zählt mit seinen zahlreichen Gletschern zum UNESCO-Weltnaturerbe.

 Der *Yukon River Quest*, ein Kanu- und Kajakrennen zwischen Whitehorse und Dawson City im Juni, bildet den absoluten Höhepunkt der Kanusaison.

 Der *Klondike Trail of '98*, ein Laufrennen zwischen Skagway und Whitehorse, findet alljährlich im September statt.

 Dawson City ist dem Goldrausch am Yukon geschuldet: 40 000 Menschen lebten einmal hier, nur noch ein paar Hundert sind es heute.

 In *Diamond Tooth Gertie's Gambling Hall* in Dawson City fühlt man sich dank Cancan tanzender Dance Hall Girls fast wie zu Goldrauschzeiten.

 Sehr beliebt ist das *Dawson City Music Festival* Ende Juli.

Die beste Reisezeit

Der kanadische Sommer im Yukon Territory ist kurz. Das für eine Flussreise zu empfehlende Zeitfenster liegt zwischen **Mai/Anfang Juni und Mitte bis maximal Ende August**. Ab September könnte schon der Herbst mit eisigem Griff ins Nordland einkehren. Allerdings wird es während der Sommermonate auch mal richtig heiß, was eine Kanutour mit bis zu 30 °C zu einer schweißtreibenden Veranstaltung werden lassen kann.

Besondere Tipps

Für Roadrunner: Die beschriebene Flussreise lässt sich auf acht Tage verkürzen, Ausstiegspunkt ist dann das ehemalige Goldgräberdorf Carmacks, mit Rücktransport nach Whitehorse durch das gebuchte Kanu-Unternehmen.
Für Wasserratten: Ein Kentern im eiskalten Nass kann nach nur zehn Minuten zum Unterkühlungstod führen, also Vorsicht!
Für Landgänger: Beim Anlegen sollte man viel Krach machen, um Braun- und Grizzlybären zu verscheuchen. Nahrungsmittel in ausreichender Entfernung an einem Baum hochziehen, Essensabfall sofort vergraben.
Info: www.travelyukon.de

← »Natur pur« umschreibt das Abenteuer »Yukon« bestens (o.)
← Am Lagerfeuer wird ein eigenhändig gefangener Lachs gebraten (u. li.)
← Das Kanu ist seit Jahrhunderten das wichtigste Fortbewegungsmittel der Indianer (u. re.)
↑ »Zocker« in Diamond Tooth Gertie's Gambling Hall, Dawson City

Denali Star

Nordwärts mit Lachs und Birkensirup – Von Anchorage nach Fairbanks

Blauer Himmel, Sonne satt: ein Bärentag – und das auch wörtlich. Schon in den ersten Stunden war der »Denali Star« an mehreren Schwarzbären vorbeigerollt, ein Grizzly war unweit der Gleise entlanggeschlendert. Moose und Karibus, die nordamerikanischen Vettern der Elche und Rentiere, Bieber und Weißkopfadler komplettierten das Alaska-Szenario zwischen Anchorage und Fairbanks. Selbst seine Majestät, der Mount McKinley, präsentierte sich den Zugreisenden fast wolkenlos: mit 6194 m Nordamerikas »Höchster«, ein Bilderbuchgipfel. Offiziell trägt er inzwischen seinen indianischen Namen Denali. Und so heißt auch der mehr als 24 500 qkm messende Nationalpark. Für viele Mitreisende war er – nach fast acht Stunden – das Ziel der Zugfahrt. Vier weitere Stunden brauchte die 4000-PS-Diesellok, um den touristischen Lindwurm bis zur Endstation in Fairbanks zu schleppen, 573 km insgesamt. Die Höchstgeschwindigkeit wird zwar mit 95 km/h angegeben, aber meist zuckelt der Zug mit etwa 50 km/h entlang der Wälder, Flüsse und Seen.

Ein komfortables Vergnügen, selbst in der Touristenklasse, die sich »Adventure Class« nennt. Gegen Aufpreis für den Goldstar Service gibt es vor allem reservierte Plätze in

den Doppelstock-Waggons mit Glasdach für eine prächtige Aussicht. Solch ein »Dome Car« ist auch bei den Wagen der Touristenklasse angekoppelt, allerdings ein älteres Modell ohne Freiluftterrasse. Hier dürfen sich die Passagiere bei gut gebuchtem Zug nur jeweils 20 Minuten aufhalten. Darauf achten die mitfahrenden Reiseführer, deren Hauptaufgabe es allerdings ist, auf Sehenswertes entlang der Strecke hinzuweisen. Und die Bordküche? In der Snackbar: Salat und Sandwiches. Im Restaurant neben dem Üblichen, Chicken and Burger, auch ein bisschen Alaskaküche: Lachs mit Kräutersenf und einheimischem Birkensirup. Enjoy!

Die Highlights

 Anchorage – Die Hauptstadt bietet viele Touren ins Umland, in der Stadt ist das Anchorage Museum mit seiner Urvölker-Sammlung eine Empfehlung.

 Wasilla – Nicht zum Aussteigen, nur zur Erinnerung: Hier kommt Sarah Palin her, die 2008 als US-amerikanische Vizepräsidenten-Kandidatin viel Spott erntete.

 Talkeetna – Die Altstadt des Nests steht unter Denkmalschutz, insbesondere ein General Store und zwei Kneipen. Ehrenbürgermeister ist seit Jahren ein Kater namens Stubbs.

 Mount McKinley – Der Berg gehört zu den »Seven Summits«, den höchsten Bergen eines jeden Kontinents, und lockt damit zahllose Gipfelsammler an.

 Denali – Der Nationalpark wird jährlich von etwa 400 000 Touristen besucht, die meisten fahren nur mit dem Pendelbus ins Innere der Wildnis.

 Fairbanks – Die zweitgrößte Stadt Alaskas hat im Pioneer Park Museen, Häuser aus Goldrausch-Tagen und alte Loks versammelt.

 Seward – Der Hafen ist Ziel des »Coastal Classic«, einer Bahn-Tagesfahrt vorbei an Gletschern und durch die Berge.

Die beste Reisezeit

Der »Denali Star« verkehrt von Mitte Mai bis Mitte September. Die wärmste Jahreszeit sind meist die Tage zwischen **Mitte Juni und Mitte August** mit Temperaturen zwischen 15 und 18 °C, 30 °C sind aber ebenso möglich wie ein Schneeschauer. In dieser Zeit wird es nie richtig dunkel. Danach werden die Tage schnell kürzer und auch kühler. Dafür kann der Herbst mit seinen Laubfarben prunken.

Besondere Tipps

Für Roadrunner: Die Fahrt Anchorage–Denali dauert »nur« 7.40 Stunden.

Für Hundefreunde: Iditarod, das längste Hundeschlittenrennen der Welt, führt jährlich im März über gut 1850 km durch Alaskas Einsamkeit. Weil die Hunde auch im Sommer – mit Wagen statt Schlitten – trainieren, können Touristen mitfahren.

Für Schneefreunde: Von Mitte September bis Mitte Mai rollt einmal wöchentlich der Aurora Winter Train zwischen Anchorage und Fairbanks – ohne Aussichtswaggons, aber mit wärmendem »Buffalo Chili« im Restaurant. *Info:* www.alaskarailroad.com

← Im Denali-Nationalpark leben weitaus mehr Moose als Menschen (o. li.)
← Regionen wie die Central Alaska Range sind kaum erschlossen (o. re.)
← Der Blick aus dem Waggonfenster kaum eine Siedlung erkennen (u. li.)
← Eine Grizzlymutter mit ihrem übermütigen Jungen (u. re.)
↑ Ureinwohner in traditioneller Tracht trifft man im Native Heritage Center in Anchorage

Ans Ende der bewohnten Welt – Von Calgary nach Anchorage

Der besondere Reiz dieser Route liegt im »Erfahren« eines riesigen Landes: der Reise von Calgary, dessen Downtown sich als glänzendes Monument aus Stahl und Glas aus der Prärie erhebt, durch die teilweise unberührte Natur der nordischen Wälder zur Großstadt Anchorage am Ende der bewohnten Welt. Die rund 3500 Kilometer lange Strecke beginnt mit Kanadas berühmtester Panoramastraße, dem Icefields Parkway durch die Nationalparks Banff und Jasper, wandelt sich zur Magistrale durch dünn besiedeltes landwirtschaftliches Gebiet und wird schließlich mit dem Eintauchen in die endlosen Wälder des Nordens zur lebenserhaltenden Nabelschnur für die »Last Frontier« im Norden.

Durch Wälder und fruchtbares Ackerland im Nordwesten Albertas geht es nach British Columbia zum Beginn des Alaska Highway in Dawson Creek. Die Straßenkarte des Nordens täuscht: Nicht dass es mehr gäbe als die wenigen eingezeichneten Straßen, aber hinter den Ortsnamen verbirgt sich oft nur eine einzelne Tankstelle. Die Reise geht durch schier endlose Wälder, vorbei an heißen Quellen im Busch und Bilderbuchpanoramen von Bergen und Seen im Stone Mountain und Muncho Lake Provincial Parc. Das Watson Lake Interpretative Center berichtet vom

Bau der rund 2500 km langen Strecke. Whitehorse, die Hauptstadt des Yukon Territory am Yukon River, entstand dort, wo die Goldsucher auf dem Weg zum Klondike im Jahr 1898 ihre in den Stromschnellen durchnässte Habe trockneten.

Zwischen dem tintenblauen Kluane Lake und den vergletscherten St. Elias Mountains schlängelt sich der Highway nach Norden. Hohe Berge, die Wrangell Mountains, begleiten die Route durch Alaska bis nach Glenallen, zum Abzweig des Glenn Highway, der über den Tahneta Pass durch spektakuläre Landschaft zum Matanuska-Gletscher und über Palmer nach Anchorage führt.

Die Highlights

 Calgary, das »Manhattan in der Prärie« mit internationalem Flughafen, ist Verwaltungszentrum der Ölindustrie und Kulturmetropole mit hohem Freizeitwert.

 Die *Nationalparks Banff und Jasper* mit dem Icefields Parkway sind UNESCO-Weltkulturerbe. Sie beeindrucken mit schönen Seen, heißen Quellen, Wasserfällen und engen Schluchten.

 Das *Interpretative Center* am Watson Lake erzählt mit Originalfotos vom Bau des Alaska Highway. Am Signpost Forest haben Reisende über 25 000 Schilder, vom Autokennzeichen bis hin zum Ortsschild, hinterlassen.

 S. S. Klondike National Historic Site in Whitehorse – Der restaurierte und im Stil seiner Zeit eingerichtete Raddampfer war vor dem Bau der Straße einziges Verkehrsmittel nach Dawson City.

 Auch der *Kluane National Parc* zählt zum UNESCO-Weltkulturerbe.

 Die Gletscher der *St. Elias Berge* besichtigt man am besten bei einem Hubschrauberrundflug.

 Matanuska Glacier – Das Ende des weiß aus dem Grün des Tals herausleuchtenden Gletschers ist flach, spaltenfrei, harmlos und begehbar.

Die beste Reisezeit

Der Alaska Highway ist ganzjährig befahrbar. Im **Sommer** beginnt die beste Reisezeit mit dem Ende der Schneeschmelze, sie endet mit dem ersten Kälteeinbruch Ende September. Besonders attraktiv ist der Indian Summer mit dem leuchtenden Gelb und Rot des Herbstlaubs der Wälder. Auch die Besucherzahlen von Banff und Jasper sinken dann. Der Winter im Norden bringt Eiseskälte – der Rekord liegt bei – 40 °C.

Besondere Tipps

Für Roadrunner: Ein Flug nach Dawson Creek verkürzt die Reisezeit um etwa 4 Tage, ein Einstieg in die Route in Whitehorse spart ca. 7 Tage. Man verpasst dann aber die Südhälfte der Straße.

Für Ausflügler: Natur- und Wildnisbegeisterte kommen voll auf ihre Kosten bei einem Abstecher über den Peace River, die Hay-River-Wasserfälle, den Wood-Buffalo-Nationalpark zur Diamanten-Boomtown Yellowknife. Über Fort Simpson und Liard Highway geht es zurück nach Fort Nelson am Alaska Highway.

Für Westernfans: Mit Rodeos und großer Parade ist The Calgary Stampede Anfang Juli ein Muss.

Info: www.alaskahighway.de

← Der Glenn Highway mit dem Blick auf den Lion Head (o.)
← Eine Elchkuh äst in einem Tümpel (u. li.)
← Vor dem Bau einer Straße war Dawson City nur mit dem Schiff erreichbar (u. re.)
↑ Für eine Handvoll Nuggets wurde früher auch schon mal getötet …

Traumroute 40 Ecuador

Die Allee der Vulkane
Von Quito nach Cuenca

Unsere Reise beginnt im 2850 m hoch gelegenen Quito. Die breiten sonnigen Avenidas der Neustadt kontrastieren mit den engen Pflastersteingässchen von Quito Colonial, der Altstadt. Alexander von Humboldt hat es hier gefallen. Die rauchenden Vulkane der Umgebung inspirierten ihn zu seiner Beschreibung des Landstrichs als »Allee der Vulkane«. Tatsächlich sind an besonders schönen Tagen mindestens ein Dutzend Vulkane zu sehen.

Eine Straße führt hinauf zum 3800 m hohen Paramo Plateau, über dem sich der Kegel des Cotopaxi, einem der höchsten aktiven Vulkane der Erde, erhebt. Vielfältig sind die Eindrücke der Strecke: farbenfrohe Indiomärkte zu Füßen der Gletscherriesen, bunte Flickenteppiche aus Feldern an den Bergflanken und Haziendas aus der kolonialen Gutsherrenepoche. Kurvenreiche Fahrwege führen in rekordverdächtige Höhen hinauf auf die Flanken der Berge, hinunter zum malerischen Kratersee Laguna Cuicocha oder zum mehrere Hundert Meter tiefen Krater Pulahua.

Baños, landschaftlich schön im Tal des Rio Pastaza gelegen, lädt mit seinen Thermalbädern zu einer Erholungspause ein. Riobamba, mit kleiner, aber feiner Altstadt und

Ausblicken auf den rauchenden Tungurahua und die fünf Gipfel des Chimborasso, ist Ausgangspunkt für eine Panoramafahrt. Vorbei an strohgedeckten Lehmhütten und Herden wilder Lamas geht es hinauf zur Schutzhütte oberhalb der windgepeitschten Sand- und Schotterhänge am Chimborasso. Restaurierte Kolonialarchitektur und gepflegte Gebäude aus dem 19. Jahrhundert bestimmen das Bild der Altstadt von Cuenca, einem Weltkulturerbe der UNESCO.

Für eine stressfreie Reise sind zumindest rudimentäre Sprachkenntnisse und eine möglichst detailreiche Landkarte zu empfehlen. Wegweiser gibt es so gut wie keine, und nicht immer sind die Auskünfte von Passanten verständlich oder zutreffend.

Die Highlights

🪈 *Quito Colonial* – Die Altstadt von Quito, mit pittoresken Gassen und historischen Plätzen ist UNESCO-Weltkulturerbe. Prachtvolle Kirchen beherbergen die kostbarsten religiösen Kunstschätze des Kontinents.

🪈 *Cuenca* – In der liebenswürdigen Provinzstadt mit historischem Kern scheint die Zeit stehen geblieben zu sein.

🪈 *Nationalpark Cotopaxi* – Der aktive Vulkan ist umgeben von einer weiten Hochebene, über die wilde Pferde preschen.

🪈 *Chimborasso* – Mit 6310 m der höchste Berg Ecuadors. Eine Straße führt durch malerische Landschaft hinauf zur ersten Schutzhütte auf 4800 m.

🪈 *Baños* – Zahlreiche schwefelhaltige heiße Quellen zu Füßen des aktiven Vulkans speisen in der Stadt die Becken von Thermalbädern.

🪈 *Indiomarkt von Saquisili* – Der farbenfrohe, weitgehend authentische Indiomarkt findet jeden Donnerstag statt.

🪈 *Mitad del Mundo* – Der Äquator, Namenspate des Landes, verläuft 23 km nördlich von Quito. Ein Äquatormonument steht Pate für die Mitte der Erde.

Die beste Reisezeit

Im Hochland von Ecuador scheint die Sonne von **Juni bis Anfang September** oft den ganzen Tag, und die Tagestemperatur steigt auf 25 °C. Der Veranillo, also der kleine Sommer im Dezember und Januar, löst mit kühlen, klaren Nächten und sonnigen Nachmittagen die heftigen Regenschauer zwischen Oktober und Anfang Dezember ab. Die Regenmonate von Ende Januar bis Mai bringen kurze, aber sintflutartige Schauer und manchmal auch feuchtkalten Nebel.

Besondere Tipps

Für Roadrunner: Wer die Reise in Riobamba beendet statt in Cuenca, spart sich zwei bis drei Tage.

Für Fahrradfahrer: Die 65 Kilometer lange Fahrt von Baños durch das Tal des Rio Pastaza nach Puyo am Rande des Amazonasbeckens bietet großartige Ausblicke.

Für den Gaumen: Cuy Asado, Meerschweinchen vom Grill, schmeckt am besten, wenn es beim Grillen ständig mit einer Soße aus Schweineschmalz, Pfeffer, Salz, Kümmel und Knoblauch bestrichen wird.

Info: www.visitecuador.travel

← Bis weit über 6000 Meter ragen die höchsten Gipfel von Ecuador auf (o.)
← Die Plaza in Quito bei Nacht: Die Hauptstadt von Ecuador liegt 20 Kilometer südlich des Äquators auf 2850 Metern Höhe (l. u.)
← Diese Indigenas interessieren sich mehr für die Touritsten als für die Laguna Quilotoa, einen mit Regenwasser gefüllten Vulkankrater (r. u.)
↑ Auf dem Indiomarkt von Saquisili

Geheimnisvolles Reich der Inka – Von Lima nach Arequipa

Die Route führt von Lima auf der Panamericana nach Ica, von dort 3000 m hinauf in die Anden ins Stammland der Inkas. Etwa 100 km südlich von Ica durchziehen die Nazca-Linien die Steinwüste Pampa Colorada. Navigationshilfe für Außerirdische, gigantische Sportarena oder astronomischer Kalender? Das wissen nur die Götter, denn nur die – und die Passagiere der Sightseeing-flüge – haben den rechten Überblick.

Im fast 3400 m hoch gelegenen Cusco stehen in den schmalen Gassen rund um die Plaza de Armas Kolonialbauten auf den Überresten von Mauern aus der Inkazeit. Die Inkafestung Saqsayhuamán oberhalb von Cusco ist aus Steinen erbaut, von denen einige 90 bis 120 Tonnen wiegen. Machu Picchu, das in imposante Hochgebirgslandschaft eingebettete Meisterwerk der Inkas, ist nur mittels Zugfahrt erreichbar. Die Schmalspurbahn zuckelt hinunter ins heilige Tal der Inkas und folgt dem Rio Urubamba zum Bahnhof Puente Ruinas im Bergregenwald. 400 m höher thronen Tempel, Paläste, Brunnen und Terrassen über senkrechten Felswänden.

Der Weg nach Puno am Titicacasee führt über das baumlose Altiplano, durch verträumte Inkadörfer, vorbei an weidenden Lamaherden, strohgedeckten Gehöften aus Lehmziegeln und über den 4300 m hohen Pass La Raya. Puno ist Ausgangspunkt für einen Besuch der auf Binseninseln schwimmenden Dörfer der Uros.

In der atemberaubenden Landschaft des Colca Canyon gleiten die Kondore in der Morgenthermik. Ein leises Sausen ertönt, wenn die 3-Meter-Schwingen vorbeigleiten. Arequipa, die aus hellem vulkanischem Tuff erbaute Stadt, umrahmt von den schneebedeckten Kegeln dreier Vulkane, ist eine der schönsten Städte Perus. Die Kirche San Augustin, ein Meisterwerk mestizischer Architektur, die barocke Casa Moral, allerlei Kirchen und Plazas – zu sehen gibt es hier viel. Highlight ist das riesige Kloster Santa Catalina.

Die Highlights

 Nazca-Linien – Für die Scharrbilder in der peruanischen Wüste gibt es viele Deutungen. Sie gehören zu den ungelösten Rätseln der Archäologie und sind UNESCO-Weltkulturerbe.

 Machu Picchu – Die rätselhafte Ruinenstadt der Inkas ist der Höhepunkt jeder Perureise.

 Arequipa – Die größte Sehenswürdigkeit der »Weißen Stadt« zu Füßen des Vulkans El Misti ist das labyrinthische Katharinenkloster.

 Titicacasee – Aus ihm entstieg, so die Inkalegende, der Schöpfergott Viracocha und befahl Sonne und Mond an den Himmel.

 Schwimmende Inseln – Die Uro-Indianer leben auf Plattformen aus Schilf, die in einer Bucht vor Puno im See schwimmen.

 Cruz del Condor – Morgens sind die Kondore am Mirador de Los Condores zum Greifen nahe. Sie fliegen im Hangaufwind des Colca Canyon direkt vor dem Aussichtspunkt.

 Lima – Die Altstadt mit der Plaza de Armas, dem Goldmuseum und der Kathedrale mit dem Sarg von Francisco Pizarro ist sehenswert.

Die beste Reisezeit

Im peruanischen Hochland herrscht von **Mai bis August** Trockenzeit. Die Tage sind dann warm und trocken, blauer Himmel mit acht Sonnenstunden und Tagestemperaturen um 20 °C sind die Regel. Von November bis März kann es zu schweren Regenfällen kommen.

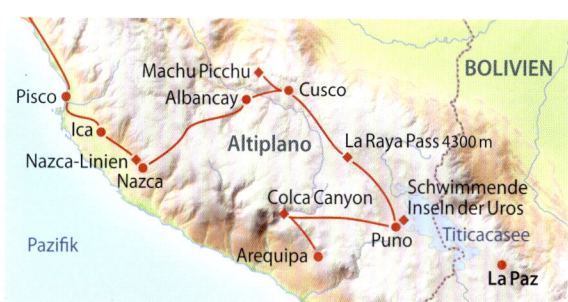

Im Küstengebiet, dazu gehört auch Lima, gibt es von Dezember bis März viel Sonnenschein. In der besten Reisezeit für das Hochland ist hier Hochnebel vorherrschend, die Temperaturen liegen tagsüber aber relativ konstant zwischen 19 bis 20 °C.

Besondere Tipps

Für Roadrunner: Der Flug von Lima nach Cusco spart zwei bis drei Tage und langweilige Wüstenstrecken auf der Panamericana. Allerdings versäumt man die Nazca-Linien und die Mumiengräber von Cerro Colorado.

Für Eisenbahnromantiker: Der »Andean Explorer« fährt in knapp elf Stunden von Cusco über den La Raya Pass nach Juliaca und Puno am Titicacasee.

Für Folklorefans: Inti Raymi symbolisiert das Inkafest zu Ehren der Sonne. Das bunte Spektakel mit mehreren Tausend Mitwirkenden findet jährlich am 24. Juni statt.

Info: www.peru.travel

← Machu Picchu gehört zum Pflichtprogramm für jeden Peru-Reisenden (o.)

← Die Festlichkeiten zu Inti Raymi (Quechua: Inti – Sonne, Raymi – Fest) finden zu Ehren des Sonnengottes beginnen am 21. Juni in Cusco. Die Frau des Inka wird auf ihrer Sänfte zum Festplatz getragen (u. li.); Musikanten spielen und tanzen dazu (u. re.)

↑ Seit Jahrhunderten ist für die Indios das Schilfboot traditionelles Fortbewegungsmittel

Bolivianisches Altiplano

Wüsten, Salz und Silber – Von La Paz nach San Pedro de Atacama

Der erste Blick von der Autostraße in El Alto hinunter auf La Paz ist spektakulär: In einer riesigen Senke erstreckt sich ein Meer aus braunen Ziegeldächern, akzentuiert von wenigen Hochhäusern, und über allem thront die Eiskappe des 6800 m hohen Illimani. Im Zentrum selbst warten Gegensätze: Das Portal der Kirche San Francisco präsentiert sich im Mestizo-Barock und auf dem Mercado de Hecheria, dem Hexenmarkt, wird ein buntes Sammelsurium von Reiseandenken, Kräutermedizin und Zubehör für Opfergaben angeboten.

Der Weg nach Uyuni führt über das koloniale Sucre und die »Silberstadt« Potosí, zwei der prächtigsten Städte Südamerikas. Die Reise vom Salzsee Salar de Uyuni durch die weglose, surreale Siloli-Wüste mit ihren bizarren Steinformationen und brodelnden Schlammtöpfen Richtung San Pedro de Atacama beginnt am Südrand des Salar. An der Laguna Colorado bildet das rostfarbene Wasser einen unwirklichen Kontrast zu den weißen Ufern aus Gips. Wären da nicht die gemächlich dahinwatenden Flamingos, man könnte meinen, mitten in einem Fehlfarbenfoto zu stehen.

In San Pedro de Atacama am Südende der Route in Chile wimmeln Besucher aus al-

ler Welt durch die Gassen. In der Umgebung fauchen auf rund 4300 m Höhe am Tatio die höchstgelegenen Geysire der Erde, staksen Flamingos durch den Salzsee und stolpern Touristen auf dem Weg zum obligatorischen Sonnenuntergangsfoto durch das Erosionsgebiet mit Salz gesättigtem Schlamm der Cordillera del Sal.

Der Rückweg führt durch die Salpeterwüste, vorbei an verfallenen Fabrikgebäuden, zur Hafenstadt Arica. Von ihrem kolonialen Erbe haben Erdbeben und Tsunamis nichts übrig gelassen. Im nahe gelegenen Valle de Luta gibt es interessante Erdzeichnungen zu sehen. Auf dem Weg nach La Paz sind 4600 Höhenmeter bis zum bilderbuchschönen Chungara-See zu Füßen des Vulkans Parinacota an der Grenze nach Bolivien zu überwinden.

Die Highlights

Hexenmarkt von La Paz – Hier gibt es alles, was ein »Yatiri«, ein Wahrsager und Zauberer, braucht: getrocknete Coca-Blätter, Schlangenfleisch, Kerzen in Tierform und Teufelstropfen und getrocknete Lamaföten.

Straße nach Coroico – Die spektakuläre Trasse der alten Nationalstraße 3, 3600 Höhenmeter von La Cumbre hinunter in die Yungas, galt lange als die gefährlichste Autostraße der Welt.

Salar de Uyuni – Mehr als 10 000 qkm weißes Salz und mittendrin eine Felseninsel voller Kakteen repräsentieren den Salzsee. In der Trockenzeit ist er problemlos befahrbar.

Siloli-Wüste – In die großartige straßenlose Wüstenzone am Ostrand der Kordillera sollte man unbedingt einen ortskundigen Führer mitnehmen!

Vulkan Tatio – Am frühen Morgen fauchen in fast 4300 m Höhe die Geysire und sprühen ihr Wasser über die Sinterterrassen.

Altstadt von Sucre – Die weißen Gebäude gelten als eine der am besten erhaltenen Kolonialstädte in Südamerika.

Potosí – Die kolonialen Gebäude liegen rund 4000 m hoch am Fuße des Silberbergs Cerro Rico.

Die beste Reisezeit

Die beste Reisezeit für das Hochland Boliviens ist **Mai bis August.** Die Temperaturen erreichen 15 bis 20 °C am Tage und fallen nachts auf 0 bis –10 °C. In San Pedro de Atacama und Arica sind die Monate Mai bis September trocken, die Tagestemperaturen liegen bei 18 bis 21 °C, nachts kühlt es ab auf 12 bis 16 °C. Während der chilenischen Winterferien von Mitte bis Ende Juli können touristische Zentren wie San Pedro de Atacama überlaufen sein.

Besondere Tipps

Für Roadrunner: Wer von La Paz direkt bis Uyuni reist und dafür Sucre und Potosí auslässt, spart sich vier bis fünf Reisetage.

Für die Planung: Die Route kann in La Paz oder in Arica an der chilenischen Küste begonnen werden. Beide Städte haben häufig angeflogene Flughäfen.

Für zu Hause: Auf dem Markt rund um die Calle Santa Cruz in La Paz gibt es alles, was man sich an Mitbringseln vorstellen kann.

Info: www.boliviaweb.com, www.chiletour.org

← Salar de Uyuni: ein 10 000 qkm großer Salzsee mit einer Felsinsel voller exotischer Kakteen (o.)
← Die Strasse nach San Pedro di Atacama führt durch die spektakuläre mondartige Erosionslandschaft der Cordillera del Sal (u.)
↑ Auf der »Entrada Universitaria« in La Paz singen Einwohner aus Potosí das »Tonada Potosina«-Lied.

Afrika auf Schienen –
Von Daressalam nach Kapstadt

»The Pride of Africa« steht auf den liebevoll restaurierten 22 grünen Wagons, die auf 5742 km von Daressalam in Tansania nach Kapstadt in Südafrika rollen. Fünf Länder, die Victoriafälle, Safaris in Botswana und im südafrikanischen Madikwe Park vier der Big Five – zum Anfassen nah – gesehen. Während der Fahrt kreischende Kinder, die sich barfuß ein Wettrennen mit dem Zug liefern, unendliche Weiten und ein Land mit Trillionen-Dollar-Scheinen ohne Kaufkraft – Simbabwe – erlebt. In der Diamantenstadt Kimberley ins Big Hole, das größte von Menschenhand geschaffene Erdloch, geschaut. Und dazu das Einschlafen im Rhythmus der Gleise sowie manchmal das Aufwachen mit einer Fahrt durch Slums erfahren …

Mancherorts wirkt der Luxuszug wie eine Provokation im Alltag Schwarzafrikas. Im Bahnhof von Mzenga zieht ein junger Bub sein T-Shirt hoch und reibt mit traurigem Blick seinen Bauch. 76 km sind erst gefahren und die Rovos-Rail-Passagiere sind schon mittendrin in Schwarzafrika. Im Speisewagen serviert Steward Philimon zeitgleich und stilsicher Crusted Kingklip und einen vorzüglichen Chenin Blanc aus Stellenbosch. »Welch ein Glück, dass wir in Europa geboren wurden«, sagt ein Gast. »Wer weiß, viel-

leicht ist der Junge trotzdem glücklicher als mancher hier an Bord«, kommt zur Antwort.

Auf die 5742 km kommen ungefähr genauso viele Eindrücke. Lachende und unschuldige Gesichter sieht man vom Zugfenster oder vom offenen Aussichtswagon genauso deutlich wie ernste, anklagende Mienen. Am besten bucht man diese unvergessliche Tour beim Veranstalter Lernidee, denn die Berliner definieren – anders als auf dem Rovos normalerweise üblich – die Fahrt nicht durch das Zelebrieren kolonial anmutender Attitüden mit Federboa, Smoking und Cognac-Schwenker, sondern durch fast tägliche Exkursionen und den Kontakt mit dem Kontinent.

Die Highlights

- *Tansania* – Vier Stunden lang ruckelt der Zug durch das Selous-Wildreservat mit zahlreichen Motiven rechts und links der Strecke.

- *Sambia* – Den Aufenthalt in der Kleinstadt Kapiri Mposhi kann man zu einem Spaziergang zum Markt nutzen.

- *Simbabwe* – Mitten im meist so trockenen Schwarzafrika donnern in Spitzenzeiten bis zu 700 Millionen Liter Wasser pro Minute an den 150 Millionen Jahre alten Victoriafällen hinunter.

- *Botswana* – Der Chobe National Park ist die Heimat von rund 75 000 Elefanten. Kein anderer Nationalpark bietet diesbezüglich mehr.

- *Madikwe Park in Südafrika* – Dort geht es auf Safari zu vier der Big Five! Ein nicht vom Massentourismus heimgesuchter Park.

- *Kimberley in Südafrika* – In der Diamantenstadt darf ins Big Hole geschaut werden, dem größten von Menschenhand geschaffenen Loch der Welt mit einem Umfang von 1,6 km.

- *Kapstadt* – Ob Waterfront mit WM-Stadion, Tafelberg oder Long Street – in der Millionenstadt wird es nicht langweilig.

Die beste Reisezeit

Unser **Sommer, also der südliche Winter,** ist im südlichen Afrika ideal für diese Once-in-a-lifetime-Reise. Während in Tansania tropisches Klima herrscht, pendeln die Temperaturen in Sambia, Simbabwe und Botswana um die 20 °C. In Südafrika ist es allerdings früh und abends merklich kühler, was man besonders bei den Safaris spürbar erlebt, wenn nicht auch eine dicke Jacke im Gepäck ist.

Besondere Tipps

Für Roadrunner: Die 18-tägigen Fahrten können nicht abgekürzt werden, aber man kann die Richtung wählen: von Daressalam bis Kapstadt oder umgekehrt.

Für das Wohlbefinden: Im Reisepreis von rund 10 000 Euro ist wirklich alles inklusive: Essen, Trinken, Wäscheservice, Reiseleitung und alle Ausflüge, die man auch wirklich alle nutzen sollte!

Für zu Hause: Ein besonderes Souvenir ist ein Foto mit einem der Zugführer am Führerstand der 3300-PS-Diesellok.

Info: www.lernidee.de

← Blick aus dem Helikopter auf die Victoria Bridge und den wildsprudelnden Sambesi (o.)

← Abendstimmung am Bloubergstrand, im Hintergrund der Tafelberg (u. re.)

← Elefanten in freier Wildbahn im Antilope National Park (u. re.)

↑ Im National Park lässt sich's für Löwen gut chillen …

Ins nördliche Wildnisparadies –
Von Durban nach St. Lucia

In Durban beginnt eine traumhafte Küste, die sich in naturbelassener Schönheit bis hinauf zur Grenze von Mosambik zieht. Nach einigen Stunden auf der Nationalstraße N2 breitet sich auf der Seite des Indischen Ozeans der riesige iSimangoliso Wetland Park aus, der es aufgrund seiner ökologischen Einzigartigkeit als erstes Schutzgebiet Südafrikas auf die Weltnaturerbe-Liste der UNESCO geschafft hat. Auf 280 Kilometer Länge erstreckt sich das maritime Naturparadies zwischen Cape St. Lucia im Süden und Kosi Bay im Norden. Es bietet drei Binnenseen, acht ineinandergreifende Ökosysteme, riesige Sumpf- und Mündungsgebiete, 25 000 Jahre alte Sanddünenlandschaften, die bis zu 180 m hoch wachsen, sowie weite Wald- und sattgrüne Grasflächen auf – und natürlich verschwiegene Buchten, auf die der wilde Ozean brandet.

Der Northern Reef Complex vor Kosi Bay zieht Taucher aus aller Welt an, White Sands Canyon, Seven Mile Reef, Diepgat Canyon, Red Sands Reef heißen einige der farbschillernden Korallenriffe, die bis nach Cape St. Lucia hinunterreichen. Wer hier abtaucht, findet Nemo und seine Freunde, ebenso Schildkröten, die in Zeitlupe vorüberpaddeln. Nicht ohne Grund heißt der qualitätsstarke

Tauchplatz vor Kosi Mouth »Aquarium«. Ein Riesenspektakel ist der jährliche »Sardine Run«, wenn Millionen Sardinen in dichten Schwärmen vor den Küsten KwaZulu-Natals auftauchen, verfolgt von Kamerateams und Raubfischen wie Weißen Haien, Buckelwalen und Südlichen Glattwalen, Delfinen und Quastenflossern, die mit offenem Maul durch das »reich gedeckte Fressbuffet« pflügen. Richtig wild geht es im Lake St. Lucia zu, der mit Tausenden Krokodilen und Flusspferden die größte Dichte dieser beiden Spezies in ganz Südafrika versammelt. Dazu bevölkern über 500 Vogelarten riesige Feuchtgebiete, was Ornithologen aus aller Welt begeistert anreisen lässt.

Die Highlights

 St. Lucia fungiert als Hauptstadt der Wetlands mit Pensionen, Hotels und Lodges sowie Outdoor-Aktivitäten.

 Der *Sodwana Bay National Park* besteht aus einem singulären Küsteneinschnitt und bietet aufgrund seiner schwierigen Zufahrt wohltuende Abgeschiedenheit.

 Nördlich des Sodwana Bay National Park empfangen die beiden *Luxus-Strandlodges* Thonga Beach und Rocktail Bay in jeweils einzigartiger Traumlage eine betuchte Klientel.

 Der *Lake Sibaya* präsentiert sich reich an Krokodilen und Flusspferden, davor tobt die Brandung des Indischen Ozeans, der mit menschenleeren Stränden, endlosen Sanddünen und farbschillernden Riffen auf Besucher wartet.

 Das *Rocktail Bay Diving Center* ist Höhepunkt für Taucher und Schildkrötenfaszinierte.

 Das *Kosi-Bay-Naturreservat,* ein maritimer Garten Eden, der mit viel Küste und vier Binnenseen besticht, liegt an der Grenze zu Mosambik.

 Der *Sardine Run,* Durbans spezielles Theaterstück, findet ab Mitte Juni bis in den Juli hinein statt.

Die beste Reisezeit

Zwischen **Mai und Dezember, dem südafrikanischen Winter,** gibt es an Südafrikas Ostküste die wenigsten Regentage, und die Tageshöchsttemperaturen sind mit bis zu 25 °C relativ niedrig. Da der Indische Ozean immer warm ist, sind diese Monate zu empfehlen. Wer aufgrund der räumlichen Nähe einen Besuch in die Drakensberge oder ins benachbarte Gebirgsland Lesotho einplant, sollte dann ein winterliches Outfit nicht vergessen.

Besondere Tipps

Für Roadrunner: Wer keine Zeit für eine aufwendige Anfahrt hat, sollte sich in St. Lucia seinen Standort suchen und von dort aus zahlreiche Ausflüge in nächster Umgebung unternehmen.

Für Aktive: Wanderer dürfen sich am 44 km langen Kosi Bay Trail erfreuen, Reiter buchen über Maputaland Horse Safaris (www.maputaland.net), Taucher über das Rocktail Bay Diving Center (www.rocktailbay.com).

Für Luxusverwöhnte: Komfortabel schlafen kann man im iSimangoliso Wetland Park in der Thonga Beach Lodge (www.isibindiafrica.co.za) sowie in St. Lucia in der Bhangazi Lodge (www.bhangazi-lodge.com).

Info: www.southafrica.net

← Der südafrikanische »Drachenpark« wartet jenseits der Grenze zu Lesotho mit dem höchsten Gipfel des südlichen Afrika, dem Thaba Ntlenyana (3482 m) (o.)

← Am Thonga Beach herrscht ein reges Strandleben (u.)

↑ Die freundlichen Tsongas leben direkt über dem Indischen Ozean

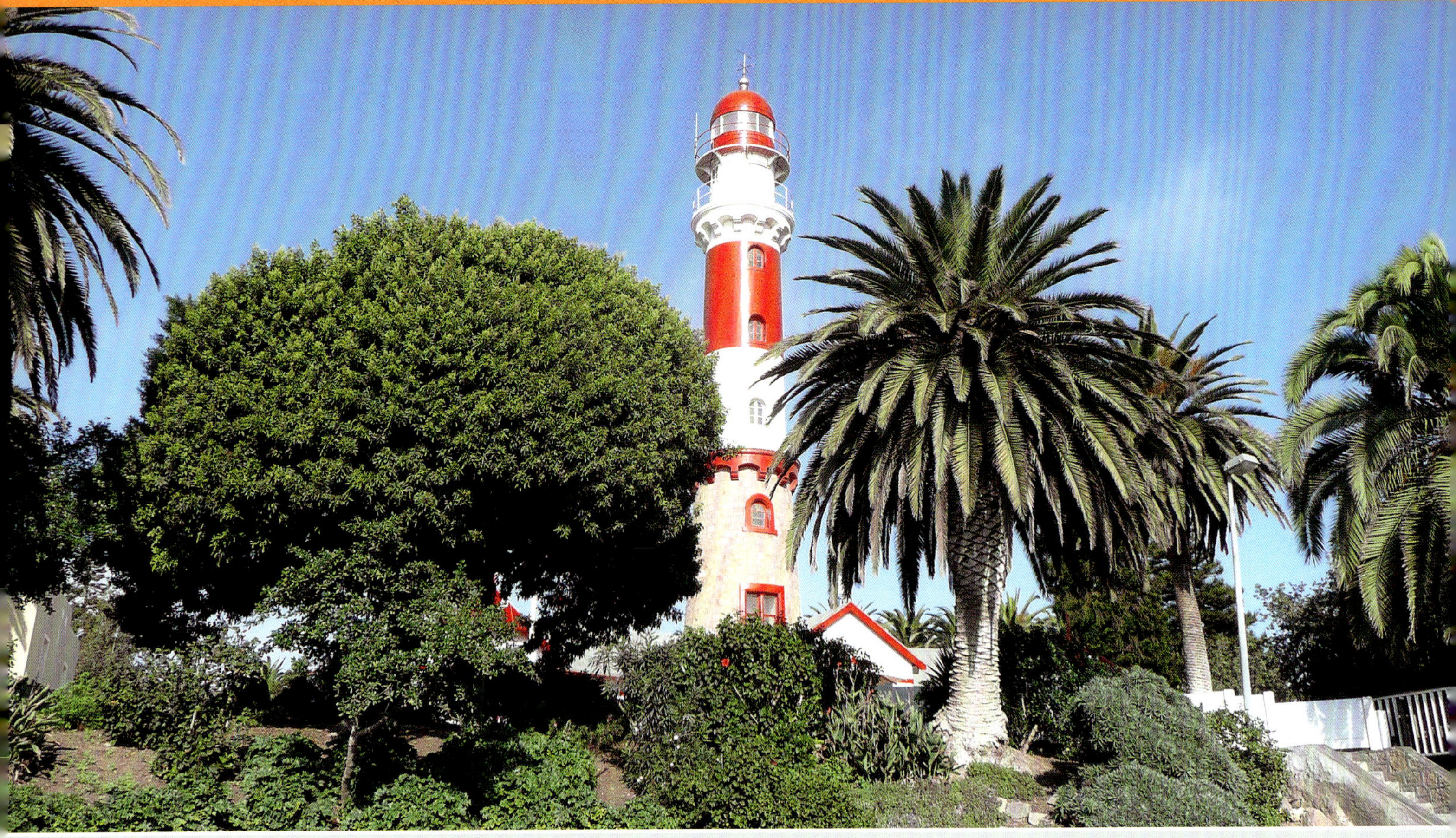

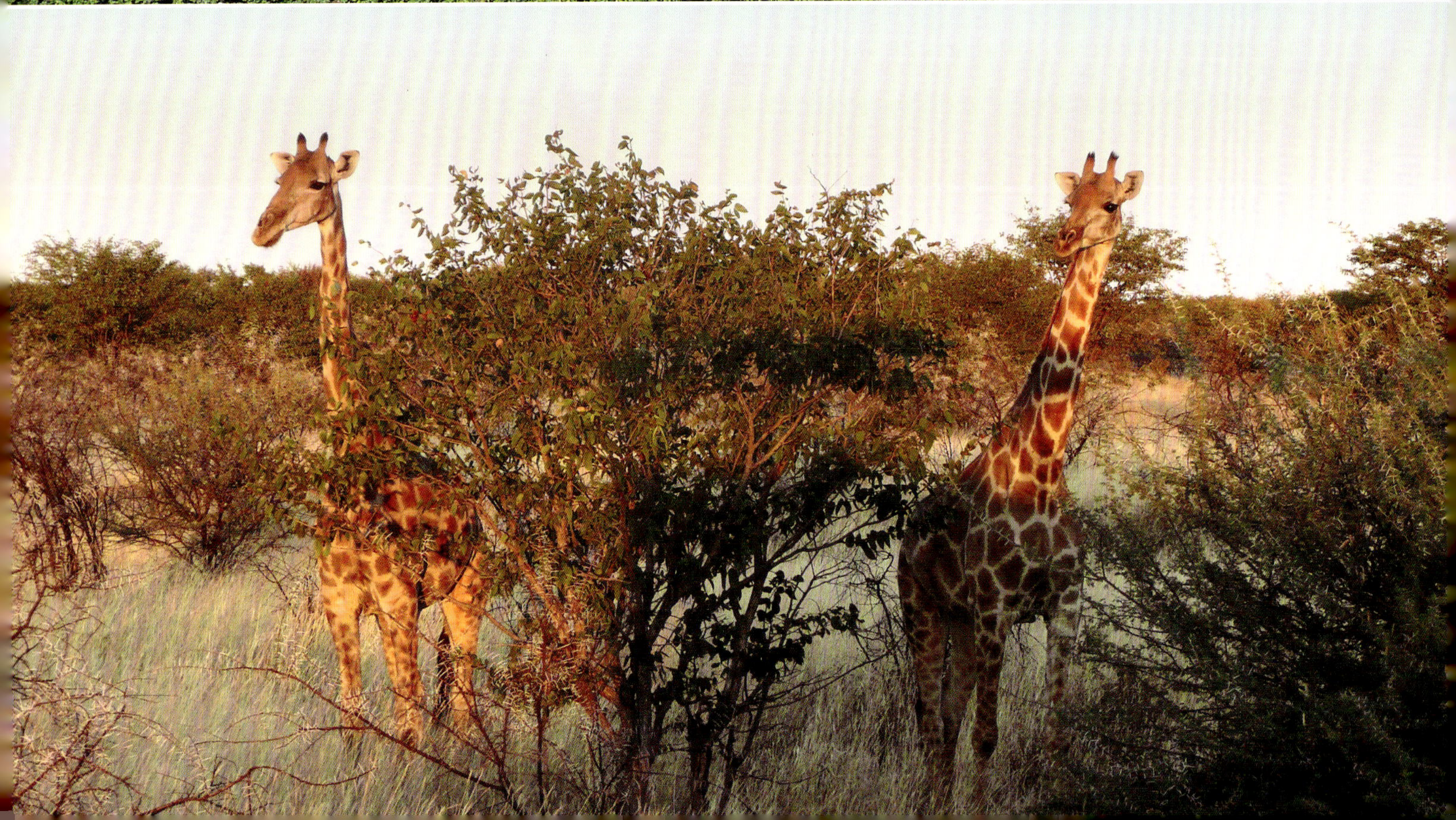

Ziel Etosha-Nationalpark –
Von Walvis Bay nach Windhoek

Die palmengesäumte und fein geteerte Küstenstraße B2 verbindet Namibias Hafenstadt Walvis Bay mit der Atlantikperle Swakopmund: Links das Schimmern der eiskalten See, rechts die Sandtürme der Namib. Dann Swakop im altdeutschen Jugendstil: mit Kaiserlichem Bezirksgericht (1902), Hohenzollernhaus (1909), Hansa-Hotel (1905) und rotweiß gekringeltem Leuchtturm. An der berüchtigten Skelettküste entlang fährt es sich auf der alten Salzpiste C34 wie auf Asphalt. Sie führt erst zur wilden Strandsiedlung Wlotzkasbaken, dann zum immer mondäner werdenden Strandort Henties Bay, bis es auf der Schotterpiste C35 nach Khorixas rechts ab in die Wüste geht.

Nach anderthalb Stunden der massive Schattenriss des Brandbergs, verlorene Verkaufsstände mit Halbedelsteinen am Pistenrand, manchmal Hererofrauen in traditionellen Gewändern im Nirgendwo. Die besonderen Attraktionen des Damaralands liegen auf dem Weg zum ehemaligen Farmsiedlerstädtchen Khorixas praktisch am Pistenrand: die Felsgravuren Twyfelfonteins, der verbrannte Berg, die Orgelpfeifen und der versteinerte Wald. Andersson's Gate, eines der Eingangstore des Etosha-Nationalparks: Schon auf den ersten Kilometern zeigen sich

Oryxantilopen, Springböcke, Steppenzebras, Giraffen und viele andere Exoten. Am Nebrowni-Wasserloch klicken sich gerade Kameras heiß, das Spektakel ist atemberaubend: Ein Löwenpärchen aktiv bei der Paarung!

Auf der Rückfahrt auf glattem Asphalt Richtung Windhoek reicht die Zeit für einen Souvenirstopp in Okahandja, wo zahllose Straßenstände afrikanisches Kunsthandwerk ausstellen. Von der Aussichtsterrasse der Heinitzburg geht ein abschließender Blick bei Schwarzwälder-Kirsch-Torte und urdeutschem Filterkaffee über die Metropole. Mit 758 Kilometern auf dem Tacho dieser Reise wird unser Hilux-Landcruiser gleich von uns verschwinden, ein paar eiskalte Hansa-Pils aus Swakop in der Kühlbox werden jetzt andere trinken.

Die Highlights

 Walvis Bay ist die Adrenalinhauptstadt Namibias mit viel Action-Sport, exotischer Wasservogelwelt und dem lebendigsten Nightlife.

 Die Jugendstilstadt *Swakopmund* versprüht als »südlichstes Nordseebad der Welt« ein deutsches Ambiente und bietet Golfern einen der schönsten Wüstengolfplätze der Welt.

 Cape Cross mit seiner bis zu 200 000 Robben großen Seehundkolonie liegt ein Stündchen nördlich von Henties Bay und veranstaltet ein geruchsintensives Skelettküsten-Spektakel.

 Der *Brandberg* wartet mit seinen Trails auf naturbegeisterte Wanderer.

 Namibias *Etosha-Pfanne* ist das bevorzugte Tierparadies für Selbstfahrer.

 Rings um den mächtigen Solitär der *Vingerklip-Felssäule* lockt heroische »Arizona-Landschaft«, ein perfekter Stopover zwischen Khorixas und Etosha.

 Das *Waterberg-Plateau* – mit einer sehr speziellen Vorstellung des namibischen Dschungelbuchs – sollte man auf der Rückreise nach Windhoek besuchen.

Die beste Reisezeit

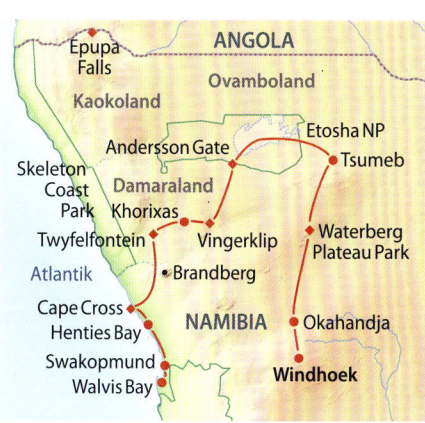

Die Küsten bieten im namibischen Sommer, also während unseres hiesigen Winters, eine erfrischende und viel besuchte Seebrise. Beinahe leer und klimatisch herrlich ist der namibische Winter bei trockener Luft, etwa 25 °C und teils sehr kalten Nächten. Der **Mai sowie der Juni und Juli** sind also moderat warme und ideale Reisemonate, wie auch der Herbst, der namibische Frühling. Schulferien sollte man möglichst vermeiden!

Besondere Tipps

Für Nachtflieger: Air Namibia (www.airnamibia.de) fliegt über Nacht von Deutschland Richtung Namibia, es kann also frühmorgens gleich mit der Tour losgehen.

Für Selbstfahrer: Unser Pick-up, ein Toyota Hilux, stammte von der – deutschsprachigen – Autovermietung Savanna Car Hire (www.savannacarhire.com.na). Ein normaler Pkw ist für die vorliegende Tour durchaus ausreichend.

Info: www.namibia-tourism.com

← »Ein bisschen Norderney, ein bisschen Sylt«, frotzelte Afrika-Kenner Peter Scholl-Latour über »Swakop«, wie die Einheimischen ihr Strandstädtchen liebevoll nennen (o.)

← Das Naturwunder Etosha Nationalpark zählt zu den tierreichsten Regionen Namibias: Junge Giraffen beim Trinken (u.)

↑ Wüsten-Kids aus Khorixas

Traumroute 46 Mongolei

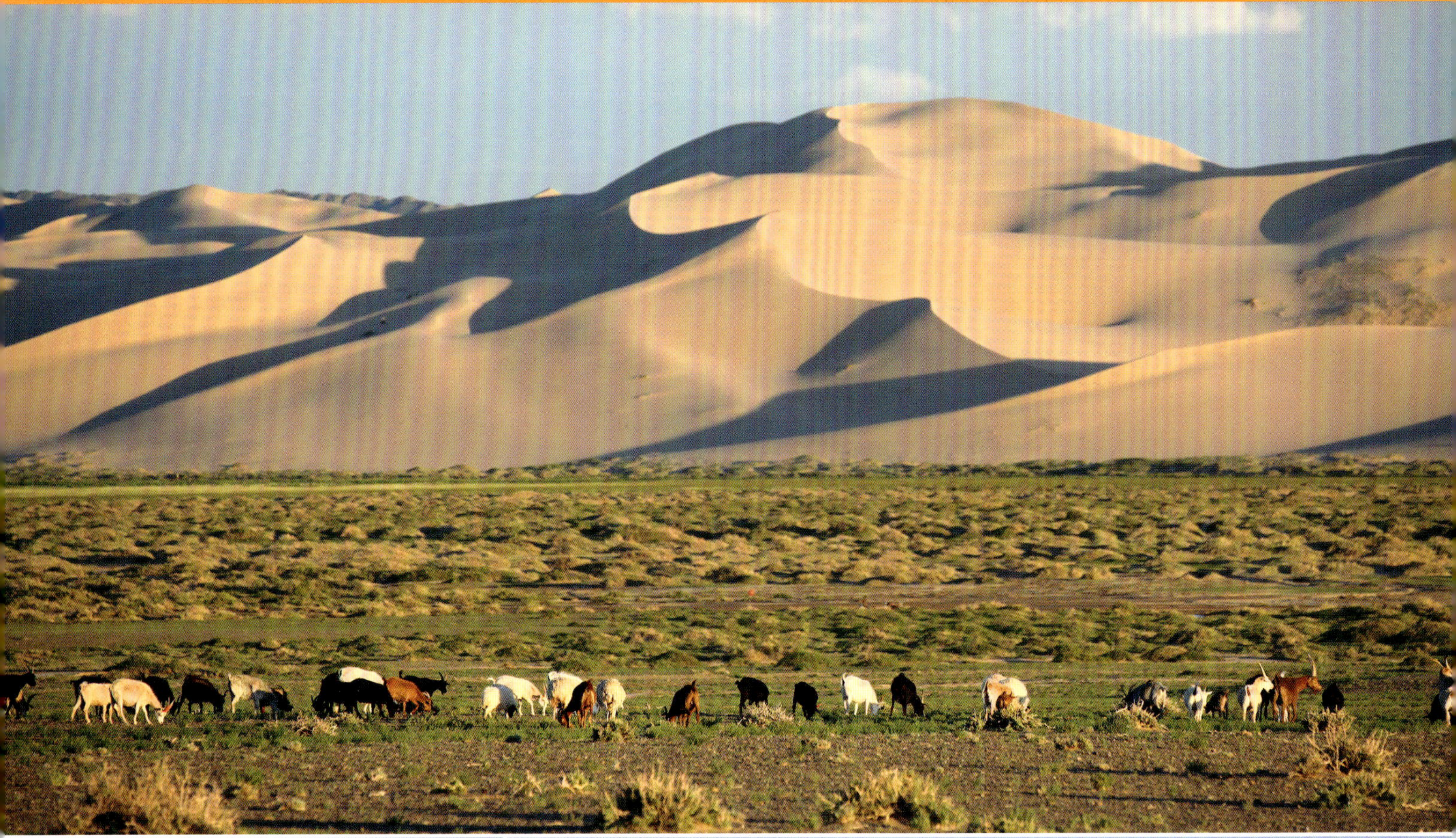

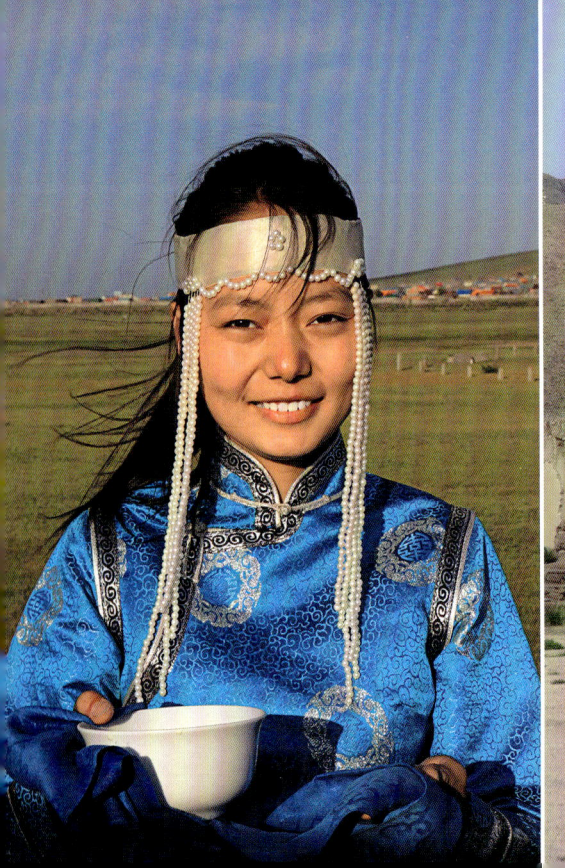

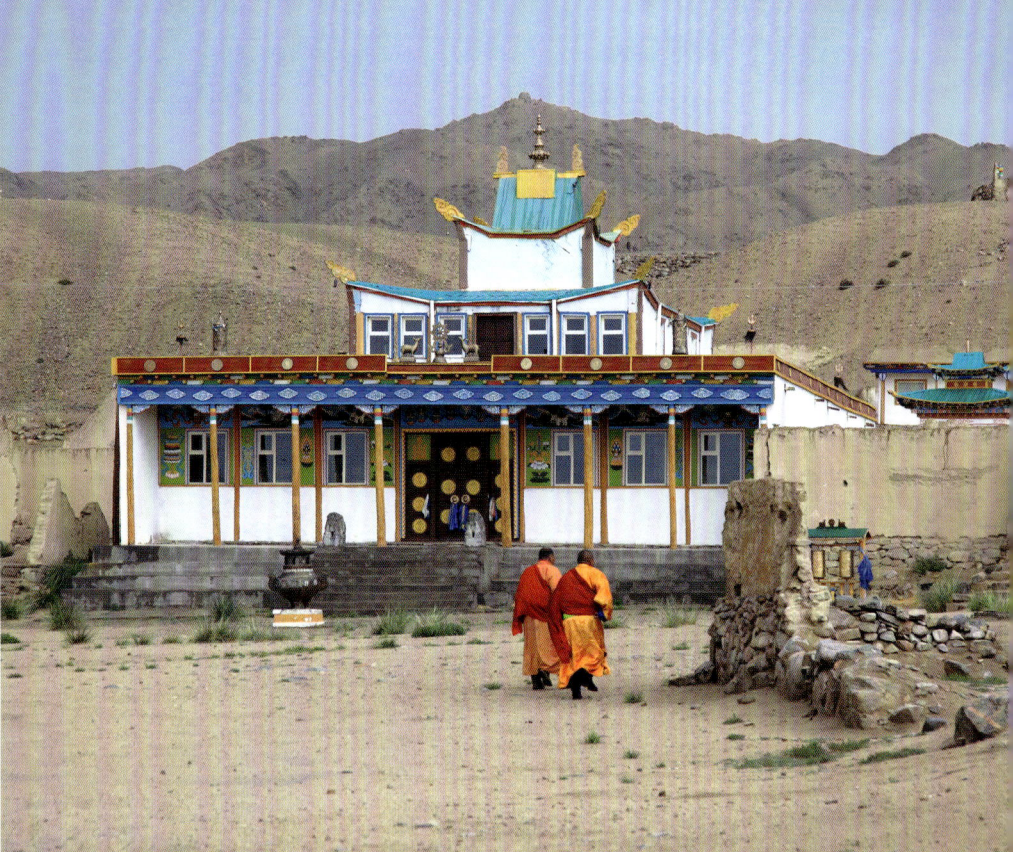

Durch die Mongolische Gobi

Die schönste Wüste der Welt – Von Ulaanbataar bis Altai

Die Reise beginnt mit einem Flug von Ulaanbataar über die endlose Weite der mongolischen Steppe nach Dalandsadgad in der südlichen Gobi. Die Gobi, mongolisch für »Wüste«, ist eine der landschaftlich abwechslungsreichsten Wüsten der Welt. Sie besteht zu über 80 Prozent aus Trockensteppe, der Rest ist Stein- und Sandwüste mit schroffen Canyons.

Im Gobi-Gurvansaikhan-Nationalpark liegt Yolyn Am, die »Lämmergeierschlucht«. In der tief in den Berg eingeschnittenen Klamm findet man ganzjährig Firn und Eis. In der Gegend leben Bartgeier, Lämmergeier und Bergziegen. Im Khongory Els, dem »Dünenfeld von Khongor«, gibt es bis zu 200 m hohe Wanderdünen. Das singende Geräusch des im Lee der Düne abrutschenden Sandes hat dem Gebiet den Namen »singende Dünen« eingetragen. Sumpfige Wiesen am Fuß der Dünen, Jurten und Viehherden, das Spiel von Licht, Schatten und Reflexion und der Sonnenuntergang über den goldenen Dünen sind ein Eldorado für Fotografen.

Weiter geht es in die Tiefe der Gobi. Die faszinierende Weite der Wüste wird unterbrochen von den Sandsteinwänden und Canyons von Ulaan Tsav und Khermen Tsav: Sie färben sich im Licht der untergehenden

Sonne intensiv rot. Das Kloster Amarbuyant am Rande der Gobi war einst ein wichtiger Rast- und Versorgungsplatz an der Route von Ulaanbataar nach Tibet. Amarbuyant, 1937 zerstört, ist eine dramatische Ansammlung von Ruinen. Mittendrin ein farbenprächtig ausgestattetes neues Kloster mit einem Dutzend Mönchen, die hier einen Neuanfang wagten.

Bei Bayantooroi, eine Tagesreise weiter nach Westen, befindet sich das Naturreservat Eej Khairkhan rund um einen Berg mit markantem Doppelgipfel. Die Sandsteinverwitterungen an den Bergflanken bilden bizarre Strukturen, in denen man mit einiger Fantasie Skulpturen erkennen kann. Im Schutzgebiet leben Leoparden und Luchse. Die Route endet in der Provinzhauptstadt Altai mit Flugverbindung nach Ulaanbataar.

Die Highlights

Nadaam – Das Nationalfest der Mongolen findet Anfang Juli statt. Tag eins und zwei sind Wettbewerben im Bogenschießen und Ringen sowie Pferderennen gewidmet. Am dritten Tag wird gefeiert.

Ulaanbataar – Die Hauptstadt beherbergt das Nationalmuseum und das Gandan-Kloster. Interessant sind auch die traditionellen Maskentänze im Gebäude Tumen Ekh.

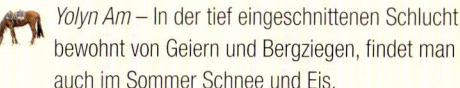

Yolyn Am – In der tief eingeschnittenen Schlucht, bewohnt von Geiern und Bergziegen, findet man auch im Sommer Schnee und Eis.

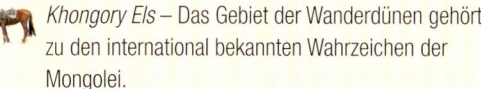

Khongory Els – Das Gebiet der Wanderdünen gehört zu den international bekannten Wahrzeichen der Mongolei.

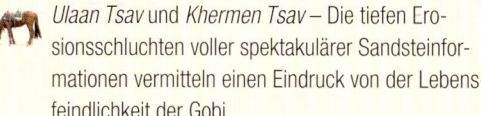

Ulaan Tsav und *Khermen Tsav* – Die tiefen Erosionsschluchten voller spektakulärer Sandsteinformationen vermitteln einen Eindruck von der Lebensfeindlichkeit der Gobi.

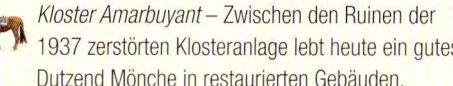

Kloster Amarbuyant – Zwischen den Ruinen der 1937 zerstörten Klosteranlage lebt heute ein gutes Dutzend Mönche in restaurierten Gebäuden.

Eej Khairkhan – Der zweigipfelige »Mutter Berg« ist bedeckt von bizarren Sandsteinskulpturen. Hier leben Bergschafe und seltene Zambaeidechsen.

Die beste Reisezeit

Die besten Reisezeiten für die Gobi sind **Mai/Juni und August/September**. Im Juli können Maximalwerte von bis zu 45 °C auftreten. Die Nächte werden empfindlich kühl. Tag-Nacht-

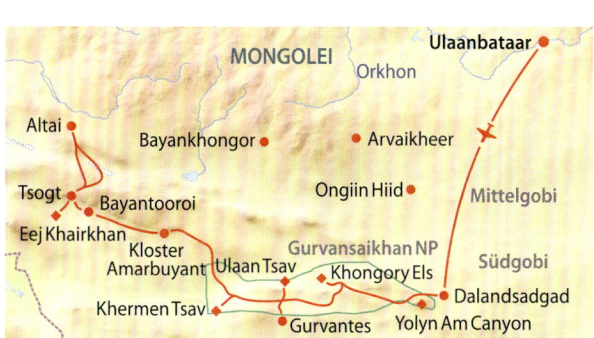

Schwankungen von bis zu 30 °C sind im Sommer keine Seltenheit. Die wenigen Niederschläge fallen hauptsächlich im Juli und August vor allem als kurze Schauer und Gewitterregen. Zwischen Oktober und April kann es zu Schneestürmen und extremer Kälte bis –40 °C kommen.

Besondere Tipps

Für Roadrunner: Eine Möglichkeit für eine Abkürzung gibt es leider nicht, Flughäfen finden sich lediglich in Dalandsadgad und Altai.

Für das richtige Timing: Das Nationalfest Nadaam findet in Ulaanbataar jedes Jahr vom 10. bis 13. Juli statt. In den Siedlungen auf dem Land kann der Termin um wenige Tage abweichen.

Fürs Überleben: Keinesfalls sollte man diese Reise ohne ortskundigen Begleiter und Dolmetscher unternehmen! Die in den unzuverlässigen Landkarten verzeichneten »Straßen« sind Fahrspuren oder bestenfalls schlechte Pisten.

Info: www.mongoliatourism.gov.mn

← Steppe, Pferde und Wüsten – diese drei Dinge prägen di Landschfaten der Mongolei (o.)
← Junge Mongolin in ihre Tracht (u. li.)
← Im Kloster vonn Amarbuyant leben ein Dutzend tibetische Mönche (u. re.)
↑ »On the road« auf mongolisch…

Der Länge nach durchs Land – Von Port Augusta bis Darwin

»Der Trip war eine schreckliche Schinderei«, schrieb John McDouall Stuart einst über einen Vorstoß ins Innere Australiens. 1862 erreichte er sein Ziel: Den Kontinent von Süd nach Nord zu durchqueren und die Trasse für eine transkontinentale Telegrafenleitung zu erkunden. Die Kolonie hatte bald eine schnelle Verbindung ins britische Mutterland.

Heute folgt der nach Stuart benannte Highway etwa dessen Route von damals: 2834 km von Port Augusta bis Darwin. Eine Erdteildurchquerung, von weißen Salzseen im Süden über das Rote Zentrum bis in die grünen Tropen im Norden. Aus der Schinderei wurde eine komfortable Reise: Seit den 1980er-Jahren ist »The Track« durchgehend geteert. Etwa alle 200 km liegen Roadhouses, Rastplätze mit kernigem Outback-Charakter: Ein Wirt nutzt seinen künftigen Sarg vorläufig als Barschrank, ein anderer verweist auf regelmäßige Visiten Außerirdischer.

Lange Abschnitte scheinbarer Einöde, die sich in der Dämmerung mit Kängurus und Emus beleben, wechseln sich ab mit kantigen Kleinstädten oder Abzweigungen zu nationalen Ikonen wie dem Uluru, auch bekannt als Ayers Rock, oder dem Kakadu National Park. Bei Coober Pedy erstreckt sich scheinbar unendlich der Dingo-Zaun, der per Weltrekord 5614 km lang Dingos von Schafen trennt. Nördlich streifen die Wildhunde, südlich weiden Schafe. Bald hinter der Grenze zum Northern Territory zeigt ein Wegweiser nach links zum Ayers Rock und zum King's Canyon. Nördlich von Alice Springs wird die Straße bisweilen breiter: Landeplätze für die Flying Doctors, die Aborigines und Farmer im Irgendwo medizinisch betreuen. Die rote Savanne wird grüner. Hier sollte man nicht mehr in jeden Fluss oder Billabong, also Weiher, hüpfen, in manchen lauern »Salties«, mächtige Salzwasserkrokodile. Und die Anti-Krokodil-Versicherung – echt! – gibt es erst in Darwin, am Ziel des Stuart Highway.

Die Highlights

 Port Augusta – Das Wadlata Outback Centre bietet eine gute Vorbereitung auf die Fahrt ins Landesinnere. Hier ist auch das Infozentrum für Touristen.

 Coober Pedy – Hier werden mehr Opale aus der heißen Wüste gegraben als sonst in der Welt. Aus kühlen Höhlen wurden Wohnungen, Hotel, Restaurant, Kirche und Shops.

 Alice Springs – »The Alice« liegt mitten im Land, die Stadt bietet u. a. die »School of the Air« die Basis der Flying Doctors und den botanischen Desert Park.

 Devil's Marbles – Die Teufelsmurmeln, große rundliche Steine, wurden von der Natur geschaffen. Die Aborigines sehen darin Eier der mythischen Regenbogenschlange.

 Tennant Creek – Relikte des Goldrauschs von 1930 und Touren mit lokalen Aborigines sind die Attraktionen der Kleinstadt.

 Katherine – Die berühmten 13 Schluchten des Katherine River, der Nitmiluk National Park, bieten eine einzigartige Naturlandschaft.

 Darwin – Museum, Botanischer Garten, Territory Wildlife Park und der Krokodilpark Crocodylus sind der Stolz der Hauptstadt des Northern Territory.

Die beste Reisezeit

Sommers liegen die Temperaturen in Alice Springs um 35 °C, im Winter können sie bis auf 5 °C fallen. Im Sommer regnet es etwas mehr, starke Trockenheit ist typisch. In Darwin liegen die Temperaturen ganzjährig bei etwa 32 °C, was sich in der schwülen Luft oft höher anfühlt. In der Wet Season von November bis März können Straßen überflutet sein. Daher ist die beste Reisezeit der **Südwinter, also unser Sommer.**

Besondere Tipps

Für Roadrunner: Auf dem Stuart Highway rollen Fernbusse, der Touristenzug »Ghan« ist parallel unterwegs.

Für Felsenfreunde: Der 348 m aus der Ebene ragende Uluru ist ein Nationalsymbol; besteigen sollte man ihn aus Respekt vor den Aborigines allerdings nicht. Ebenso sehenswert sind die nahen Felskuppen Kata Tjuta.

Für Nationalparkfans: Der Kakadu National Park bietet vor allem in der Dry Season viel Tierleben und guten Zugang zu Aborigine-Felsmalereien – ein lohnender Umweg via Kakadu und Arnhem Highways.

Info: www.southaustralia.com

← Uluru-Ayer's Rock im Sonnenaufgang, Uluru-Kata Tjuta National Park, Northern Territory (o.)

← Auf Bootstour in den Schluchten des Katherine Rivers im Nitmiluk National Park, Northern Territory (u. li.)

← »Devil's Marbles« heißen diese Steinstrukturen (u. re.)

↑ The Ghan führt von Darwin nach Adelaide durch den Norden Australiens

Die äquatorialen Südseeinseln

Per Schiff durchs Land der 1000 Inseln – Von Tahiti zu den Marquesas

Während zwei Bordkräne schwere Fracht an Deck hieven, lehnen die Schiffsreisenden erwartungsfroh an den Relings, mit Blick auf Tahitis Hauptstadt Papeete. Rund 4000 km Südsee hat der moderne Passagierfrachter »Aranui 3« innerhalb von zwei Wochen nun vor sich. Schon am nächsten Abend tauchen die ersten der »niedrigen Inseln« auf, die der schottische Abenteuerliterat und Schatzinselspezialist Robert Louis Stevenson den »gefährlichen Archipel« nannte. 78 dieser ringförmigen Riffgebilde zählt der Tuamotu-Archipel, der sich auf einer Wasserfläche von der Größe Westeuropas verbreitet.

Nach 36 Stunden Schiffsreise ist es so weit: Erste bizarre Gebirgsskulpturen der Marquesas-Inseln tauchen aus frühem Dunst auf, drohend und gewaltig wie die Felsen des Nordkaps: Es ist Ua Pou, die Zackige. Riesige Basaltsäulen, die himmelwärts streben, heben die Insel so beeindruckend wie ein turmbewehrtes Kirchenschiff aus der See empor. Einen Tag später liegen wir an der Hafenmole Taiohaes vor Nuku Hiva vertäut, dem Sitz der katholischen Kirche und der französischen Verwaltung.

Als die »Aranui 3« den nächsten Ladestopp in der Taipivai-Bucht verlässt, steht die mächtige Silhouette von Nuku Hiva shakespearehaft im blauschwarzen Himmel. Danach läuft der Frachter endlich in die heißersehnte Bucht von Atuona auf Hiva Oa ein. Gebirgsketten ziehen sich auf über 1000 m, zahlreich sprudeln Bäche aus dem Inneren dieser wild blühenden Oase. Gewaltige Schluchten und abgeriegelte Buchten prägen eine Landschaft, die sich aus drei explodierten Vulkanen vor Jahrmillionen formte. Nach der ersten Reisewoche wird es noch viele Ladestopps und Landgänge geben, bis die »Aranui 3« an James Cooks Ankerplatz vor Tahiti vorbeizieht, wo der berühmteste Südsee-Entdecker im Auftrag der Britischen Admiralität 1769 den Durchgang der Venus vermaß.

Die Highlights

 Tuamotus Takapoto-Atoll bietet mit seiner Traumlagune Postkartenkitsch pur. Nach Schnorcheln und Schwimmen zwischen Türkis und Ozeanblau gibt es ein polynesisches »Pae Pae« mit Gesang und Tanz.

 Ua Pou inspirierte den belgischen Chansonnier Jacques Brel zu seinem Liebeslied an die Marquesas, »La Cathédrale«. Auf dem Friedhof von Atuona, Nuku Hiva, liegt er neben Paul Gauguin begraben.

 In der bezaubernden *Taipivai-Bucht* auf Nuku Hiva spielt auch Herman Melvilles Roman »Taipi«.

 Ua Huka ist die Insel der Wildpferde, Reiter und Bildhauer.

 Im *Puamau-Tal* auf Hiva Oa thronen megalithische Steinkolosse, die Tiki-Götzen, auf tuffsteinernen Plattformen im Dschungel.

 Fatu Hiva war das Versuchslabor von Thor Heyerdahls Experiments »Zurück zur Natur«, das der Forscher mit Ehefrau Liv 1936 ein Jahr lang unter Verzicht aller Zivilisationshilfen durchhielt.

 Die *Baie des Vierges* auf Fatu Hiva war nicht nur für die Heyerdahls ein Traum.

Die beste Reisezeit

Die äquatorialen Inseln generieren ein tropisch-heißes Klima: Zwischen November und April ist es schwül, von Mai bis Oktober dagegen wesentlich trockener, wenngleich die Temperaturen gleichsam bis auf 30 °C klettern. An Bord mag sich ein feuchtheißes Klima nicht zu stark bemerkbar machen, aber Landgänge und Strandaufenthalte haben es dann in sich, weshalb hier von **Juni bis September** die schönste Reisezeit ist!

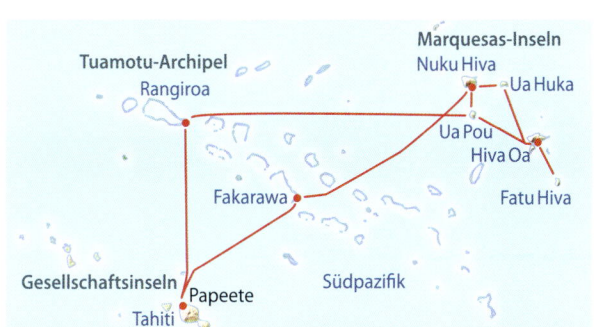

Besondere Tipps

Für Roadrunner: Die Reise lässt sich auf eine Woche Marquesas verkürzen durch einen traumhaften Propellerflug von Papeete dorthin.
Für Hiker: Acht steile Kilometer Trekking führen von Omoa auf Fatu Hiva über 1000 m hohe Gebirgskämme durch wild zerklüftete Landschaften bis zur Baie des Vierges in Hanavave.
Für Vorsichtige: Als vollklimatisierte Insel der Zivilisation ist die »Aranui 3« mit Arzt, Apotheke und Krankenstation sowie Pool und Bar ausgestattet.
Info: www.tahiti-tourisme.de

← Fatu Hiva zählt zu den schönsten Südsee-Inseln überhaupt (o.)
← lebendig geht es zu wenn die Aranui 3 in eine der zahlreichen Buchten der Marquesas-Inseln einläuft (u. re.) und vor Anker geht: bei einem polynesischen »Pae Pae« mit Gesang und Tanz etwa (u. li.)
↑ Das Grab von Paul Gaugin auf dem Friedhof von Atuona

Romantische Straße

Zu Riemenschneider und Rokoko –
Von Würzburg bis Füssen

Zum Einstieg das zauberhafte Taubertal, zum Abschied das sanft gewellte Alpenvorland, dazwischen der riesige Meteoritenkrater des Nördlinger Ries und die »Herrlichkeit auf Erden«, der bayerische Pfaffenwinkel. Allein die Natur zwischen Würzburg und Füssen, in die die Romantische Straße eingebettet ist, ließe verstehen, warum so viele von Deutschlands schönster Ferienstraße schwärmen. Diesen Anspruch unterstreichen nahtlos in die Landschaft eingepasste große Werke der Renaissance-, Barock- und Rokoko-Baumeister sowie mittelalterliche Stadtbilder wie aus dem Bilderbuch. Heute sind die knapp 400 km international so berühmt, dass sich Brasilien, Japan und Südkorea bereits eigene Romantische Straßen zulegten. Inzwischen wird das Original sogar von einer 460 km langen Radlerroute und einem fast 500 km langen Weitwanderweg gesäumt.

Neben den großen Höhepunkten wie Würzburg, Rothenburg oder Augsburg ist auch die zweite Reihe dieser Route attraktiv bestückt: etwa Bad Mergentheim mit Grünewald-Madonna, Creglingen mit Riemenschneider-Altar oder Nördlingen mit der einzigen rundum begehbaren Stadtmauer Deutschlands. Selbst weniger bekannte Stationen sind Stopps wert, zum Beispiel Do-

nauwörth mit seiner nach dem Krieg wieder aufgebauten Reichsstraße, nun wieder eine der schönsten Straßen Süddeutschlands. Nahezu alle Orte entlang der Route bieten Stadtführungen an, manche geleitet von »Nachtwächtern« oder – in Augsburg – vom prächtig gewandeten »Jakob Fugger«. Neun Freiluftbühnen buhlen um die Gunst der Gäste, vorneweg Rothenburg mit seinem »Meistertrunk« zur Erinnerung an einen Altbürgermeister, der die Stadt vor Brandschatzung bewahrte, indem er in einer Wette mit dem Feind einen Humpen mit 13 Schoppen Wein auf einen Zug leerte. Empfehlenswert, als historisches Schauspiel, nicht zur Nachahmung.

Die beste Reisezeit

Klimatisch liegt die beste Reisezeit dieser Route zwischen **spätem Frühling und Oktober.** Daran richten sich auch die meisten großen Veranstaltungen aus, die meisten Freilichttheater spielen im Juni, Juli und August. Ein spezieller Reisebus der Touring rollt von Mitte April bis Mitte Oktober täglich zwischen Frankfurt und Füssen via Romantische Straße, die Passagiere können beliebig oft ein- und aussteigen, das Ticket gilt sechs Monate.

Die Highlights

Würzburg – Allein das Treppenhaus mit Tiepolos Deckenfresko, dem größten der Welt, ist einen Besuch der spätbarocken Residenz, einem UNESCO-Welterbe, wert.

Rothenburg ob der Tauber – Ein Mittelalter-Kleinod, Filmkulisse und weltberühmt mit Riemenschneider-Werken in zwei Kirchen. Ein Tipp ist das historische Kriminalmuseum.

Dinkelsbühl – Rund 400 Jahre hat das Stadtbild mit spätgotischem Münster und weitem Blick vom 58 m hohen Turm fast schadlos hinter sich.

Augsburg – Baukunst vom Mittelalter bis zum Jugendstil, mit Höhepunkt in der Renaissance, als die reichen Fugger-Kaufleute 1521 die Sozialsiedlung Fuggerei spendeten.

Wieskirche – Die prachtvolle Wallfahrtskirche bei Steingaden ist UNESCO-Weltkulturerbe und ein Rokoko-Juwel, das mehrere Konzertreihen pflegt.

Schloss Neuschwanstein – Das berühmteste der Märchenschlösser von Ludwig II. ist weltweit ein Symbol für Deutschland. Die Marienbrücke bietet den schönsten Blick darauf.

Füssen – Das Hohe Schloss, heute auch als Kunstmuseum genutzt, und Kloster Sankt Mang, ein barockes Gesamtkunstwerk, prägen die Stadt.

Besondere Tipps

Für Roadrunner: Auf der Autobahn A7 von Würzburg direkt nach Rothenburg und /oder auf der B17 parallel zum Lech.
Für Reise-Nostalgiker: Die AG Romantische Straße veranstaltet zweimal im Jahr Nostalgiereisen im historischen Neoplan-Panoramabus von Würzburg nach Füssen. Das Bayerische Eisenbahnmuseum organisiert im Sommer Dampfzugfahrten von Nördlingen über Dinkelsbühl nach Feuchtwangen.
Für Groß und Klein: »Eine Insel mit zwei Bergen ...« – die Augsburger Puppenkiste hat nationale Stars an Strippen geschaffen, mit eigenem Museum und fast immer ausgebuchtem Theater.
Info: www.romantischestrasse.de

← Residenz (o. re.) und Reben sowie die Mainbrücke (o. li.) prägen die Universitätsstadt Würzburg
← Barocker Prunk im Inneren der Wieskirche (u. li.)
← Das Märchenschloss Neuschwanstein markiert das Ende der Romantischen Straße (u. li.)
↑ Das altehrwürdige Rathaus der Fuggerstadt Augsburg

Deutsche Märchenstraße

Zu Rotkäppchen und Frau Holle – Von Hanau nach Buxtehude

Und da sie nicht gestorben sind, leben sie noch heute – zwischen Hanau und Buxtehude, an der rund 700 km langen Deutschen Märchenstraße. Mit König Drosselbart wirbt Steinau, Rotkäppchen ist – in Schwälmer Tracht mit roter Kappe – aus der Gegend um Alsfeld. Bad Wildungen preist Schneewittchen, die Gemeinde Helsa Rumpelstilzchen, das Werratal Frau Holle. Die Trendelburg hat Hans im Glück adoptiert, die Sababurg Dornröschen. Hameln wäre ohne Rattenfänger nicht denkbar, Bremen nicht ohne die tierischen Stadtmusikanten, Buxtehude nicht ohne Hase und Igel. Und über allem schweben die Brüder Grimm, die 1812 mit ihren gesammelten *Kinder- und Hausmärchen* das wohl meistübersetzte deutsche Buch schufen. Ihre Geburtsstadt Hanau ist Startort der Märchenstraße, Steinau und Kassel sind weitere Stationen ihres Lebens und dieser Route. Die drei Orte haben auch Grimm-Museen eingerichtet.

Doch die bekannten Gebrüder sind nicht die einzigen historischen Personen, die es auf der weltweit bekannten »Fairy Tale Route« zu Ehren brachten. Hann. Münden hat den Doktor Eisenbarth zu neuem Leben erweckt, obwohl der Heilkundige bereits im 17. Jahrhundert in der schönen Stadt ver-

starb. Wilhelm Busch lebte zeitweise in Ebergötzen, in einer Mühle – die bei *Max und Moritz* eine große Rolle spielte – wurde ihm ein Denkmal gesetzt. Bodenwerder war die Heimat jenes Freiherrn von Münchhausen, der als Geschichtenerzähler bis heute populär ist. Fast alle Orte bieten Führungen, oft in Märchen-Kostümen. Allüberall gibt es Märchenlesungen und Theaterspiele, etwa in Hanau mit seinem Märchenfestival. Bei den »Holzköppen« von Steinau, Märchenmarionetten, entstand sogar ein internationales Puppentheaterfestival. Die Reise auf Grimmschen Spuren ist aber auch ein Exkurs durch Deutschlands Baugeschichte: Ritterliches Mittelalter, Fachwerkfaszination und Weserrenaissance bilden eine wahrlich märchenhafte Architektur.

Die beste Reisezeit

Die meisten Veranstaltungen entlang der Märchenstraße finden im Sommer sowie im witterungsstabilen **September und Oktober** statt – oft unter freiem Himmel. Eng kann es überall in den Schulferienwochen werden, ein früher Blick auf die Ferienpläne – zumindest von Hessen und Niedersachsen – wird hilfreich sein. Eine Woche sollte man für die Gesamtstrecke mindestens einplanen: Die oft windungsreichen Straßen und schmalen Ortsdurchfahrten sind kein Pfad für Sieben-Meilen-Stiefel.

Die Highlights

 Hanau – Im Museum Philippsruhe befindet sich ein Papiertheatermuseum mit Theater, das meist ein Märchen im Spielplan hat.

 Marburg – Die Universitätsstadt bietet Rundgänge auf den Spuren der Brüder Grimm zu deren Studienzeiten an.

 Kassel – Mit dem Brüder-Grimm-Museum und dem Brüder-Grimm-Festival würdigt die Stadt die Arbeit der Sprachforscher und langjährigen Mitbürger.

 Hann. Münden – Die Stadt ehrt ihren Doktor Eisenbarth, ein Marktschreier und tüchtiger Medicus, mit Sommertheater und Gratissprechstunden für Touristen.

 Reinhardswald – Der 200 qkm große Forst soll dem bösen Graf Reinhard zu verdanken sein, der vor der Todesstrafe noch einmal säen und ernten durfte. Er säte Eicheln …

 Bodenwerder – Dem Mitbürger und Lügenbaron Münchhausen spendierte die Kleinstadt ein Museum, ein Musical und ein Theaterstück. Und das ist wahr!

 Bremen – Den Stadtmusikanten ist das »Bremer Loch« gewidmet, ein Schlitz im Boden vor dem Rathaus. Wer – für Karitatives – Geld hineinwirft, hört Esel, Hund, Katze und Hahn musizieren.

Besondere Tipps

Für Roadrunner: Viele (durchaus attraktive) Schleifen der Hauptroute lassen sich einsparen.

Für die Rast: Im Brauereigasthof Knallhütte in Baunatal wurde 1755 Dorothea Viehmann geboren, eine der wichtigsten Quellen der Brüder Grimm. Jeden Samstag liest »Dorothea Viehmann« Märchen vor.

Für den kleinen Horror: »Warte, warte nur ein Weilchen, dann kommt Haarman auch zu dir, mit dem kleinen Hackebeilchen, macht er Hackefleisch aus dir.« Die Tatwaffe aus dem Gassenhauer über einen Massenmörder in Hannover ist eines der Exponate im Polizeimuseum Nienburg.

Info: www.deutsche-maerchenstrasse.de

← Hannoversch Münden, die Heimat von Dr. Eisenbarth (o.)
← Der Urwald rings um die Sababurg sicherte Dornröschens langen Schlaf (u. li.)
← Die Bremer Stadtmusikanten in der Hansestadt in Bronze (u. re.)
↑ Lebendige Esel gibt es viele entlang der Märchenstraße…

Traumroute 51 Frankreich

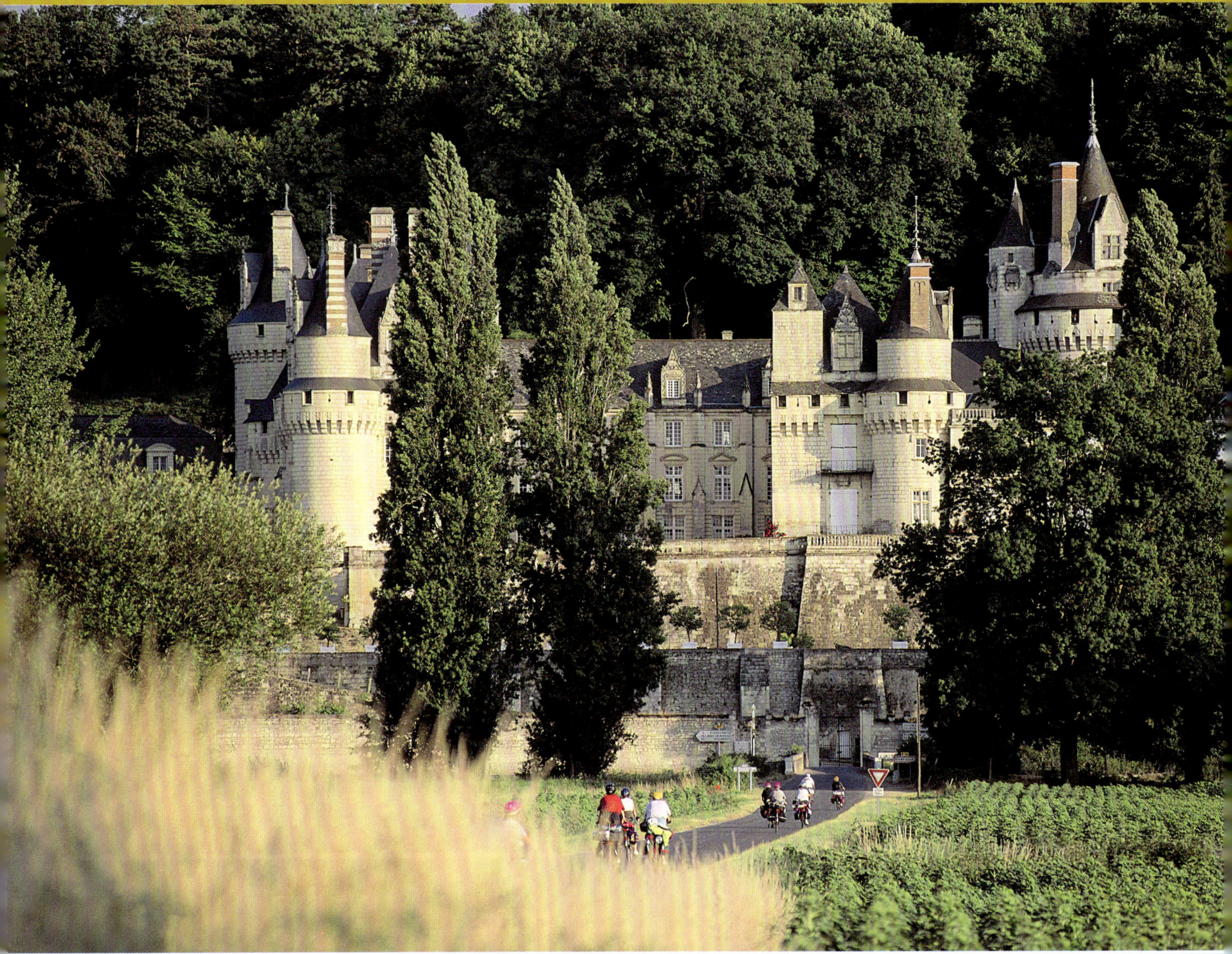

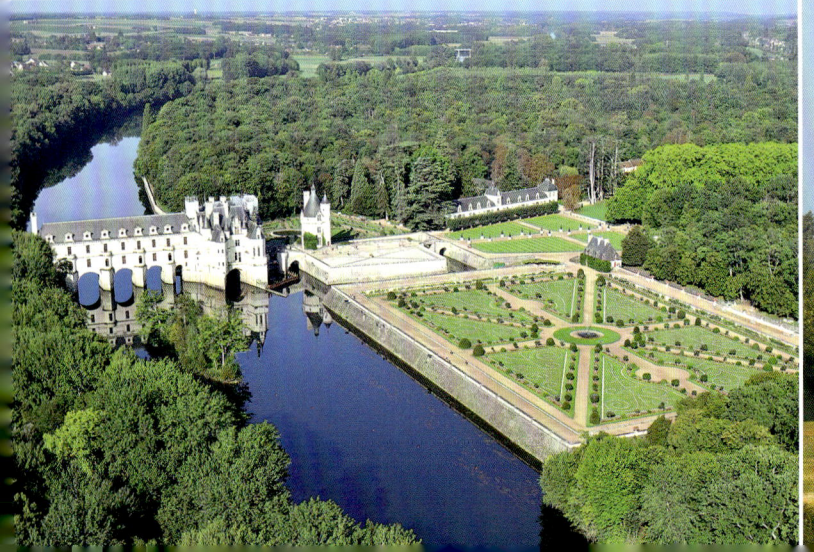

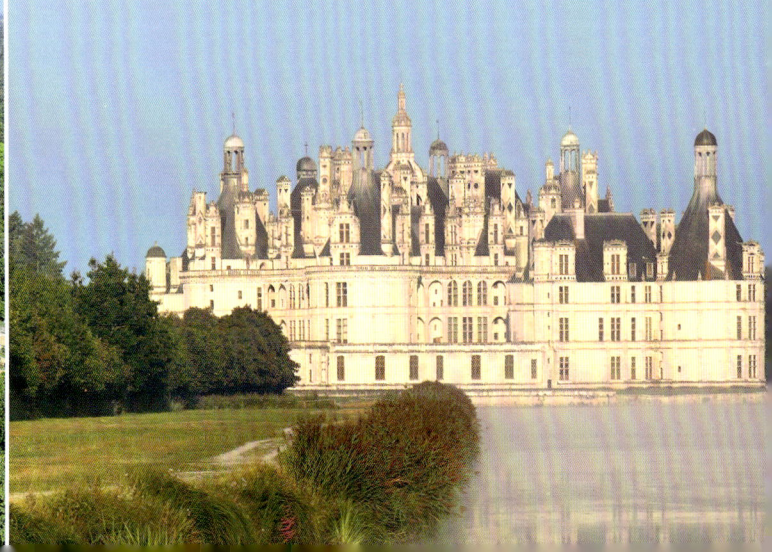

Der Loire-Radweg

Fahrrad-»Schlösser« besonders feiner Art – Von Saint-Nazaire bis Nevers

Das Land der Tour de France ist nicht gerade berühmt für seine Radwege, aber seit 2012 gibt es für alle Fahrradfans eine Vorzeigepiste: den Loire-Radweg. Er führt rund 800 km entlang des – glücklicherweise – noch völlig ungebändigten Stroms. Die UNESCO listete ein Gros des Loire-Tals als Welterbe – sammeln sich an Loire und Nebenflüssen doch rund 400 Schlösser, mehr als irgendwo sonst auf der Welt. Etwa 20 davon befinden sich wohl auf jeder touristischen Wunschliste. Wenn die Zeit knapp ist, empfehlen sich besonders die Schlösser von Amboise, Azey-le-Rideau, Blois, Chambord und Cenonceaux am Fluss Cher. Wer mit Kindern reist und den Nachwuchs nicht durch allzu viele Prunksäle schleppen will, kann in Amboise den Park Mini-Châteaux Val de Loire mit 45 Modellschlössern ansteuern.

Seit Jahren strampeln Radtouristen durch das Loire-Tal. Aber erst seit dem insgesamt 52 Millionen Euro teuren Ausbau der Route von Saint-Nazaire an der Loire-Mündung bis ins Gebiet von Nevers finden sportive Besucher eine nahezu perfekte Infrastruktur. Die Strecke verläuft zu zwei Dritteln am Flussufer, 300 Rastplätze locken zum Picknick. Gut ein Drittel der Route nutzt Straßen mit geringem Autoverkehr, der Rest ist autofrei.

Unter der Marke »Accueil Velo« haben sich rund 400 touristische Betriebe vereint, die radlerfreundliche Unterkünfte, Fahrradverleih oder Reparaturen anbieten. Und jeder hat Tipps parat für Weingüter und Weinproben – heimisch sind berühmte Lagen wie Sancerre oder Pouilly Fumé. »Bruder« des Letzteren ist der preiswertere Pouilly-sur-Loire, ein guter Kontrast zur süßen Spezialität, der Tarte Tatin, die in Lamotte-Beuvron entstanden sein soll. Der Maler Claude Monet reiste im Jahr 1907 eigens vom fast 200 km entfernten Giverny zu den Schwestern Tatin, nur wegen ihres legendären Apfel-Karamell-Kuchens.

Die Highlights

- *Nantes* – Das burgartige Schloss der Herzöge der Bretagne birgt heute ein Nantes-Museum. Auch sehenswert sind Kathedrale, Altstadt und die Passage Pommeraye von 1843.

- *Angers* – Der Wandteppich zur Apokalypse des Johannes im Schloss von Angers, gewebt im 14. Jahrhundert, gilt als der größte und älteste Bildteppich der Welt.

- *Anjou* – Um Anjou erstreckt sich das größte Höhlenareal Europas. Unterirdisch befinden sich dort u. a. ein Hotel, Pensionen und Restaurants.

- *Fontevraud* – In Europas größtem Kloster haben Eleonore von Aquitanien, Richard Löwenherz und Heinrich II. von England ihre letzte Ruhestätte gefunden.

- *Tours* – Neben der mächtigen Kathedrale beeindruckt die neue Martins-Basilika mit dem Grab des fränkischen Nationalheiligen.

- *Orleans* – Im rekonstruierten Haus der Jungfrau von Orleans, Jeanne d'Arc, erzählt ein Museum die Geschichte der französischen Nationalheiligen.

- *Radwegverlängerung* – Der Loire-Radweg ist Teil des entstehenden »Euro Velo 6«, ein Radweg entlang Loire, Rhein und Donau, der über 3600 km vom Atlantik bis zum Schwarzen Meer führt.

Die beste Reisezeit

Radler schätzen trockene und warme, nicht allzu heiße Tage – und die bietet vor allem der **Sommer**. Dann liegen die Durchschnittstemperaturen für Orleans gut über 20 °C, Gleiches gilt für **September und Oktober**, wenn auch dann die Zahl der Regentage wieder ansteigt. Wind ist ebenso ein wichtiger Velo-Faktor: Hier weht er meist von Westen. Deshalb starten viele Radfahrer am Atlantik und strampeln stromaufwärts, zumal nur geringe Steigungen zu meistern sind.

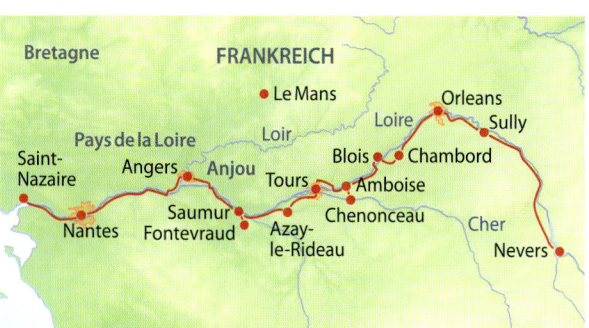

Besondere Tipps

Für Roadrunner: Regionalzüge ermöglichen manche Zeitersparnis. In der Sommersaison führen viele Züge spezielle Fahrradwaggons mit.

Für Pferdefreunde: Saumur ist mit zahlreichen Reitschulen und Gästestallungen die Pferdehauptstadt Frankreichs. Höhepunkt des Jahres ist Mitte Juli der Carrousel de Saumur, ein Umzug mit Reitergruppen.

Für Bootstouristen: Bei Briare beginnt der bei Hausbooturlaubern geschätzte Canal latéral à la Loire. Er folgt der Loire bis Digoin, wo er Anschluss an den Canal du Centre findet.

Info: www.loire-radweg.org

← Das Schloss Ussé zählt zu den bekanntesten Loire-Schlössern (o.)
← Das Wasserschloss Chenonceau, nach Versailles das meistbesuchte Schloss Frankreichs (u. li.)
← Franz I. ließ das größte aller Loire-Schlösser, das Renaissanceschloss Chambord, ab 1519 als Jagdschloss errichten (u. re.)
↑ Im Schloss Amboise weilte schon Leonardo da Vinci.

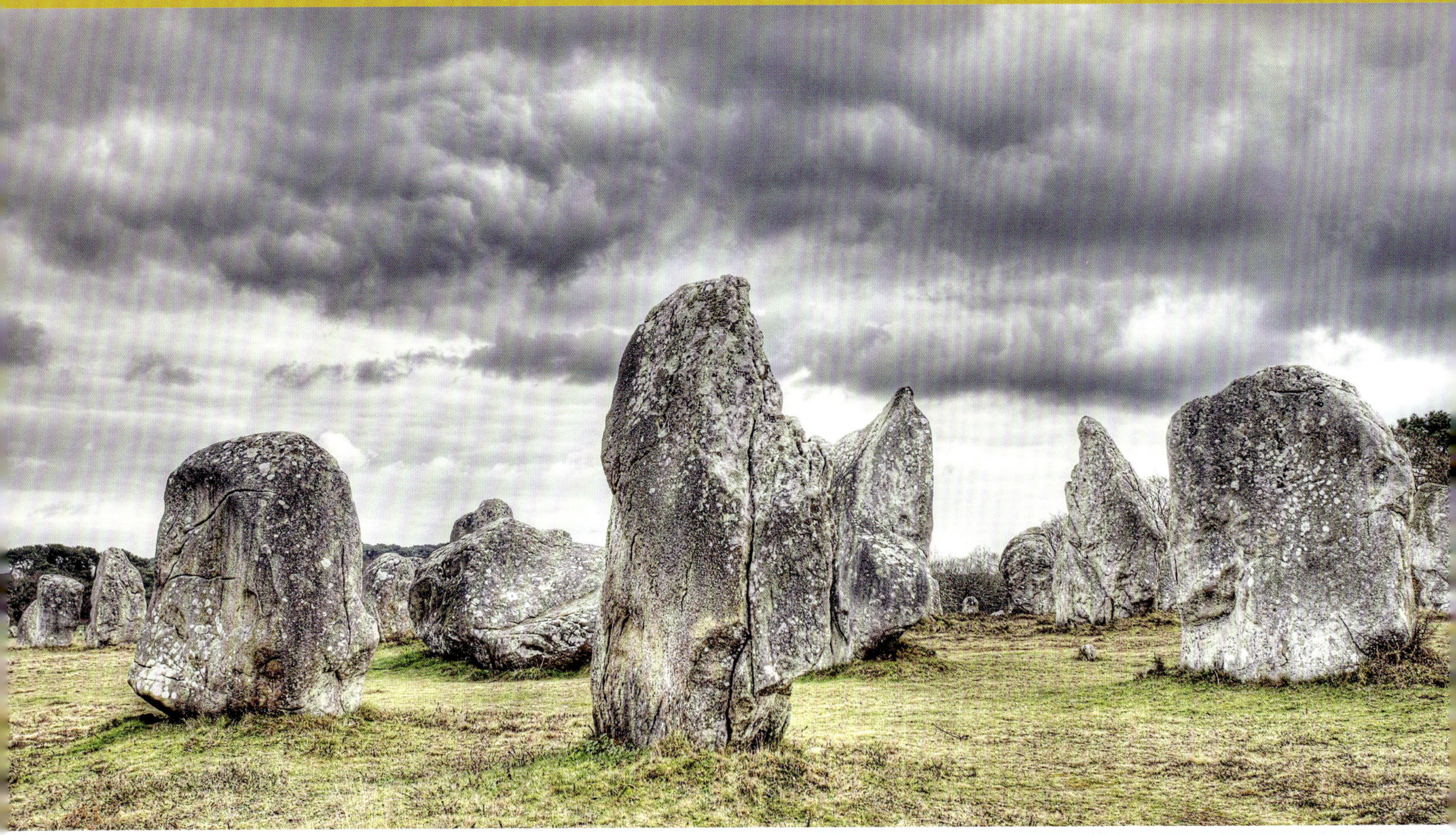

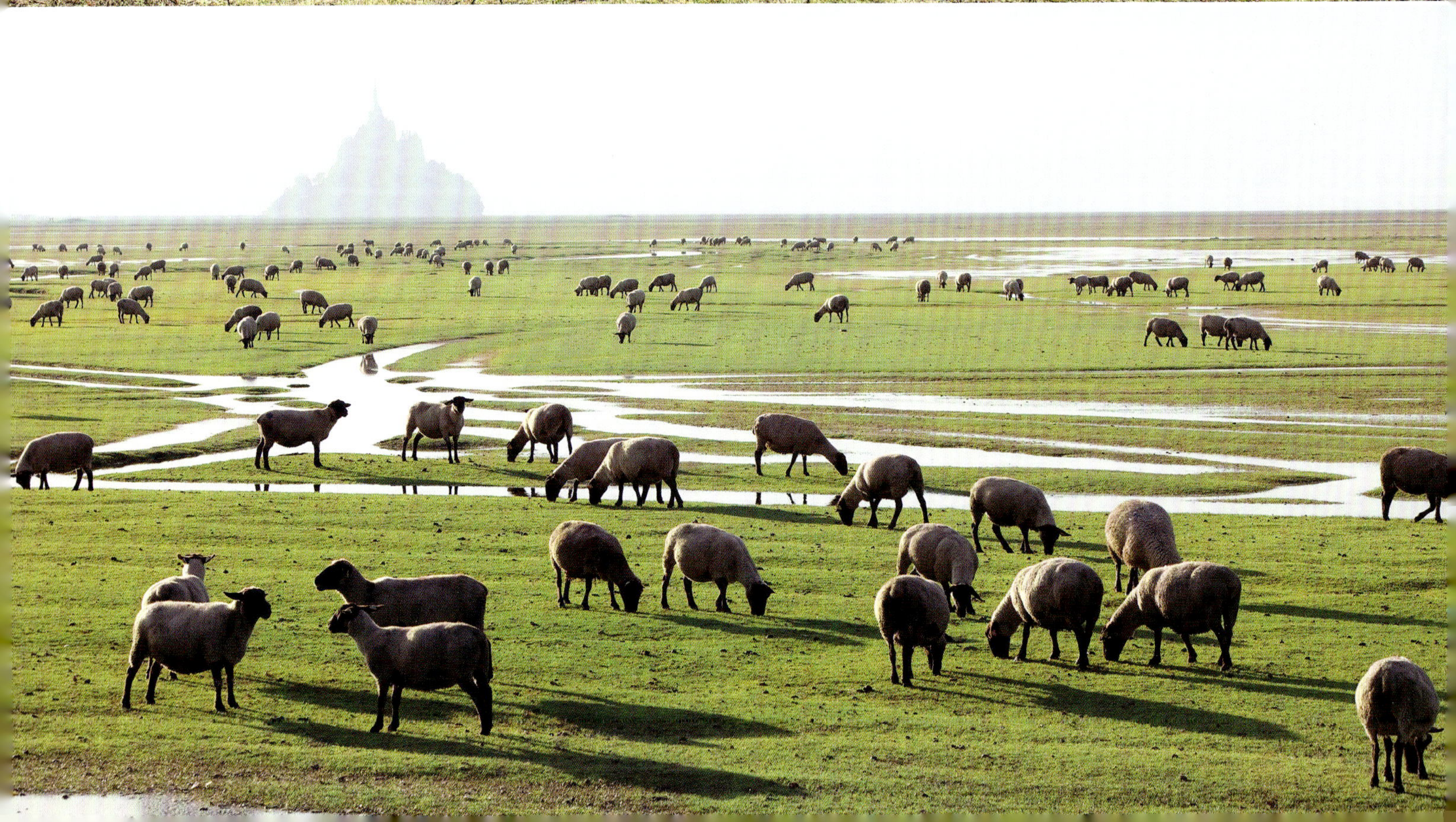

Bretagne/Normandie

Durch Frankreichs kulinarischen Norden – Von Chartres nach Rouen

Den Cidre, den Apfelwein, teilen sich die Schwestern Bretagne und Normandie noch. Aber beim Apfelbranntwein ist es vorbei mit der guten Nachbarschaft: »Calvados« darf er sich nur nennen, wenn er aus der normannischen Calvados-Region stammt, die Bretonen müssen ihren Schnaps »Eau de vie de Bretagne« nennen. Auch ansonsten wird auf getrennte C-Kultur geachtet: Crêpes stammen aus der Bretagne, Camembert aus der Normandie. Und wer die beste Butter hat, ist ein ewiges Streitthema. Aber in Sachen Meeresfrüchte sind sich die Schwestern wieder einig: Nordfrankreichs Küsten sind unübertroffen.

Kurzum: Kulinarisch ist die Bretagne-Normandie-Tour eine Verheißung. Deshalb lautet unser Tipp: Geradewegs via Chartres und Le Mans zur Atlantikküste: Carnac, Quimper mit seiner Kathedrale und das fotogene Kap Pointe du Raz sind die Stationen, ehe es zu den Felsformationen der Rosa-Granit-Küste im Norden geht. Drei Höhepunkte der Rundreise – Saint-Malo, Mont Saint-Michel und Bayeux – folgen. Caens wuchtige Normannen-Festung mit seinem Mémorial zur Erinnerung an die Kriege des 20. Jahrhunderts und an die alliierte Invasion auf den nahen Stränden der Normandie gehört zu den meistbesuchten Geschichtsmuseen

Frankreichs. Deauville, Honfleur und Rouen vollenden die Rundreise. Ein Abstecher bei Honfleur über die 2,1 km lange und 203 m hohe Brücke Pont de Normandie über die Seine ermöglicht einen Ausflug nach Le Havre. Frankreichs zweitgrößter Hafen war im Zweiten Weltkrieg weitgehend zerstört und ist modern wieder aufgebaut worden: heute ein UNESCO-Welterbe. Ein wenig weiter gen Nordosten wartet die spektakuläre Kalksteinküste bei Étretat – dann zurück zur Route ins Seinetal, wo die schöne Klosterruine Jumièges und das Kloster Saint-Martin-de-Boscherville einen Stopp wert sind, bis nach etwa 1250 km (ab Chartres) das historische Rouen erreicht ist.

Die Highlights

 Carnac – Die rund 3000 aufgerichteten Steine, »Menhire«, machten die Stadt weltbekannt. Die fünf Strände sind für Urlauber fast ebenso wichtig.

 Saint-Malo – Die begehbaren Mauern um die Altstadt, die Kathedrale und einige Museen symbolisieren die Historie der Entdecker und Freibeuter.

 Mont Saint-Michel – Die gotische Klosterinsel, die wie ein Mysterium aus dem Meer ragt, ist eine der großen Attraktionen Europas.

 Bayeux – Sein Wandteppich aus dem 11. Jahrhundert, der die Eroberung Englands wie im Comic zeigt, ist – neben dem Invasionsmuseum 1944 – die Hauptattraktion.

 Deauville – Das elegante Seebad besitzt zwei Pferderennbahnen und ein Spielcasino. Im September gastiert Hollywood beim Festival des amerikanischen Films.

 Honfleur – Der pittoreske historische Hafen an der Seine-Mündung, die hölzerne Kirche Sainte-Catherine und die Altstadt ziehen Tausende Touristen an.

 Rouen – Kathedrale, Basilika, Turm mit astronomischer Uhr, Pest-Beinhaus und der Platz, auf dem Jeanne d'Arc verbrannt wurde, sind die Hauptattraktionen.

Die beste Reisezeit

Das Wetter ist ähnlich wie das in Deutschland, aber die Ferienzeit konzentriert sich in Frankreich stark auf den Monat August, wobei viele Franzosen ihren Haupturlaub mittlerweile

schon im Juli beginnen. **Mai bis Juni** und **September bis Oktober** bieten sich deshalb für Rundreisen besonders an, wobei am Mont Saint-Michel auch in diesen Wochen viel Andrang herrscht. Zum Bad im Meer sind die Hochsommertage die besten.

Besondere Tipps

Für Roadrunner: Die Fahrt von Rennes über die N137 nach Saint-Malo spart den größten Teil der Bretagne aus für eine weitere Reise.

Für Kathedralenfreunde: Neben dem Gotteshaus in Rouen lassen sich bei An- und Abreise auch die Kathedralen von Chartres, Le Mans, Reims und natürlich Notre-Dame in Paris in die Reiseroute einflechten.

Für Blumenfreunde: Von Rouen bis zu Claude Monets berühmten Gärten in Giverny – mit dem in seinen Gemälden verewigten Seerosenteich – sind es nur 66 km. Der Garten vor seinem Haus wirkt wie eine Farbexplosion.

Info: www.normandie-tourisme.fr, www.tourismebretagne.com

← Obelix-Land: Über tausend Menhire, prähistorische Granitbrocken, bilden die bis heute rätselhaften Steinsetzungen bei Carnac (o.)

← Beim Mont Saint-Michel weiß die Legende, dass Erzengel Michael den Bau des Monuments im Meer forderte (u.)

↑ Maritim und verlockend: eine nordfranzösische Meeresfrucht-Tafel

Per Luxuszug in die Highlands – Von Edinburgh nach Kyle of Lochalsh

Der »Royal Scotsman« gleitet durch die Highlands, eine prächtige Kulisse. Auf der offenen Plattform am Zugende sind die Fotografen glücklich. Ein Herr im Smoking und sein Gegenüber im Kilt genießen im Observation Car einen Whisky, natürlich einen Highland Malt. Sie sprechen von »Mashie« und »Baffie« – und für den Laien im Nachbarsessel wird allmählich klar: So hießen bestimmte Golfschläger, ehe man sie nummerierte. Very Scottish, indeed! Der Luxuszug war am Vortag in Edinburgh zu seiner fünftägigen Classic-Tour gestartet. Die Betreibergesellschaft des rollenden Country Clubs, Orient-Express Hotels Ltd., bietet auch kürzere und längere Touren an. Nachts garantieren die 20 Komfortkabinen – mit Duschbad – Ruhe für die maximal 36 Gäste: Der Zug rastet auf einem Nebengleis. Im stattlichen Reisepreis sind Speis und Trank, beides vom Feinsten, inbegriffen. Das gilt ebenso für die Ausflüge, für die ein Bus parallel einherrollt.

Die klassische Strecke führt nach Kyle of Lochalsh an der Westküste, eine der schönsten Bahnstrecken im Land, und via Perth zurück nach Edinburgh. Übernachtet wird meist in Keith, Kyle of Lochalsh, Boat of Garden und Dundee. Zu den Ausflugszielen gehören immer eine Whisky-Destillerie und oft

die Schlösser Eilean Donan, Ballindalloch Castle und Glamis Castle. Die mehrgängigen Dinner werden in den beiden Speisewagen serviert, mindestens einmal ist Abendgarderobe erbeten. Wer nichts Passendes anzuziehen hat: Smoking oder Kilt können in Edinburgh ausgeliehen werden. Nach dem Mahl trifft man sich zum Absacker, bisweilen mit einem echten Highlander, der von Land und Leuten, Mord und Mythen erzählt. Der Morgen in Dundee beginnt mit dem letzten Frühstück, pardon, Full Scottish Breakfast. Die Golf-Gentlemen vom zweiten Abend plauschen wieder: »Mir ist noch ein alter Schlägername eingefallen: der Niblick!« Wertvolles Wissen, zumindest in Schottland.

Die beste Reisezeit

Die bordeauxroten Waggons des »Royal Scotsman« sind von April bis Oktober unterwegs. Die Fahrten in den Sommerferien werden angesichts der nur 36 Plätze pro Zug besonders früh gebucht, beste Reisezeit ist der **frühe Herbst.** Generell ist das Wetter wie überall in Großbritannien maritim, das heißt: feuchte, milde Winter und warme, aber selten heiße Sommer. Wegen der relativ hohen nördlichen Lage sind die Sommer- und Herbsttage relativ lange hell.

Die Highlights

 Edinburgh – Die unübersehbar größte Attraktion ist hoch über der Stadt Edinburgh Castle. Auch Holyrood House, der Amtssitz der Queen unten im Tal, kann besichtigt werden.

 Firth of Forth Bridge – Der »Royal Scotsman« rollt über die 2,5 km lange Brücke von 1890, deren rautenförmige Fachwerkträger eine fotogene schottische Ikone sind.

 Rothiemurchus Estate – »Schottlands schönster Picknickplatz« wird in 18. Generation von den Grants verwaltet, eine Touristenattraktion im Cairngorms National Park.

 Eilean Donan – Schottlands meistfotografierte Burginsel, Kulisse zahlreicher Kino- und TV-Filme, war bis zu ihrem Wiederaufbau ab 1932 eine pittoreske Ruine.

 Glamis Castle – Bei Shakespeare Sitz von Macbeth, für Queen Mum, die Mutter von Elizabeth II., die Stätte ihrer Kindheit.

 Keith – Kleinstadt in der Whisky-Region Speyside. Im Ort arbeiten drei Brennereien, darunter Strathisla, die älteste in Betrieb befindliche Brennerei der Speyside.

 Dundee – Im Hafen liegt die »Discovery« des 1912 in der Antarktis umgekommenen Robert Falcon Scott.

Besondere Tipps

Für Roadrunner: Die Highland Journey des »Royal Scotsman« ist zwei Nächte, die Western Journey drei Nächte unterwegs.

Für die Reiseplanung: Jeweils im August findet vor der nächtlichen Kulisse der Burg das Royal Edinburgh Military Tattoo statt, ein prächtiges Spektakel mit 1000 Musikern und Tänzern.

Für die Souvenirsuche: Großbritanniens Marmalade, eine Bitterorangenkonfitüre, wurde 1797 von Janet Keiller in Dundee als kommerzielles Produkt erfunden: ein preiswertes und typisches Mitbringsel.

Info: www.royalscotsman.com

← Endlos geradeaus – Der Indian Pacifik ist nichts für Kurvenfans (o.)
← Rätselhafte Pinnacles im Nambung Nationalpark (u. li.)
← Hort der Kultur: Sydneys berühmtes Opera House (u. li.)
↑ Wanderung rund um den heiligen Berg der Aborigines, den Uluru.

Die oberitalienischen Seen

Mit dem Cabrio zu den vier Seen – Vom Lago Maggiore zum Lago d'Iseo

Schon der Name zerfließt auf der Zunge: »Laago Madschiore« … Im Wasser spiegelt sich die Isola Bella und das Cabrio gleitet durch das elegante Stresa. Das Städtchen hat diesen gewissen Charme von altmodischem Luxus, den jüngere Edeldestinationen wohl niemals erreichen können. Ernest Hemingway schrieb dort seine Bücher und die Feinen der Belle Époque feierten den Lago, Stresa und sich selbst.

Nach heutigen Maßstäben sind Stresa und die Isola Bella ein Stein gewordenes Klischee. Alle Sehnsucht gipfelte dabei stets in Rot: roter Wein und rote Lippen – ein mondäner Lebensgenuss …

Mit 65 Kilometern Länge und zwei bis elf Kilometern Breite ist der Lago Maggiore der zweitgrößte der oberitalienischen Seen, für den drei Tage Urlaubszeit nicht zu viel sind. Das Westufer von Stresa über Verbania bis Locarno in der Schweiz ist sein schönstes Teilstück.

Über den reizvoll in einer Hügellandschaft eingebetteten Lago di Varese rollt das Cabrio weiter an den Comer See, den landschaftlich schönsten oberitalienischen See. Das 55 km lange und maximal 4 km breite Gewässer spaltet sich in der Mitte wie ein umgedrehtes Y in zwei gleich lange Ausläu-

fer, an deren Enden die beiden größten Städte Como, im Westen, und Lecco, im Osten, liegen. Allein für die Umfahrung des Lago di Como sollte man mindestens zwei Tage einplanen. Die Atmosphäre am See ist eine Mischung aus umwerfender Berglandschaft und feinem Gusto: modische Roben, aufregende Rivaboote, traumhafte Villen – nicht nur die von George Clooney. Und das Städtchen Bellagio. Wieder so ein Name, der langsam auf der Zunge zergeht …

Der Iseosee – die vierte Seenstation – bietet dagegen die Monte Isola, Europas größte Binnengewässerinsel mit elf Ortschaften. Eine Umrundung des Sees – etwa 70 km lang und rund 3 km breit – kann in einem Tag gefahren werden.

Die Highlights

 Stresa am Lago Maggiore sollte man gesehen haben. »Man kann nur alle bemitleiden, die nicht in diesen Ort verliebt sind«, schrieb Stendhal.

 Borromäische Inseln heißen die Schmuckstücke im Lago Maggiore, zu denen nur Personen-, aber keine Autofähren übersetzen.

 Monte Verita ist ebenfalls ein Muss. Zivilisationsflüchtlinge siedelten sich einst auf dem Berg der Wahrheit über Ascona an. Hesse war da, auch Stefan George, Erich Maria Remarque und Paul Klee.

 Lago d'Orta als Ziel, um die kurvige Straße zum Mottarone hinaufzufahren und auf der Westseite wieder nach unten – zum Schiffchenfahren, Spaghettiessen, Sonnetanken. Einfach klasse!

 Bellagio am Comer See hat eine unschlagbare Lage an der Spitze der Halbinsel zwischen den Seearmen.

 Como hatte immer Liebhaber: von Ligurern und Etruskern bis Vergil und Franz Liszt. Der Dom gehört zu den bedeutendsten gotischen Bauwerken Norditaliens.

 Iseosee und Monte Isola: See und Insel stehen im Schatten der großen Namen, sind aber ein würdiger Abschluss der Tour.

Die beste Reisezeit

Zwischen Ostern und Pfingsten sowie besonders ab **Mitte September**, wenn die Schulferien vorüber sind, atmen die Seen durch und die Luft bietet immer noch (oder schon) Badewetter

mit 22 bis 28 °C. Selbst der Oktober hat normalerweise noch reichlich Sonnenstunden und Temperaturen um 20 °C. Wer dann allerdings noch baden möchte, muss schon mal die Zähne zusammenbeißen…

Besondere Tipps

Für Roadrunner: Eine Woche ist ein Muss, wenn man genießen will, zehn Tage mit Ausflügen wie zum Lago d'Orta noch besser. Schnell durchfahren, ohne viele Stopps, geht in vier (straffen!) Tagen.

Für den Gaumen: Kulinarisches Highlight ist das Zwei-Sterne-Restaurant von Gualtiero Marchesi inmitten der Weinberge von Erbusco. Das Risotto gibt es mit echtem Goldstaub …

Für das Ohr: Das CD-Fach im Cabrio sollte mit Italo-Pop und -Schnulzen gefüttert werden. Sampler gibt es an großen Tankstellen für ein paar Euro.

Info: www.enit.de

← Seeblick-Villen am Lago d'Orta (o. l.)
← Der Palazzo Borromeo auf der Isola Bella im Lago Maggiore (o. re.)
← Panoramablick über den Comer See (u. li.)
← Auch ein elegantes Motorboot muss am Comer See der offiziellen Schiffslinie die Vorfahrt gewähren (u. re.)
↑ Genussvoller Abend in Varenna

Sizilien

Tempel, Strände und einsame Orte – Von Palermo nach Messina

Siziliens Straßen sind sicherlich nicht immer ein Traum. Im Gegenteil. Vorsichtig fahren, auf Löcher im Asphalt achten und auf Sizilianer, die gern die ganze Straße für sich allein beanspruchen! Berücksichtigt man diese Hinweise, kann eine sieben- bis zehntätige Tour über Italiens größte Insel ein Traum werden.

Von Palermo mit seiner restaurierten Altstadt geht es über Monreale mit seinem mit grandiosen Mosaiken geschmückten Normannendom nach Segesta. In den uralten Salinen von Trapani wird seit Jahrtausenden Salz gewonnen. Marsala ist für seinen süßen Dessertwein berühmt. Die griechischen Tempel in Selinunt sind Weltkulturgut, ebenso wie die am Meer gelegenen Tempel in Agrigent. Die Südkiste Siziliens lockt mit feinsandigen weißen Stränden. Von Agrigent geht die Reise ins Inselinnere nach Enna. In 942 m Höhe gelegen, ist es hier auch im Sommer frisch. Richtung Südosten sollte man in Piazza Armerina die Reste der Kaiservilla del Casale besichtigen. Im südöstlichen Zipfel Siziliens feiert der typische sizilianische Barock in Ragusa, Modica und Noto Triumphe. Im 17. Jahrhundert durch ein Erdbeben zerstört, wurden diese Städte fast komplett in einem besonders fantasiereichen Barockstil wieder aufgebaut.

Weiter führt die Straße nach Nordosten. Siracusa war eine griechische Metropole. Davon zeugen monumentale antike Theater, Tempel und andere Ruinen. Catania wurde 1669 ein Opfer der Lava des Ätna. Aus dem erkalteten schwarzen Vulkangestein bauten sich die Bürger eine neue Stadt. Von Catania aus fährt man entweder die Küste entlang in den berühmten Ferienort Taormina mit seinem römischen Theater oder um den 3323 m hohen Ätna herum, durch besonders fruchtbares Land, in dem Wein und Obst angebaut werden. Die Tour endet in Messina. Von hier fliegt man entweder über Rom zurück oder setzt mit dem Wagen nach Kalabrien über.

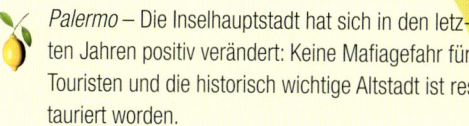
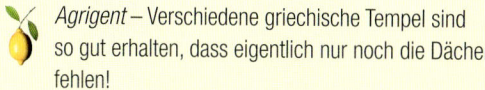
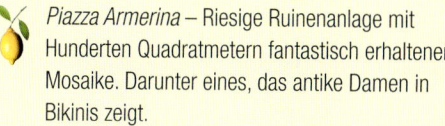
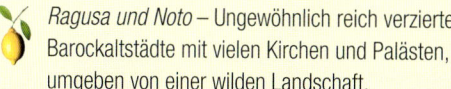

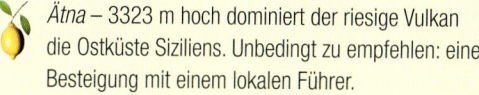

Die beste Reisezeit

Wer es heiß mag, sollte im Sommer nach Sizilien reisen, aber weitaus angenehmer sind **Frühling** und vor allem **Herbst**. Dann liegen die Durchschnittstemperaturen bei 22 bis 25 °C.

Selbst der milde Winter ist perfekt für eine Autoreise, allerdings sind in den Wintermonaten zahlreiche Unterkünfte in den Orten geschlossen. Aufgrund des Klimawandels, der Italien besonders stark trifft, sollte man auch in den warmen Monaten immer einen Regenschirm im Wagen haben.

Besondere Tipps

Für Roadrunner: Kürzer geht es von Palermo die Westküste entlang, über Segesta, Selinunte, Agrigent und Enna direkt zum Ätna und nach Taormina Ankunft in Messina.

Für zu Hause: In Caltagirone gibt es wirklich schöne Keramikprodukte für jeden Geschmack. Sie werden auch nach Hause verschickt.

Für den Kopf: Der berühmte Roman *Der Leopard* von Giuseppe Tomasi di Lampedusa von 1958 schildert wohl am besten den unwandelbaren Charakter der Sizilianer.

Info: www.enit.de

← Catania mit seiner barocken Altstadt und einem quirligen Fischmarkt am Fuße des Ätna (o.)
← Vor dem romanischen Normannendom in Cefalú (u. li.)
← Das pittoreske Bergstädtchen Ragusa (u. re.)
↑ Folkloristisches Prachtgefährt mit typisch sizilianischem farbenfreudigem Schmuck

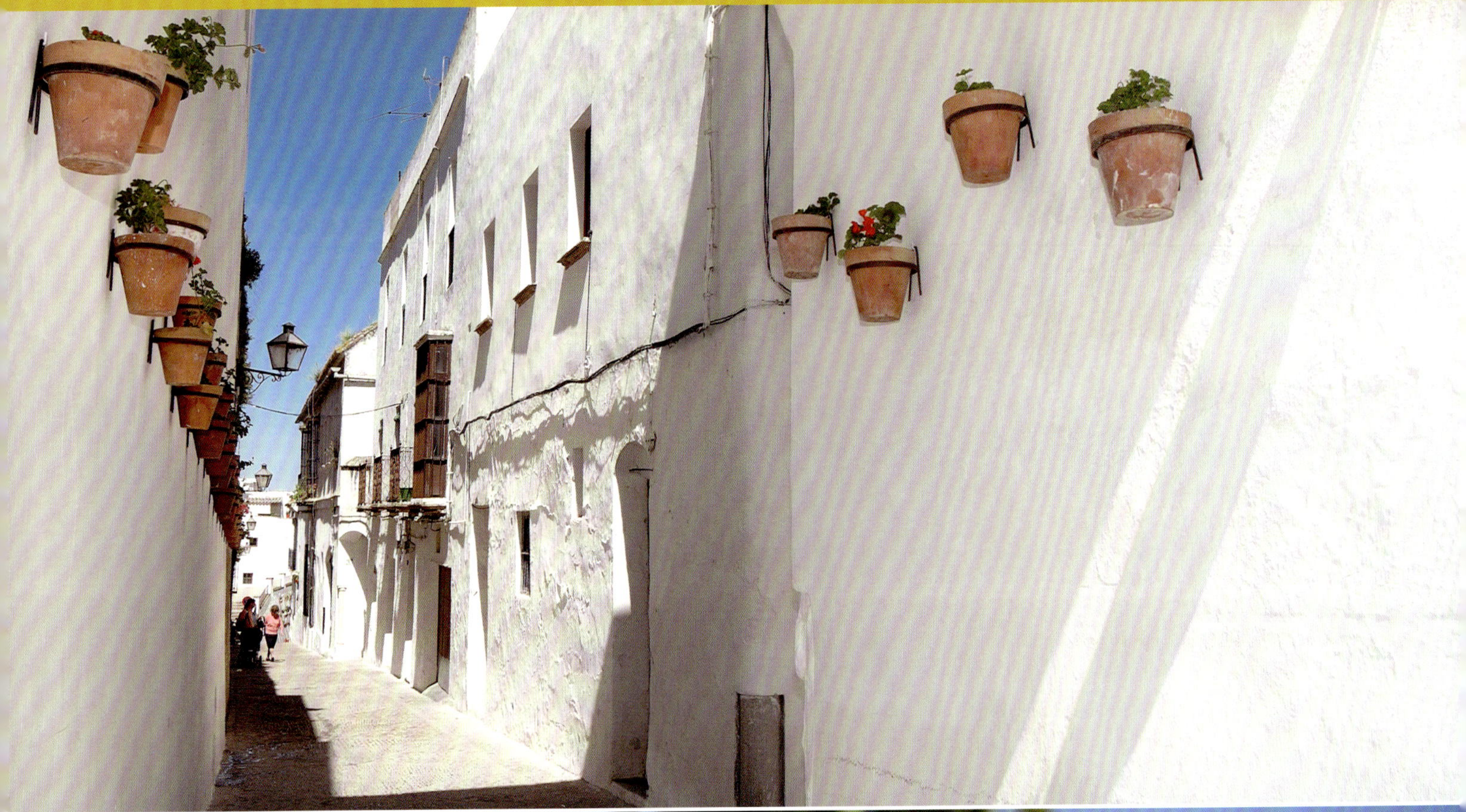

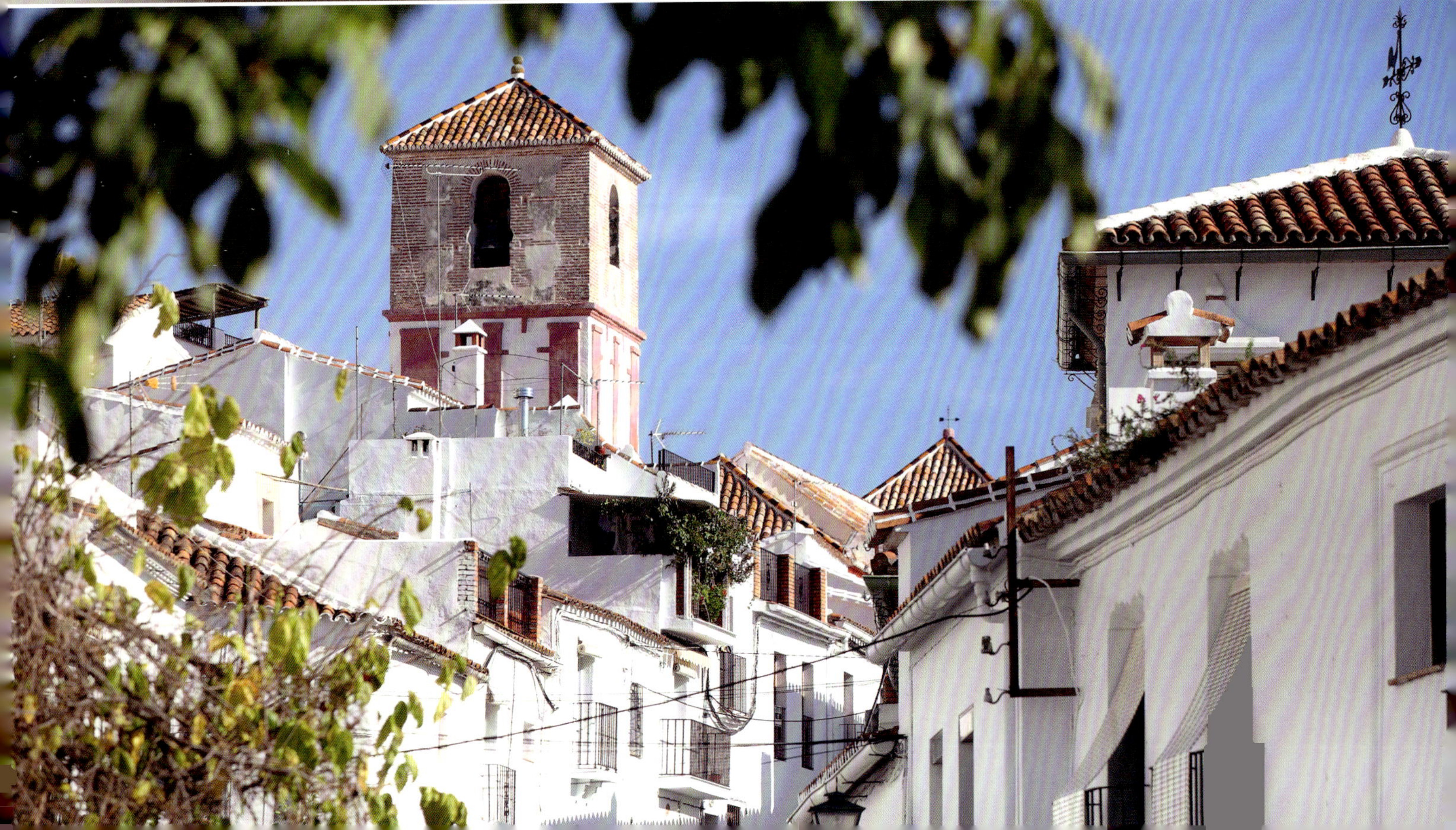

Wanderreiten durch die Berge – Von Arcos de la Frontera nach Ronda

Ausgangsort unseres Ritts ist Arcos de la Frontera, eines der schönsten weißen Dörfer der Provinz Cádiz. Es liegt am nördlichen Rand des Naturparks Los Alcornocales, dem größten Korkeichenwald Europas. Im Park finden sich römische und maurische Ruinen, Stauseen, Flüsse und Schluchten und in den Dörfern das echte andalusische Leben. Der Naturpark liegt zwischen Atlantik und Mittelmeer und ist mit einer Fläche von knapp 168 000 Hektar einer der größten Naturparks Spaniens.

Dem Mittelgebirge aus Sandstein schließt sich der Naturpark Sierra de Grazalema an, eine Gebirgswelt aus Kalkgestein mit über 1000 m hohen Gipfeln. Das Gebiet hat eine Fläche von gut 53 400 Hektar und zählt zu den regenreichsten Landstrichen Spaniens. Entsprechend grün und vielfältig präsentiert sich die Natur. Der Wasserreichtum hat auch zur Bildung zahlreicher Höhlen, Schluchten und Formationen geführt, die den Formenreichtum der Landschaft ausmachen. Bereits im Jahr 1977 wurde die Sierra de Grazalema zum UNESCO-Biosphärenreservat erklärt und 1984 zum ersten Naturpark Andalusiens. Auf alten Viehtriebwegen und Handelspfaden geht es vorbei an der Garganta Verde, einer bis zu 400 m tiefen, grünen Schlucht, weiter durch Felder und blühende Wiesen mit Oleander, Schilf, Olivenbäumen und Steineichen. Je höher die Pfade führen, desto kleiner werden die Pflanzen. Man findet Stechginster und Wacholder, Rosmarin und Thymian, und an den Felsen der Sierra de Grazalema wachsen Blumen und Farne. Über ihnen kreisen Gänsegeier, Steinadler, Wanderfalken und Milane. Es gibt Rehe und Hirsche und mit ein wenig Glück trifft man auch auf den Iberischen Steinbock. Insgesamt finden sich zehn Amphibien- und 14 Reptilienarten, 136 Vogel- und 42 Säugetierarten, darunter auch eine der größten Fledermauskolonien Europas, im Höhlensystem Hundidero-Gato. Die ereignisreiche Woche auf dem Rücken der Pferde geht langsam zu Ende, wenn das berühmte Städtchen Ronda über der tiefen Schlucht des Tajo in Sichtweite kommt.

Die Highlights

 Arcos de la Frontera – Bereits im Jahr 1962 erhielt die Altstadt den Status des »nationalen kulturhistorischen Erbes« Andalusiens, und sein Parador, ein Luxushotel, ist einer der ältesten in Spanien. Das weiße Dorf verfügt über historische Bauten, enge Gassen und eine grandiose Aussicht.

 Prado del Rey – Der Ort lädt ein, am echten andalusischen Leben teilzuhaben und den landestypischen Sherry in einer Bodega zu kosten.

 Molino El Vículo – Die Olivenölmühle bei Zahara stammt aus dem 18. Jahrhundert und ist noch heute in Betrieb.

 Garganta Verde – An den Felswänden der mächtigen 400 m tiefen Schlucht in der Sierra de Grazalema brüten Gänsegeier.

 Hundidero-Gato – Der Höhlenkomplex gilt als größter in Andalusien. In der Höhle »Cueva de la Pileta« gibt es Spuren prähistorischer Besiedlung.

 Grazalema – Das maurische weiße Dorf gab dem Naturpark seinen Namen.

 Ronda – Weltbekannt ist das Städtchen für seine exponierte Lage an der 100 m tiefen Schlucht des Tajo, für seine Stierkampfarena und vor allem für seine Altstadt.

Die beste Reisezeit

Im **Frühling** oder im **Herbst** ist die Tour am schönsten. Dann pendeln die durchschnittlichen Temperaturen um 20 °C, wobei Mai und September meist deutlich wärmer werden können.

In den Wintermonaten wird es in der Berglandschaft nur etwa 7 bis 10 °C warm, dabei regnet es zwischen November und März an durchschnittlich zehn Tagen im Monat. Das Thermometer steigt im Sommer auf durchschnittlich 26 bis 28 °C, was das Wandern im Bergland beschwerlich macht.

Besondere Tipps

Für Roadrunner: Wer es eilig hat, nimmt den direkten Weg von El Bosque nach Ronda, er folgt dem Verlauf der A372.

Für den Kopf: Washington Irvings *Erzählungen von der Alhambra*: Der amerikanische Schriftsteller reiste Anfang des 19. Jahrhunderts per Kutsche und zu Pferd durch das wilde, unbekannte Andalusien. Er kam auch durch die Sierra de Grazalema.

Für den Gaumen: Im Bergland von Cádiz sollte man unbedingt traditionelle Tapas probieren und mit einem Gläschen Fino (Sherry) oder Landwein veredeln.

Info: www.turismoderonda.es und www.reiten-in-andalusien.de

← Eine typische Straße im typischsten aller weißen Dörfer: Arcos de la Frontera (o.)

← Gaucin, das weiße Dorf, schmiegt sich an eine gewaltige Felswand und bietet einen einen atemberaubenden Anblick (u. li.)

↑ Nicht nur Freizeitreiter trifft man hier; Pferd und Esel sind in den Bergen nützliche Helfer

Mallorca

Entlang der Serra de Tramuntana – Von Andratx bis Formentor

Die rund 90 km lange Serra de Tramuntana erreicht mit dem Puig Major immerhin eine Höhe von 1443 m. Wegen der unmittelbaren Nähe zum Meer haben die Höhenlagen einen fast alpinen Charakter. Fantastische Ausblicke, bizarre Felsgärten, eine wild zerklüftete Steilküste und malerische Orte verbindet die Panoramastraße MA-10. Theoretisch lassen sich die kurvigen 150 km an einem Tag schaffen. Wegen der vielen Sehenswürdigkeiten und Fotostopps sollte man sich jedoch besser zwei Tage Zeit lassen. Anstatt mit dem Auto lässt sich das Gebirge auch auf Mallorcas erstem Fernwanderweg, dem GR 211, erwandern.

Der beginnt wie diese Tour im mondänen Port d'Andratx, einer Mischung aus Fischerdorf und Villensiedlung. Jenseits des 343 m hohen Coll de sa Cremola senkt sich die MA-10 zur schroffen, ungemein malerischen Nordküste und zieht sich durch die in Terrassengärten eingebetteten Dörfer Estellencs und Banyalbufar. Kurvenreich geht es nach Valldemossa mit seiner durch Frédéric Chopin und George Sand berühmten Kartause. Weitaus begeisterter von Mallorca war der Erzherzog Ludwig Salvator, dessen prächtig gelegenes Landgut Son Marroig einen Besuch wert ist. Kurz darauf folgt das herrlich

gelegene Künstlerdorf Deià, das mit einer malerischen, wenn auch steinigen Badebucht lockt. Nach weiteren Kilometern mit dramatischen Ausblicken öffnet sich das Tal von Sóller. Im provenzalisch anmutenden Städtchen lohnen ein längerer Aufenthalt und ein Ausflug mit der historischen Trambahn an den Hafen Port de Sóller. Die MA-10 windet sich anschließend auf knapp 900 m Höhe. Grandiose Gebirgslandschaften ziehen vorbei und locken Wanderer zum Halt. Das Kloster Lluc, der wichtigste Wallfahrtsort Mallorcas, und das malerische Pollença sind weitere Highlights, die von einem Finale aus Felsen und Meer gekrönt werden: der Halbinsel Formentor und dem gleichnamigen Kap an der Nordspitze der Insel.

Die Highlights

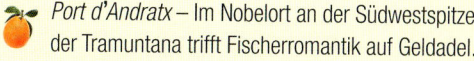

Port d'Andratx – Im Nobelort an der Südwestspitze der Tramuntana trifft Fischerromantik auf Geldadel.

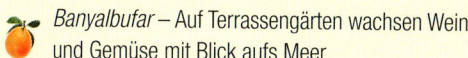

Banyalbufar – Auf Terrassengärten wachsen Wein und Gemüse mit Blick aufs Meer.

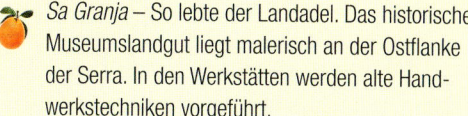

Sa Granja – So lebte der Landadel. Das historische Museumslandgut liegt malerisch an der Ostflanke der Serra. In den Werkstätten werden alte Handwerkstechniken vorgeführt.

Valldemossa – Das hübsche Bergdorf mit Kartäuserkloster und Königspalast wurde durch einen Winterbesuch von Frédéric Chopin und George Sand berühmt.

Tal von Sóller – Von hohen Bergen flankiert, beeindruckt es mit malerischen Dörfern und einer halbmondförmigen Bucht. Sóller ist ein lebendiges Städtchen mit schönen Jugendstilbauten.

Kloster Lluc – Mallorcas wichtigstes Wallfahrtsziel liegt versteckt in der Serra. Von hier aus lassen sich herrliche Wanderungen unternehmen.

Halbinsel Formentor – Dramatische Felslandschaft mit grandiosen Aussichten, vom Leuchtturm aus ist Menorca meistens zu sehen.

Die beste Reisezeit

In den Höhenlagen der Serra de Tramuntana fällt im Winter mitunter Schnee. Mit einem sommerbereiften Mietwagen am Abgrund entlangzufahren, muss nicht sein. In der Hauptsaison im Juli und August hat man dagegen mit anderen Widrigkeiten zu kämpfen. Tausende von Mietwagen und Dutzende Ausflugsbusse drängen sich auf der kurvenreichen Straße. Herrlich ist es dagegen, im **Spätsommer und Herbst** oder auch im **Frühling** die Costa Nord zu erkunden.

Besondere Tipps

Für Roadrunner: Um die Bergwelt der Tramuntana zu erleben, kann man sich auch auf den spektakulärsten Teil beschränken. Besonders sehenswert ist der Abschnitt der MA-10 zwischen Valldemossa und Inca. Beide Orte können zudem vom Inselinnern aus angefahren werden.

Für den Gaumen: Die Tradition der Malvasierweine wurde in Banyalbufar wiederbelebt. Probieren und kaufen kann man u. a. bei der Kooperative Malvasia de Banyalbufar, den Bodegas Son Vives und dem Weinkeller Ca'n Pico.

Für die Nacht: Keine Zelle, sondern ein sauberes Doppelzimmer mit Bad kann man im Kloster Lluc beziehen. Die günstige Unterkunft ist nicht nur bei Pilgern beliebt.

Info: www.infomallorca.net

← An der Nordwestküste trifft die Serra de Tramuntana auf ein oft tiefblaues Mittelmeer (o.)
← Eingebettet in die romantische Bergwelt liegt das Kloster Lluc (u. li.)
← Zum Hafen von Sóller fährt seit 1913 eine nostalgische Trambahn (u. re.)
↑ 365 Stufen führen zum Kalvarienberg von Pollença

Die Mittelmeerküste

»Blau machen« auf der »Blauen Reise« – Von Bodrum nach Antalya

Die Erfolgsstory der »Mavi Yolculuk«, der »Blauen Reise«, begann 1928, als der Schriftsteller und Fischer Cevat Şakir Kabaağaçlı gemeinsam mit seinen Freunden, reichlich Proviant und einigen Flaschen Raki dazu durch die Bucht von Göcek schipperte und über diese Segelfahrten begeisternde Berichte schrieb. Heute offerieren viele Reiseagenturen diese »Blaue Reise«, entweder als Gruppenreise oder individuell maßgeschneidert.

Egal, wo auch immer sie die Planken der traditionellen hölzernen Gulet-Schiffe betreten haben, selbst eingefleischte Landratten sprechen nachher von einem Traumtörn und sind sich darin einig: die schönste Reiseart, die türkische Riviera zu erleben, ist die unter voller Takelage. Die Skipper kennen die besten Anlegeplätze, servieren fangfrischen Fisch und sorgen für Unterhaltung. An Deck bieten großzügige Liegeflächen Platz für das Sonnenbad von bis zu 20 Passagieren. Untergebracht sind die Gäste in Einzel- bis Viererkabinen, jede mit Meerblick versteht sich!

Die »Blaue Reise« ist ideal für Urlauber, die Wert auf individuelle Erlebnisse legen und am liebsten zusammen mit Freunden und Familie unterwegs sind. Für Abwechslung zum Hauptprogramm »Faulenzen, Schwimmen und Schnorcheln« sorgen die

Landgänge zu kulturellen und landschaftlichen Highlights. Wer von Bodrum aus im Golf von Gökova kreuzt, wird das antike Knidos besuchen. Auf der Route Datça-Marmaris legt der Segler vor dem antiken Loryma an, auf der Route Marmaris-Fethiye wird das Naturschutzgebiet des Dalyan-Deltas angesteuert. Die mit Inselchen gesprenkelte Bucht von Göcek bietet Platz für einsames Badevergnügen. Dagegen ist die Route Fethiye–Kaş attraktiv für alle, die von einer Segelfahrt durch die Geschichte träumen: Auf dieser Route liegen Xanthos, die Hauptstadt des alten Lykien, und das römische Theater in Patara. Und von Antalya aus geht es nach Myra, Kekova und Olympos. Fazit aller Etappen: Man sollte öfter einmal blau machen!

Die beste Reisezeit

Die angenehmste Jahreszeit an der türkischen Mittelmeerküste sind **Spätsommer und Frühherbst**. Das Meer ist warm, die schönsten Strände bieten reichlich Platz, die Tagestemperaturen erreichen durchaus noch über 30 °C und man kann mit einem stabilen Hoch rechnen. Einziger Wermutstropfen: Da in der Türkei bis Ende Oktober die Osteuropäische Sommerzeit gilt, also plus eine Stunde Zeitdifferenz zur Mitteleuropäischen Zeitzone, wird es abends spürbar früher dunkel.

Die Highlights

Bodrum – Die legendäre Kreuzritterstadt besitzt mit ihren weiß getünchten kubischen Häusern viel mediterranen Charme. Die »Long Street« ist eine der beliebtesten Flaniermeilen der Türkischen Riviera.

Marmaris – Süleyman der Prächtige ernannte das in einer geschützten Bucht liegende Marmaris zu seinem Stützpunkt. Heute prunkt Marmaris mit mondänem Nachtleben und einem tollen Yachthafen.

Dalyan-Delta – Die schmale Einfahrt zur weit verzweigten Flussmündung wird links von steilen roten Felsen, rechts vom goldfarbenen Schildkrötenstrand flankiert. Ein Ausflug zu den Überresten des antiken Kaunos und ein Besuch der Fischlokale im Ort Dalyan gehören hier unbedingt dazu!

Fethiye – Die quirlige Touristenstadt ist der Hauptstarthafen für die »Blaue Reise«. Beinahe im Ortskern liegen die lykischen Felsengräber.

Kaç – Der stimmungsvolle Ort mit seinen griechischen, schindelgedeckten Häusern punktet mit vielen gemütlichen Lokalen, Bars und Pensionen.

Olympos – Oberhalb des Ortes lodern die ewigen Flammen der »Chimaira«, bei Nacht ein faszinierendes Naturschauspiel.

Antalya – Der Stadtkern ist ein einzigartiges Ensemble aus osmanischen Häusern und antiken Ruinen.

Besondere Tipps

Für Roadrunner: Von Fethiye zu den zwölf Inseln: drei Tage und zwei Nächte als Appetizer für einen richtig langen Törn.

Für einsame Wölfe: Der Golf von Gökova gilt als eines der schönsten Segelreviere des Mittelmeers. Und die kleine Bucht Kücük Çati wird als Top-Ankerplatz weitergeflüstert: Unberührte Türkei, hier gibt es sie noch!

Für Fotografen: Die Lagune Ölüdeniz ist mit ihrem schneeweißen Sandstrand und dem türkis schimmernden Wasser eines der beliebtesten Fotomotive der Türkei. Frühmorgens im Herbst gelingt vielleicht ein Schnappschuss ohne Menschen.

Info: www.blaue-reise.de

← In einer Traumbucht vor Anker – ein Gulet am Kaputas-Strand nahe Kalkan (o.)

← Eine Kreuzritterburg bewacht die Yachten im Hafen von Bodrum (u. li.)

← Der Dag Tahtali, der in der Antike Olympos hieß (u. re.)

↑ Antikes Tempelgrab der Lykier am Dalyan-Flussdelta bei Kaunos

Route 66

Wo Amerikas Liebe zum Auto begann – Von Chigaco nach Los Angeles

»Mother Road« nannte Literatur-Nobelpreisträger John Steinbeck in *Früchte des Zorns* Amerikas berühmteste Straße, die Route 66. Aber die Mutter aller Fernstraßen wurde nicht immer pfleglich behandelt, teilweise ließ man sie sogar verkommen. 1985 war das offizielle Ende der Sixty-Six, denn die Bezeichnung U. S. Highway 66 wurde aufgehoben. Noch vor wenigen Jahren brauchte es detektivische Fähigkeiten, um die Originaltrasse zu finden. Heute lässt sich der historischen Route von Chicago nach Los Angeles – inzwischen sogar bis Santa Monica – leichter folgen, weil die acht beteiligten Staaten – Illinois, Missouri, Kansas, Oklahoma, Texas, New Mexico, Arizona und Kalifornien – gute Touristikgeschäfte wittern. Zu Recht, deshalb wurden verfallende Tankstellen und andere historische Bauten fotogen restauriert. Rund 85 Prozent der Routenführung vom Gründungsjahr 1926 sind noch befahrbar.

Eine Straßenkarte ist für die knapp 4000 km lange Fahrt durch drei Zeitzonen dennoch zu empfehlen. Wer sich auf die zwei, drei Wochen dieser Reise begibt, erlebt vieles vom wahren Amerika: Freiheit, aber auch die Not, die damals zum Treck nach Westen zwang, Glanz und Elend der Indianer sowie Amerikas Motorisierung. Auf der Fahrt von

den Großen Seen, dem größten Süßwassergebiet der Erde, an den Pazifik, den größten Ozean des Planeten, werden die scheinbar endlosen Ebenen des Mittleren Westens, America's Heartland, ebenso durchquert wie die Wüsten des Südwestens. Städte wie St. Louis, Oklahoma City, Amarillo, Albuquerque und Flagstaff sind nicht nur Fixpunkte dieser Fahrt, sondern auch der Musik- und Filmhistorie: »Get your Kicks on Route Sixty-Six« sang Nat King Cole 1946; Bing Crosby, Ray Charles, die Rolling Stones und andere folgten ihm auf diese Strecke. Die Route 66: eine Fahrt durch grandiose Wildwest-Szenerie, die folgerichtig nach Hollywood führt. Typisch »Main Street USA«!

Die beste Reisezeit

Die Route 66 wurde als ganzjährig befahrbare Straße geplant, das gilt auch heute noch. Aber der Winter regiert im Mittleren Westen mit Eiseskälte und Schneestürmen, Chicagos Minusrekord liegt bei –33 °C. Im Sommer wird es hingegen oft brütend heiß, der Rekordwert von Barstow in Kalifornien war 47 °C. Kurzum, die besten Reisezeiten sind **Frühling und Herbst,** also vor dem Memorial Day im Mai oder nach dem Labor Day im September.

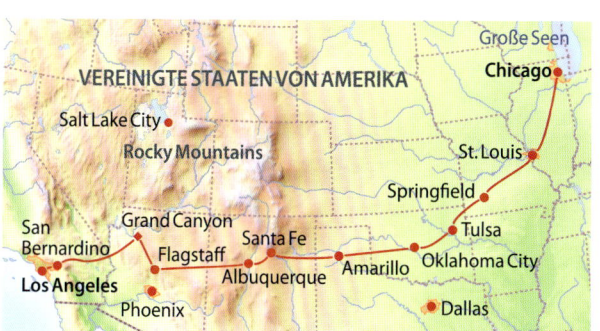

Die Highlights

Chicago – Der Hancock Tower bietet auf seiner Aussichtsplattform in der 94. Etage und in seiner Cocktail-Lounge in der 95. Etage den besten Blick über See und Skyline.

St. Louis – Der Gateway Arch am Mississippi, ein 192 m hoher Stahlbogen, erinnert an die Besiedlung des Westens. Eine Tram führt hinauf zum Aussichtsraum.

Oklahoma City – Das Nationale Cowboy Museum ist der Western-Historie gewidmet. Ein Museum zur Kultur der Indianer soll 2014 eröffnet werden.

Amarillo – Die Cadillac Ranch ist ein Wahrzeichen der Route 66: Zehn Cadillacs, die senkrecht in der Erde stehen und stets neu mit Graffiti besprüht werden.

Santa Fe – Attraktive Altstadt: Gouverneurs-Palast und San Miguel Mission sowie die Kathedrale sind die Hauptsehenswürdigkeiten.

Grand Canyon – Das weltbekannte Naturwunder ist von Williams aus nur eine Autostunde entfernt. Der Colorado River fräste das bis zu 1800 m tiefe Tal.

Hollywood – Der Walk of Fame ist mit seinen rund 2500 Pflastersternen für die Stars der Unterhaltungsbranche die Attraktion der Kinometropole.

Besondere Tipps

Für Roadrunner: Die originale Route 66 ist abschnittsweise eng und zeitraubend. Deutlich schneller voran geht es auf den parallelen autobahnartigen Interstates I-55, I-44 und I-40.

Für die Nacht: Von den einst sieben Wigwam Motels im Stil von Indianerzelten überlebten drei. Zwei an der Route 66, wo sie in Holbrook und San Bernardino zu Ikonen wurden.

Fürs Fast-Food-Gedenken: 1398 North E Street, San Bernardino, ist die Stelle, wo 1948 der erste McDonald's entstand. Im Nachfolgebau befindet sich heute ein Museum für den Bulettenbrater und die Route 66.

Info: www.historic66.com

← Fast 4000 Kilometer lang ist die legendäre Route 66, die von Chicago bis nach Santa Monica nahe Los Angeles führt

↑ Rast an einem der zahllosen Motels entlang der Route 66

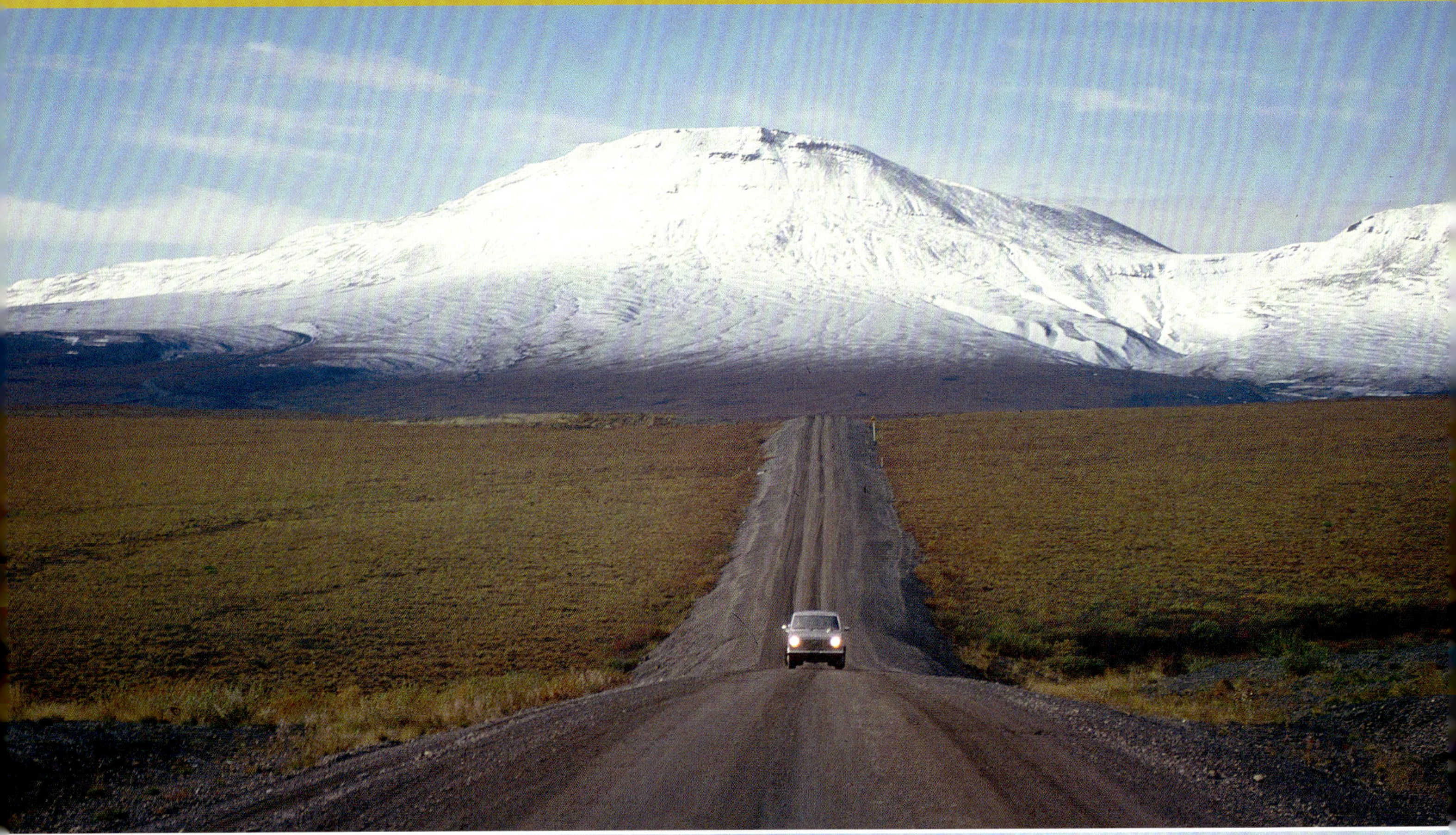

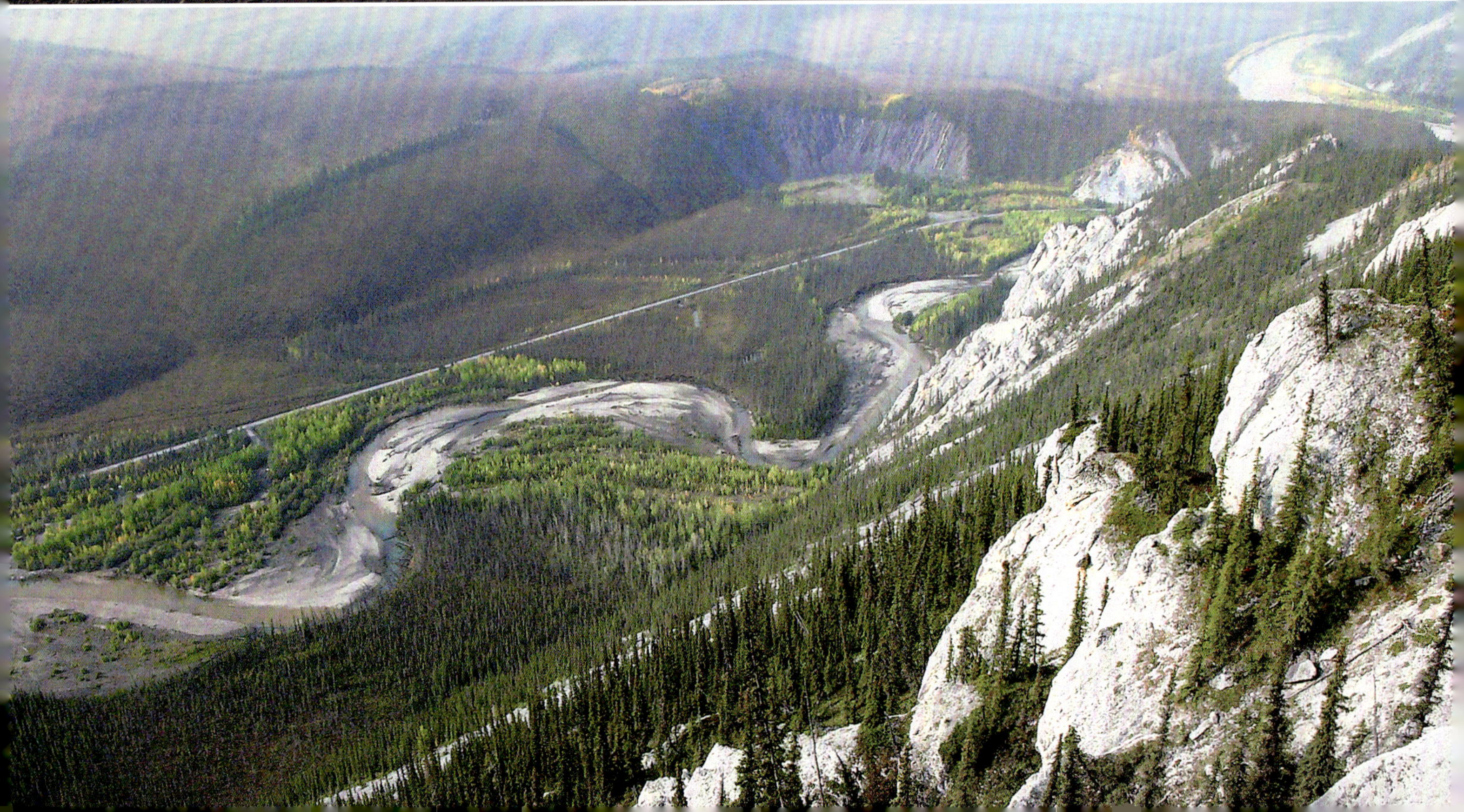

Dempster Highway

Die legendäre Straße in die Arktis – Von Whitehorse nach Inuvik

Zweckmäßigerweise beginnt die Reise in der Wildnismetropole Whitehorse – mit internationalem Flughafen und Autovermietungen. Von Whitehorse sind es rund 540 km auf dem Klondike Highway, der über weite Strecken der historischen winterlichen Schlittenroute nach Dawson City folgt. Das ist für Eilige problemlos an einem Tag zu bewältigen, empfehlenswert sind allerdings zwei oder drei Tage – denn es gibt viel zu erleben entlang des Wegs: die Five Finger Rapids, eine Felsformation, die den Yukon zu fünf engen Kanälen verengt; einen Bootsausflug den Pelly River hinunter nach Fort Selkirk; einen Abstecher von Stewart Crossing ins etwa 110 km entfernte Keno City am Fuße des von unzähligen Stollen durchlöcherten Silberbergs Keno Mountain.

42 km vor Dawson City zweigt der Dempster Highway an der Klondike River Lodge ab. Obwohl die 740 km lange Strecke an einem langen Tag in zwölf bis 16 Stunden bewältigt werden kann, sollte man, der vielfältigen Eindrücke wegen, zwei Tage mit Übernachtung in der Eagle Plains Lodge einplanen. Die Route nach Norden führt aus den subarktischen Wäldern des Klondike-Gebiets über die Wasserscheide zwischen Pazifik und arktischem Ozean durch Tundra und

Taigawälder, durch weite Hochtäler voller Tümpel und Seen. Sie begleitet schnell fließende Bergbäche und folgt den Kämmen der Hügel vor der grandiosen Kulisse weiter Täler und hoher Berge, überquert zwei große Flüsse, den Peel und den Mackenzie, und führt durch die amphibische Welt des Mackenzie-Deltas. Die Wildnis – ursprüngliche Landschaft und unberührte Natur – beginnt direkt am Straßenrand. Vorausehende Gesetzgebung und klimatische Extreme haben das Land links und rechts der Trasse bis heute vor einer Erschließung bewahrt. Im Winter verlängert sich die Route um 220 km Straße auf dem Eis von Mackenzie River und Beaufortsee nach Tuktoyaktuk, einem Dorf der Karngmalit-Inuit auf einer Sandbank an der Küste der Beaufortsee.

Die Highlights

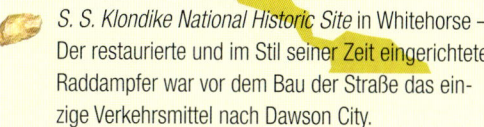 *S. S. Klondike National Historic Site* in Whitehorse – Der restaurierte und im Stil seiner Zeit eingerichtete Raddampfer war vor dem Bau der Straße das einzige Verkehrsmittel nach Dawson City.

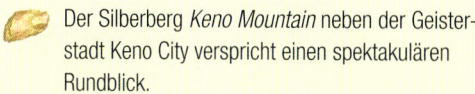 Der Silberberg *Keno Mountain* neben der Geisterstadt Keno City verspricht einen spektakulären Rundblick.

Das *Dawson City Museum* ist ein lebendes Goldrausch-Museum mit vielen Originalgebäuden aus den Jahren 1897 bis 1903.

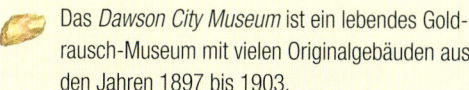 *Sapper Hill* – Direkt hinter der Brücke nach dem Engineer Campground führt rechts ein Pfad auf den von Felszinnen gekrönten Berg mit großartiger Aussicht.

Eagle Plains Hotel – Die Fotografien an den Wänden berichten aus der Zeit der Royal Canadian Mounted Police und von den von Raupenschleppern gezogenen Schlittenzügen der frühen Erdölexploration.

Der *Richardson Mountains Picnic Stop* am Polarkreis bietet eine beeindruckende Aussicht auf arktische Tundra und Gebirge.

Inuvik – Erbaut wurde die Retortenstadt in den 1950er-Jahren in spezieller, den arktischen Bedingungen angepasster Bauweise.

Die beste Reisezeit

Die beste Reisezeit ist **Juni bis September**. Die Juli-Tagestemperatur kann auf 25 °C ansteigen. Anfang September färbt das Herbstlaub Wälder und Tundra. Der Winter bringt Eiseskälte bis zu −45 °C und Schneestürme. Die beste Zeit für eine Winterreise sind März und April, dann wölbt sich bei −5 bis −15 °C oft blauer Himmel über der Landschaft. Ende April/Anfang Mai reißt das Wintereis auf und treibt die Flüsse hinunter, Ende Oktober kommt der »Freeze-up« und es kann dauern, bis das Eis Fahrzeuge trägt.

Besondere Tipps

Für Roadrunner: Eilige schaffen den kompletten Highway auch an einem sehr langen Reisetag, in etwa zwölf bis 16 Stunden. Gesehen hat man dann allerdings nichts von den Highlights der Strecke.

Für das Wissen: Vom großen Goldrausch am Klondike River bei Dawson City erzählt Pierre Berton in *Klondike. The Last Great Gold Rush, 1896–1899.*

Für Geschichtsfans: Der Friedhof des Indianerdörfchens Fort McPherson beherbergt die Gräber der Lost Patrol von Royal-Canadian-Mounted-Police-Corporal William Dempster.

Info: www.spectacularnwt.de/dempster-highway

← Der Dempster Highway durchquert die Blackstone Uplands (o.)
← Blick vom Sapper Hill auf Dempster Hwy und Oberlauf des Ogilvie River (u.)
↑ Gern fordert man in Dawson Citys »Diamond Tooth Gertie's Saloon« sein Glück beim Blackjack heraus

Amazonien

Auf den Amazonas – Von Iquitos nach Belém

Iquitos, schillerndes Relikt des Kautschukbooms, präsentiert sich in archaischer Schönheit. Das wahre Leben der Stadt entfaltet sich abends an der Uferpromenade. Unter die einheimischen Flaneure mischen sich wagemutige Kreuzfahrtpassagiere, Hippies und Bauchladenverkäufer. Direkt am und im Fluss stehen die Häuser des Armenviertels: Hier hängt das Plumpsklo über dem Wasser, dort wird gespült und gewaschen. Bunt und chaotisch, pittoresk und – wenn man die Armut ignoriert – auch romantisch.

Flussabwärts treibt der Mikrokosmos Amazoniens vorbei: tropisch-üppige Ufervegetation, Dörfer, die so aussehen, als könnten sich ihre Bewohner nicht entscheiden, ob sie auf dem Wasser oder an Land wohnen wollen, Teiche voller Riesenseerosen, traditionelle Indianerdörfer und Flussdampfer. Das Teatro Amazonas, das prachtvolle Opernhaus von Manaus und der Palacio Rio Negro sind Luxustempel aus der Blütezeit des Kautschukbooms. Von Manaus fahren Schiffe zu allen Häfen Amazoniens. In der Markthalle am Hafen gibt es alles, was Amazonien braucht: Obst und Konserven, Trinkwasser sowie Hängematten für die Reise im Zwischendeck der Dampfer. Parintins erwacht nur in den letzten Junitagen aus dem tropischen Dämmerschlaf, um drei Tage lang »Boi Bumba« zu feiern, ein spektakuläres Musical und Indio-Stammesritual. Tänzer wetteifern darin, die Geschichte vom geschlachteten und wiedererweckten Boi, einem Ochsen, möglichst mitreißend zu präsentieren.

Am Flussufer von Santarém pendeln Ketten von Trägern über Planken zwischen bunten Flussschiffen und Ufer. Weiter flussabwärts verbindet ein enger Kanal bei Breves den Amazonas mit dem Rio Para und Belém. Im Ver-O-Peso-Markt am alten Hafenbecken Beléms riecht es heftig nach Fisch, dazu Berge von Obst, Lebensmittel, Heilpflanzen und Gewürze, Touristen-Schnick-Schnack, Rosenkränze aus Krokodilszähnen, Zaubermittel und getrocknete Schlangenköpfe: Es gibt nichts, was es hier nicht gibt.

Die beste Reisezeit

Die besten Reisemonate sind **Juli bis Oktober** mit nur sieben bis neun Regentagen. Der Regen fällt in dieser Zeit meist als heftiger, aber kurzer Schauer. Die Tageshöchsttemperaturen betragen das ganze Jahr über 31 bis 33 °C, nachts werden 20 bis 23 °C erreicht. Von März bis Juli steigt infolge der Regenfälle in den Anden der Wasserspiegel des Amazonas um mehrere Meter an und setzt flache Ufer monatelang unter Wasser.

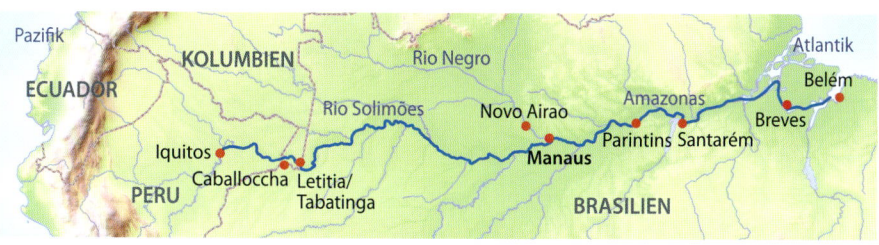

Die Highlights

 Iquitos – Die Großstadt im Dschungel, entstanden im Kautschukboom, ist ohne Straßenanbindung nur mit Boot oder Flugzeug zu erreichen.

 Tres Fronteras – Im weglosen Urwald sind Leticia in Kolumbien und Tabatinga in Brasilien nur durch einen weißen Grenzstrich voneinander getrennt. Santa Rosa in Peru ist der Grenzort am gegenüberliegenden Ufer.

 Manaus – Die Dschungelmetropole prunkt mit dem Teatro Amazonas und anderen Gebäuden aus der Zeit des Kautschukbooms zwischen 1870 und 1910.

 Alter do Chão – Der karibisch anmutende Sandstrand liegt rund 30 km von Santarém entfernt, nahe der Mündung des – moskitofreien! – Rio Tapajós in den Amazonas.

 Boi Bumba Festival – Am letzten Wochenende im Juni geht es in Parintins heißer zu als beim Karneval in Rio.

 Santarém – Am Ufer vor der drittgrößten Stadt am Amazonas werden viele Flussdampfer be- und entladen.

 Belém – Sehenswert ist der alte Flusshafen zwischen dem Ver-O-Peso-Markt («Achte auf das Gewicht») und dem Forte do Castelo mit schöner Aussicht.

Besondere Tipps

Für Roadrunner: Von Tabatinga gibt es eine Flugverbindung nach Manaus. Auch Parintins, Santarém und Belém werden angeflogen.

Für Abenteuerlustige: Wer den Amazonas wirklich kennenlernen will, fährt mit den lokalen Liniendampfern statt mit dem Kreuzfahrtschiff.

Für Auge und Ohr: Ideal zur Reisevorbereitung ist »Fitzcarraldo«, der Kultfilm von Werner Herzog, in dem Klaus Kinski einen Exzentriker spielt, der im Dschungel ein Opernhaus bauen möchte.

Info: www.amazonaspotal.de

← Tropisch-üppige Ufervegetation: Second Growth Urwald; der ursprüngliche Amazonasurwald ist entlang des Flusses schon lange abgeholzt (o.)
← Die typische Behausung am Flussufer steht auf Stelzen (u. li.)
← Ein Otter im Urwald (u. re.)
↑ Amazonas-Indianer im Festtagskleidung

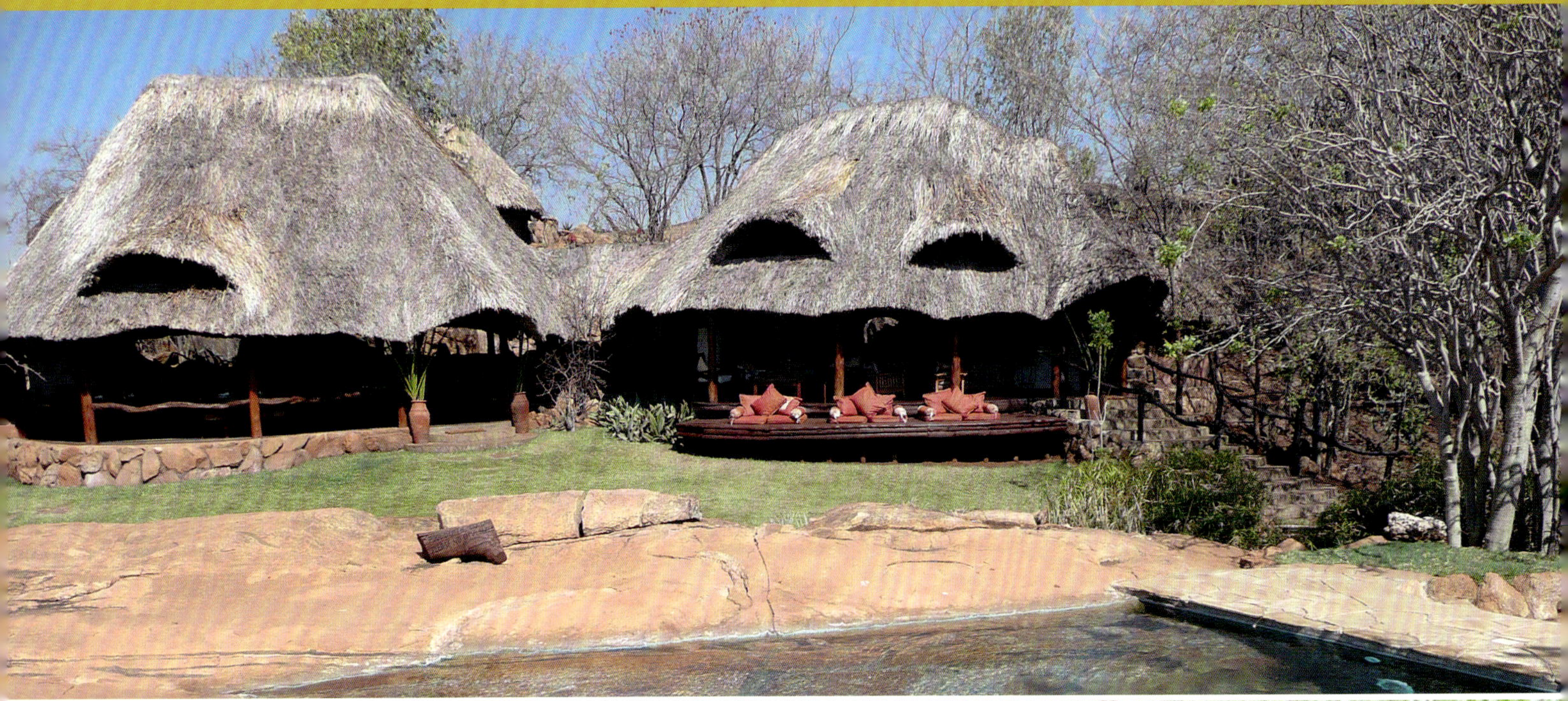

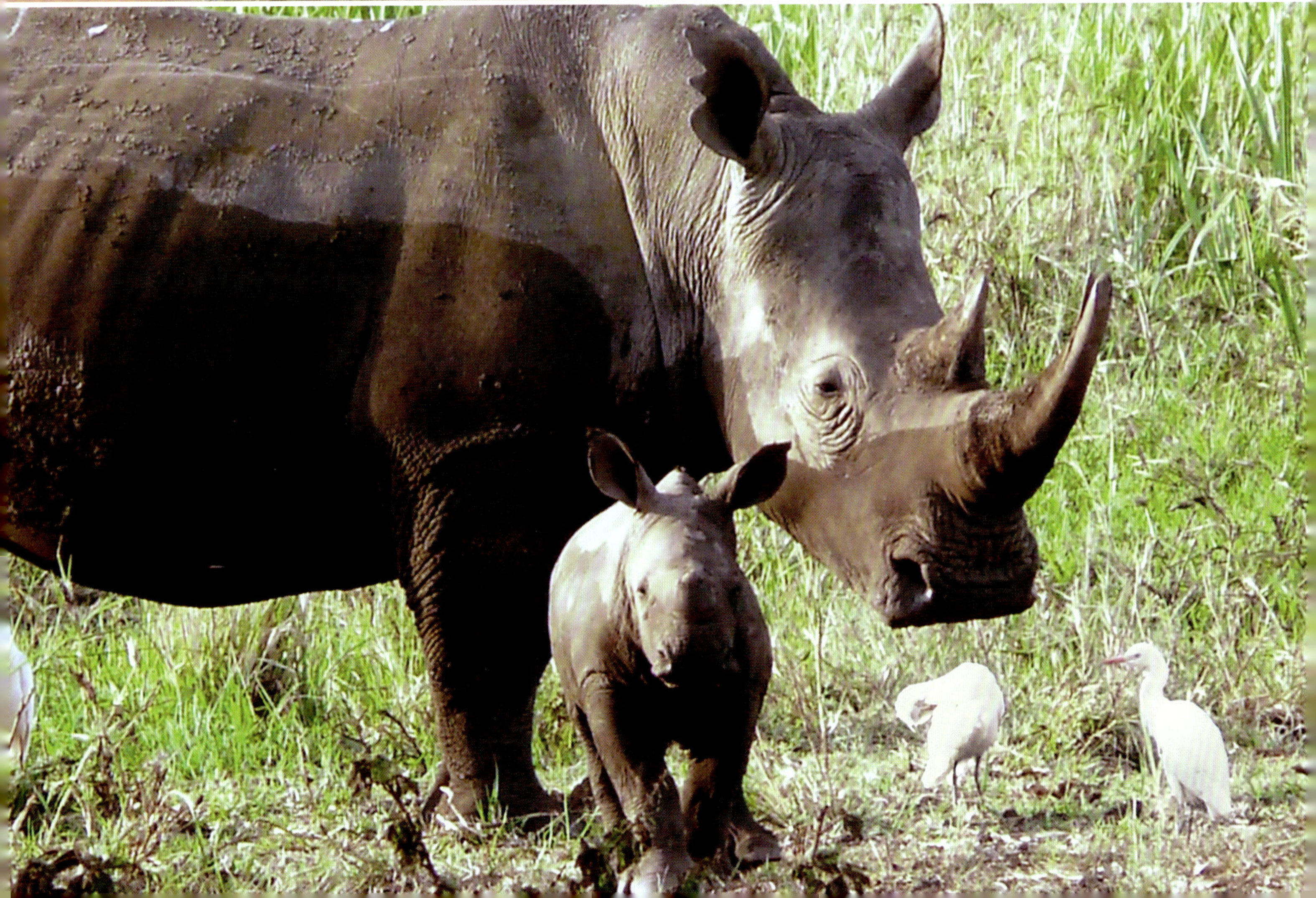

Tiere hautnah erlebt –
Von Lewa Downs nach Loisaba

Unsere Cessna landet nach anderthalb Stunden und knapp 300 Flugkilometern von Nairobi in Lewa Downs: Büffel, Giraffen und Zebras grasen friedlich am Rande der Piste, weite Hochebenen, liebliche Hügel und goldgelbe Grasflächen prägen die Landschaft nahe des 5199 m hohen Mount Kenya. Genau hier, im Lewa-Wildschutzgebiet, machte der britische Prinz William seiner langjährigen Freundin Kate Middleton 2010 seinen spektakulären Heiratsantrag – zwischen Löwen, Elefanten und Nashörnern!

Knapp 100 km weiter thront Elsa's Kopje Safari Camp, die »Lodge der zahmen Löwin«, an einem Berghang des Meru-Nationalparks. Weltbekannt wurde der Film über die Tierschützer George und Joy Adamson, die hier das Löwenbaby Elsa mit der Flasche aufzogen. Nur 30 Flugminuten sind es bis zur Shaba National Reserve. Riesige Büffelherden ziehen am dortigen Joy's Camp vorbei, das nach Joy Adamson benannt ist. Der morgendliche Game Drive stößt auf Löwenfährten im roten Sand, gleich daneben ein sich schlängelndes Band: »Spei-Kobra«, flüstert der Ranger, bis zu 10 m weit trifft eine Giftladung genau.

Etwa 100 km weiter wartet das Kitich Camp der Samburus: Corinne Hofmanns

Filmversion »Die Weiße Massai« entstand hier. Der Ngeng-River durchfließt den vegetationsstrotzenden Talkessel der 2688 m hohen Mathews Range im Norden Kenias, Hunderte Elefanten und Büffel leben hier sowie Antilopen, Affen und Adler.

Die letzte Highway-to-Heaven-Etappe verbraucht 80 Flugkilometer: Im Nirgendwo endloser Savannen liegt Loisaba, das private Schutzgebiet des italienischen Stahlmagnaten Graf Carlo Ancilotto. Wie ein Adlernest sitzt die Luxuslodge am Rand eines Plateaus, mit Blick in die Tiefe. Frühmorgens stiehlt der Mount Kenya Giraffen, Elefanten und Leoparden mit seiner schnee- und eisversiegelten Silhouette die Show.

Die Highlights

Der weitab gelegene *Mathews Forest* gilt als Paradies für Ornithologen, weshalb im Kitich Camp Vogelbeobachtungen zu Fuß unter Führung einheimischer Samburu-Krieger stattfinden.

Das reetgedeckte Farmhaus der Craigs steht am Rand des *Lewa-Wildschutzgebiets*. Ein Besuch des historischen Bauernhofs ist wie ein Film aus einer anderen Zeit!

Ein 60-minütiger Rundflug um *Mount Kenya* mit Will Craigs zitronengelbem WACO-Doppeldecker »Tiger Moth«, Baujahr 1930, ist unschlagbar.

Eine Nacht in den *Star Beds Loisabas* (www.loisaba.com), einer Bettstatt auf vier hohen Pfeilern unter freiem Himmel im Busch, gehört zu den himmlischen Erlebnissen des Highway to Heaven.

Die *Shaba National Reserve* an der Provinz North-Eastern nahe Joy's Camp zeigt bildschöne Landschaften.

Das *Karen-Blixen-Museum* im ehemaligen Wohnhaus der dänischen Schriftstellerin sollte man beim Stopover in Nairobi unbedingt besuchen.

Im *Thorn Tree Café* des 1902 in Nairobi eröffneten Kolonialhotels Stanley sollte man einen starken kenianischen Kaffee schlürfen. Ernest Hemingway hat das auch gern getan.

Die beste Reisezeit

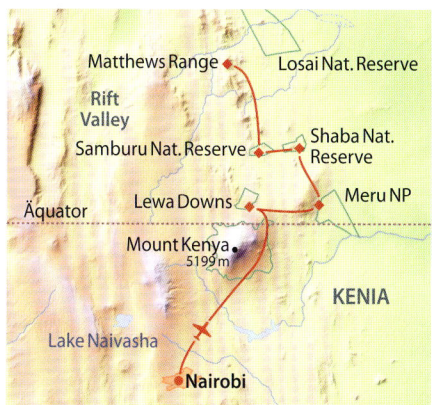

Grundsätzlich finden die großen Tierwanderungen im südlichen Landesteil zwischen der tansanischen Serengeti und der kenianischen Masai Mara im **Herbst** statt. Wer das Spektakel im Anschluss an die vorliegende Tour erleben möchte, sollte unbedingt im Oktober anreisen. Ansonsten ist Kenia ein Ganzjahresziel, mit einer immer schwülwarmen Küste und gemäßigten Temperaturen in den hochgelegenen Tierschutzgebieten.

Besondere Tipps

Für Roadrunner: Man kann das Flugzeug nehmen, aber noch schneller als eine Fly-In-Safari in einer knappen Woche geht nicht!

Für Filmfans: Das Schicksal der zahmen Löwin Elsa kam 1964 mit dem Film »Born Free« auf die Leinwand und wurde weltbekannt.

Für Wildlife-Nächte: Die beschriebenen Lodges entlang der Strecke finden sich unter www.elsaskopje.com, www.joyscamp.com, www.kitichcamp.com, www.lewasafaricamp.com und www.loisaba.com. Weitere schöne Safari-Domizile bei Cheli & Peacock (www.chelipeacock.com).

Info: www.magicalkenya.com

← Der Name der legendären Lodge »Elsa's Kopje« geht auf die Geschichte der Tierforscher George und Joy Adamson zurück, die hier das Löwenbaby »Elsa« großzogen (o.)

← Nicht zu nahe kommen! Eine Nashornmutter mit ihrem Jungen (u.)

↑ Der stolze Samburu-Krieger lebt im Lewa-Wildschutzgebiet

Das Okavango-Delta

»Mobile Safari« – Von Maun nach Kasane

Unser Abenteuer nennt sich »Mobile Safari« und ist ein Zeltcamp, das wandert im wilden Busch, mit Koch und Kellner, einer Hilfskraft und einem Chef. Anderthalb Stunden im Landcruiser sind es vom Xakanaxa Airstrip der Moremi Game Reserve, auf dem Weg dösende Löwen und ein halb aufgefressenes Zebra, dann kommt unser mobiles Heim für die nächsten zehn Tage in Sicht: Fünf Steilwandzelte à 7,5 Quadratmeter, dahinter eine Sichtschutzverspannung, die sich »En-Suite Bathroom« nennt, mit Plumpsklo und Duscheimer, der an einer Astgabel hängt. Davor steht der Dining Room, unser Esszelt. Gar keine Umzäunung? Und wo sind die Gewehre? »Um die größte Tierdichte der afrikanischen Wildnis«, sagt Nkosi, unser Safari-Chef, »gibt es keinen Zaun.« Um uns herum auch nicht. Und schon gar keine bewaffneten botswanischen Ranger.

Um fünf Uhr ist Wecken. Nach Kaffee und Frühstück folgt um halb sechs die Abfahrt, nach der Rückkehr ein Brunch und bis vier eine Siesta, dann erneut Aufsitzen, bis die Dunkelheit die Wildnis optisch verschluckt und die Raubtiere ihre allnächtliche Bühne betreten. Die Logistik unseres Mobilunternehmens, Letaka Safaris, funktioniert wie am Schnürchen: In zwei Stunden ist so

ein Camp auf das Begleitfahrzeug mit Hänger verpackt, wie wir bald sehen, in drei steht es bereits wieder, auf einem anderen Platz.

Rund zehn Stunden lang wird uns der Ortswechsel im wilden Busch halten, bis in der Khwai River Reserve die frisch installierte Infrastruktur funktioniert – inklusive der Zelte, des Küchenwagens, des –40 °C-Tiefkühlers, der Vorräte, der Weinkisten und Bierdosenpaletten. Im fahlen Morgenlicht zieht unser allradgetriebenes Buschmobil den vollgeladenen Anhänger auf die Strecke Richtung Savuti, unserem letzten Stopover, dann geht es weiter nach Kasane am Chobe River, dem Endziel entgegen.

Die beste Reisezeit

Im Spätherbst herrscht im Okavango eine brütende Hitze bis über 40 °C, die nachts nur geringfügig absinkt. Die große Trockenheit ist die beste Zeit, das exotische Wildlife an den Wasserstellen in großer Dichte zu beobachten. Zudem sind die Fahrpisten gut passierbar, weshalb die Monate **September und Oktober** die zu empfehlende Reisezeit für eine mobile Safari sind.

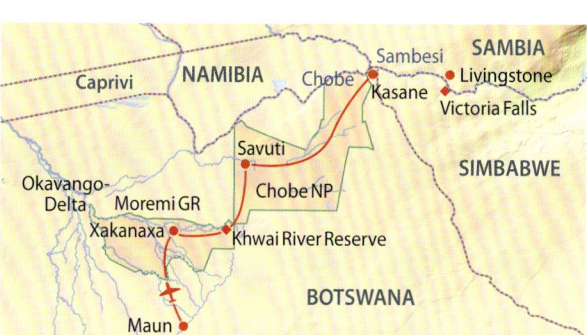

Die Highlights

 Der *Chobe-Nationalpark* wurde 1967 als erster Nationalpark Botswanas gegründet und ist besonders für seine großen Elefantenherden bekannt.

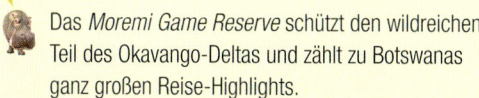 Das *Moremi Game Reserve* schützt den wildreichen Teil des Okavango-Deltas und zählt zu Botswanas ganz großen Reise-Highlights.

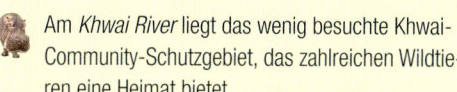 Am *Khwai River* liegt das wenig besuchte Khwai-Community-Schutzgebiet, das zahlreichen Wildtieren eine Heimat bietet.

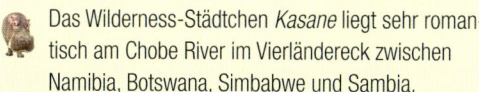 Das Wilderness-Städtchen *Kasane* liegt sehr romantisch am Chobe River im Vierländereck zwischen Namibia, Botswana, Simbabwe und Sambia.

 Auf einer *Chobe-River-Bootsafari* garantieren Hunderte Flusspferde und zahlreiche bis zu 6 m lange Nilkrokodile eine ausgiebige Fotoausbeute.

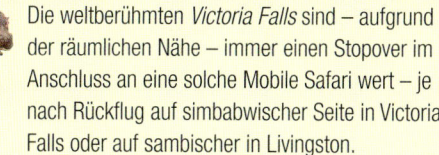 Die weltberühmten *Victoria Falls* sind – aufgrund der räumlichen Nähe – immer einen Stopover im Anschluss an eine solche Mobile Safari wert – je nach Rückflug auf simbabwischer Seite in Victoria Falls oder auf sambischer in Livingston.

Neben einem Besuch des legendären Victoria Falls Hotel stehen an den Fällen *Hubschrauberrundflüge*, *Wildwasserfahrten*, *Abseiling* und *Bungeesprünge* auf der Liste der Aktivitäten.

Besondere Tipps

Für Roadrunner: Gruppengröße und Dauer der Mobile Safari lassen sich bei einigen Veranstaltern individuell festlegen, auch für Reisende mit weniger Zeit lässt sich das passende Angebot finden.

Für die Nacht: Wer eine stilechte Bleibe für die Ein- und Ausstiegsorte sucht, wählt in Maun die Thamalakane River Lodge (www. thamalakane.com) und in Kasane die Chobe Safari Lodge (www.chobesafarilodge.com).

Für »Mobile« und *»Pauschale«:* Allen, die das Okavango-Delta mobil erkunden wollen, sei Letaka Safaris (www.letakasafaris.com) empfohlen, Pauschalbucher wählen den Spezialveranstalter Abendsonne Afrika (www.abendsonneafrika.de).

Info: www.botswanatourism.de

← Nichts für »Weicheier« ist eine botswanische Safari, die sich jedem Teilnehmer für immer auf die Festplatte brennt: Hautnah am Puls der Wildnis offenbart sich die spannende Existenz der letzten afrikanischen Exoten in jedem einzelnen Moment.

↑ Eine Safari im Okavango-Delta – ein Abenteuer der besonderen Art!

Auf der Suche nach Freiheit – Von München nach Delhi

Auf dem legendären Hippietrail reisten in den 1960er- und 1970er-Jahren die »Blumenkinder« auf dem Landweg von Europa nach Asien. Der erste, etwa 9000 km lange Abschnitt von München nach Delhi ist auch heute noch befahrbar, einzelne Abschnitte wie Iran und Pakistan erfordern aber durchaus etwas Mut und Durchhaltevermögen.

Die Reise durch verschiedene Kulturkreise führt über Istanbul weiter auf der E80 mit einem Abstecher zum Schwarzen Meer bis zur iranischen Grenze. Im landschaftlich einmaligen Ostanatolien treffen sich Reisende kurz vor dem Iran in Dogubayazit, um letzte Informationen zu tauschen. Nach einem Besuch des Ishak-Pascha-Palasts kann man mit viel Glück noch einen Blick auf den Berg Ararat werfen, ehe sich im ehemaligen Persien eine andere Welt auftut: Frauen in Tschadors, Mullahs mit wehenden Gewändern ...

Viele Einladungen von Iranern machen die Route von Tabriz über Teheran und Ghom ins märchenhaft schöne Isfahan zu einem besonderen Erlebnis. Abends glänzen die Minarette und Kuppeln der Moscheen, die den Meidān-e Emām-Platz säumen. Nach dem Besuch von Schiraz und Persepolis wird die Fahrt durch die Wüste nach Yazd, das für

seine Windtürme und Feuertempel bekannt ist, fortgesetzt. Ab der stark zerstörten Lehmstadt Bam fährt eine Polizeieskorte bis zur pakistanischen Grenze mit.

Der ebenfalls nur mit Eskorte passierbare Abschnitt durch die Wüste von Belutschistan endet im typisch pakistanischen Quetta. Obwohl das Land sehr interessant ist, tut man gut daran, zügig Richtung Indien zu fahren und das allabendliche Grenzspektakel in Wagah zu bestaunen. Vorbei am Goldenen Tempel von Amritsar und bei zunehmendem Wahnsinnsverkehr geht der erste Teil des zu Recht legendären Hippietrails nach ca. zwölf Wochen Reisezeit in Delhi zu Ende.

Die beste Reisezeit

Die meisten Selbstfahrer starten **Anfang/Mitte September**. Nicht ganz außer Acht lassen sollte man aber die mögliche Kälte in Ostanatolien und eventuell etwas früher losfahren. Ungeeignet sind die Sommermonate, da in der Wüste Lut im Iran und im pakistanischen Belutschistan teilweise Temperaturen von 50 °C herrschen. Ebenso nicht zu empfehlen ist die Zeit des jährlich wechselnden Ramadan, da dann der Service eingeschränkt ist.

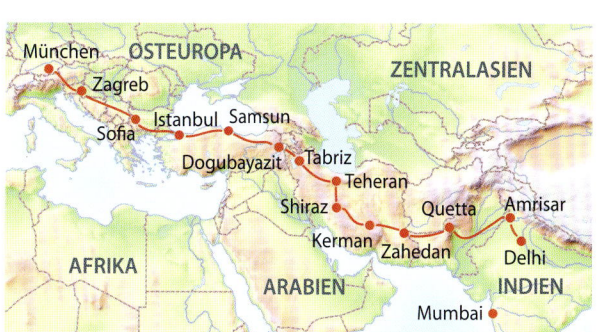

Die Highlights

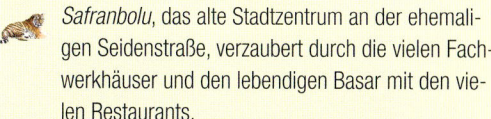

Istanbul mit der Blauen Moschee, dem Topkapi-Palast und dem Hagia-Sofia-Museum bietet Highlights für mehrere Tage.

Safranbolu, das alte Stadtzentrum an der ehemaligen Seidenstraße, verzaubert durch die vielen Fachwerkhäuser und den lebendigen Basar mit den vielen Restaurants.

Ostanatolien beeindruckt mit seiner herrlichen Landschaft. Wenn man Glück hat, erhascht man einen Blick auf den Ararat, dessen Gipfel sich normalerweise hinter Wolken versteckt.

Tabriz bietet die Blaue Moschee und den uralten Basar. Es ist ratsam, sich Zeit zu nehmen, um durch das Labyrinth der vielen Gassen zu schlendern.

Esfahan ist mit den ungewöhnlichen Brücken, dem Meidān-e Emām-Platz, dem Armenierviertel und weiteren Sehenswürdigkeiten die schönste Stadt im Iran.

Persepolis ist teilweise sehr gut restauriert, man sollte auch die 5 km nördlich liegenden Felsgräber von Naqsh-i Rustam besuchen.

Quetta bietet sich an, um die pakistanische Lebensweise zu beobachten. Interessant sind auch die kunstvoll verzierten Trucks.

Besondere Tipps

Für Roadrunner: Von Teheran direkt nach Yazd, dabei gehen viele Highlights verloren. Aus politischen Gründen gibt es keine weiteren Abkürzungsmöglichkeiten.

Für die Nacht: Das Hotel Abbasi in Esfahan, eine ehemalige Karawanserei, ist das schönste Hotel im Iran. Unbedingt abends am beleuchteten Brunnen im Innenhof essen.

Für Auge und Ohr: »Das wilde Leben – Die 68er Ikone Uschi Obermaier«. Ein kurzweiliger Film über die 68er-Bewegung und tolle Bilder der Fahrt von Uschi Obermaier und Dieter Bockhorn im Hippiemobil ...

Info: http://de.wikipedia.org/wiki/Hippie

← Humayuns Grabmahl in Delhi mit dem symmetrisch angelegten Garten (o. li.)
← Scheich-Lotfollah-Moschee am Meidan-e Emam-Platz in Isfahan (o. re.)
← Khaju Brücke, eines der Wahrzeichen von Isfahan (u. li.)
← Landschaft in Ostanatolien kurz vor der Grenze zum Iran (u. re.)
↑ Blumenschmuck am Grabmal von Mahatma Gandhi in Delhi

Great Himalaya Trail

Auf 6200 Meter Passhöhe – Von Kathmandu zum Mount Everest

»Oh Mann, es ist wie der Himmel«, verkündete der britische Popmusiker Pete Shelley, der einige Zeit in einer Himalaya-Lodge verbracht hatte. Kein Wunder, schließlich ist man auf Erden nirgendwo dem Himmel näher als in dem riesigen Gebirge, in dem 14 Achttausender aufragen, die höchsten Berge des Planeten. Und wer vom Trekking aus der »Heimat des Schnees« – so die Übersetzung von »Himalaya« – zurückkehrt, ist meist ähnlich begeistert wie der britische Gitarrist. Deshalb gab es schon seit Jahrzehnten die Idee, neben den regionalen Trekkingrouten auch einen Trail längs durch den Himalaya zu schaffen. 4500 km wird er lang sein und durch fünf Staaten führen.

Das Kernstück des »Great Himalaya Trail«, die Strecke durch Nepal, ist fertig gestellt: 1700 km von Ost nach West, größtenteils zusammengefügt aus vorhandenen Wegen. Die obere Route, die bis zur Passhöhe von 6200 m führt und meist zwischen 3000 und 5000 m verläuft, beansprucht den Titel »Höchster Trail der Welt«. Die tiefere Strecke windet sich »nur« bis auf 4519 m Höhe hinauf und verläuft ansonsten meistens bei 2000 m Höhe. Für den – in zehn Sektionen aufgeteilten – oberen Trail setzen erfahrene Hochgebirgswanderer mindestens 150 Tage

an, für die etwas kürzere untere Strecke rund 120 Tage. Anspruchsvolle Zahlen! Reiseveranstalter rechnen meist mit zwei bis drei Wochen für jede der zehn Etappen. Die Route, die verschiedene Stammesgebiete und Kulturen erkundet, beginnt am östlichsten Achttausender des Massivs, dem Kangchenjunga an der Grenze Nepals mit dem indischen Bundesstaat Sikkim. Sie durchquert die Region des Mount Everest und das ähnlich bekannte Annapurna-Gebiet, ehe es im Westen des Landes durch weniger oft besuchtes Terrain weitergeht bis Hilsa im Nordwesten an der Grenze zu Tibet und zu Chinas Staatsgrenze.

Die Highlights

🎻 *Kathmandu* – Nepals Hauptstadt, mit ihren Tempeln und Klöstern eine Attraktion, ist auch die Verkehrs-Drehscheibe für Trekkingtouren.

🎻 *Kangchenjunga* – Der Gipfel ist mit 8586 m der dritthöchste der Welt, dennoch liegt die Region (noch) etwas abseits der Haupttouristenrouten.

🎻 *Makalu Barun* – Der fünfthöchste Berg, der Makula (8463 m), markiert die Spitze des Nationalparks, der als Einziger der Welt von vereisten Gipfeln bis in Tropenwälder hinabreicht.

🎻 *Solukhumbu* – Der Distrikt ist dank des höchsten Gipfels der Welt, des Mount Everest (8848 m) im Sagarmatha-Nationalpark, sehr bekannt.

🎻 *Helambu* – Die Region gehört größtenteils zum Lantang-Nationalpark, in dem auch Bären leben. Selbst der Schneemensch Yeti wurde dort gesichtet.

🎻 *Annapurna* – Der 8091 m hohe Berg – die Nummer zehn im Himalaya – ist berüchtigt für viele Unglücke, aber beliebt für Rundwanderungen.

🎻 *Humla* – Der von Ausländern bislang wenig besuchte Norden des Distrikts birgt für Buddhisten viele spirituelle und historische Stätten.

Die beste Reisezeit

Wie überall im Gebirge sinkt auch in Nepal die Temperatur mit steigender Höhe, aber dank der Nähe zu den Tropen bleibt das Klima bis etwa 3000 m Höhe recht mild. Allerdings ist zumindest die östliche Landeshälfte beeinflusst vom Sommermonsun mit Starkregen. Beste Reisezeiten sind dank meist stabiler Wetterlagen **April/Mai und Oktober/November.** Oberhalb von 4000 m kann es ganzjährig schneien.

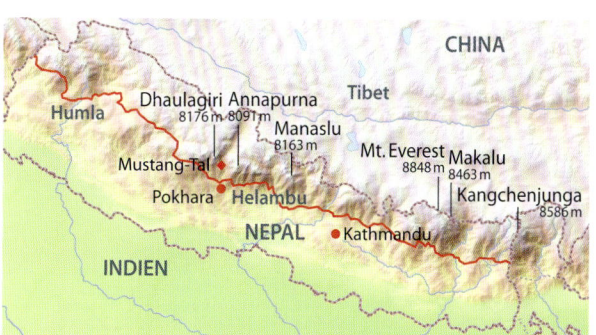

Besondere Tipps

Für Roadrunner: Jede der zehn Sektionen lässt sich einzeln erwandern.
Für den Gaumen: Zwei Gerichte sind »typisch Himalaya«: Dal-Bhat-Tarkari, Linsensuppe mit geröstetem Getreide – meist Reis – und Gewürzen, oft scharf. Und Momo, kleine Teigtaschen mit Fleisch-, Käse- oder Gemüsefüllung in zahllosen Variationen.
Für das Wissen: Zur Planung und zur Erinnerung: *The Great Himalaya Trail – A Pictorial Guide*, das Buch entstand durch einen 162-Tage-Treck, bei dem diese ungewöhnliche Wanderroute entwickelt wurde.
Info: www.thegreathimalayatrail.org

← Die Bodnath Stupa in Kathmandu ist ein Wahrzeichen Nepals (o. li.)
← Was ein echter Trekker ist, der übernachtet auch im Zelt (o. re.)
← Abenteuerliche Hängebrücke über einen Gebirgsfluss (u. li.)
← Buddhistische Mönche bei der Meditation (u. li.)
↑ Eine Nepali in ihrer Stammestracht

Durch das Königreich des Donnerdrachen – Von Paro nach Tashigang

Als der indische Staatspräsident Nehru mit Tochter Indira Gandhi 1959 Bhutan einen Staatsbesuch abstattete, musste die Delegation sieben Tage durch dichte Wälder reiten, um die Hauptstadt Thimphu zu erreichen, denn Straßen gab es in dem abgelegenen Königreich nicht. Erst Anfang der 1960er-Jahre wurden erste Schotterpisten angelegt, und bei der Gelegenheit wurde auch das Rad eingeführt. Heute windet sich eine meist geteerte Straße von der Westgrenze bis in den Osten Bhutans. Auf dieser Route, einer der interessantesten des Himalaya, lässt sich das Land des Donnerdrachen gründlich erkunden.

Noch im 21. Jahrhundert gilt das buddhistische Königreich als eines der geheimnisvollsten Länder der Erde und präsentiert sich als intaktes Schatzhaus von Kultur und Natur. Nirgendwo sonst sind die Bergurwälder so unberührt erhalten. Bhutan zählt zu den zehn Ländern weltweit, die als »Hotspots« der Artenvielfalt gelten. Die meisten Kulturschätze lassen sich auf den Stichstraßen erkunden, die von der West-Ost-Route in die Haupttäler abzweigen. Andere Höhepunkte liegen direkt an unserer Route. Die Naturschönheiten Bhutans ziehen indes ständig an den Fenstern des Fahrzeugs vorbei, besonders eindrucksvoll bei der Überquerung des

3750 m hohen Thumshing-La-Passes, wo die Straße auf einer Strecke von nur 84 km einen Höhenunterschied von ca. 3200 m überwindet. Riesige, mit Moos und Flechten bewachsene Fichten recken sich in Passnähe in den eisigen Nebel, während einige Stunden später, auf nur mehr 550 m Meereshöhe in subtropischer Wärme Ananas, Bananen und Mangos gedeihen und Silberlanguren sich durch das üppige Grün hangeln. Allerdings braucht man für die Bhutan-Durchquerung einen guten Magen und gute Nerven. Die Straße besteht fast nur aus Kurven, und wenn auf der engen Piste bei Ausweichmanövern die Räder des eigenen Gefährts nur wenige Zentimeter weit am Abgrund vorbeirollen, dann ist buddhistische Gelassenheit angesagt.

Die Highlights

 Das Tigernest *Taktsang* im Paro-Tal ist eine der heiligsten Stätten des Himalaya und liegt spektakulär über einer senkrecht abfallenden Felswand.

 Bhutans Hauptstadt *Thimphu* wuchs von einem Dorf mit Holzhäusern zu einer kleinen Metropole mit modernem Leben, aber auch mit einem pittoresken Markt und diversen kulturellen Sehenswürdigkeiten.

 Die Klosterfestung *Punakha-Dzong* zählt zu den schönsten des Landes.

 Der *Tongsa-Dzong* gilt als ein Hauptwerk der traditionellen bhutanischen Architektur und birgt viele Schätze der tibetisch-buddhistischen Kunst.

 Das *Bumthang-Tal* mit seinem Dzong und seinen Klöstern gilt als spirituelles Herz Bhutans. Für eine Rundfahrt (oder Wanderung) zu den verschiedenen Klöstern mit ihren Kunstschätzen sollte ein Extratag eingeplant werden.

 Tashigang ist das Ziel der West-Ost-Route. Wer noch nicht genug vom Fahren über Bergstraßen hat, kann von hier einen Ausflug nach Tashi Yangtse mit seinem schönen Stupa unternehmen oder Richtung Osten bis zum Dorf und Kloster Rangyung weiterfahren.

Die beste Reisezeit

Grundsätzlich gilt: Auf keinen Fall in den Sommermonaten nach Bhutan reisen, wenn sich Monsunstürme am Südhimalaya austoben. Ideal für eine Bhutan-Durchquerung sind **Ende Februar und März** oder **Oktober bis Anfang November.** Tagsüber ist es in der Sonne dann angenehm mild, nachts allerdings können die Temperaturen unter den Gefrierpunkt sinken. Aber die Luft ist meist klar und erlaubt Fernblicke zu den Schneegipfeln des Zentralhimalaya.

Besondere Tipps

Für Roadrunner: Wer vom Osten Bhutans nicht zurück nach Paro fahren möchte, kann von Tashigang ins indische Assam ausreisen und von dort nach Delhi fliegen. Die Straße ist aber oft gesperrt.

Für die Reiseplanung: Reisen auf eigene Faust ist in Bhutan nicht möglich. Alle Reisen im Land werden von bhutanischen Reiseagenturen organisiert und mit einer Tagespauschale von 180 bis 240 US-Dollar abgerechnet. Darin enthalten sind Fahrzeug, Fahrer, Führer, Übernachtung und Vollpension.

Für Wagemutige: Gewöhnungsbedürftig ist das bhutanische Nationalgericht Emadaze, bei dem höllenscharfe Chilischoten als Gemüse in einer Käsesoße zubereitet werden.

Info: www.tourism.gov.bt

← Schwindelerregend klebt das Taktshang-Lhakang-Kloster, das »Tigernest«, an der Felswand oberhalb von Paro (o.)

← Entlang der Route stößt man immer wieder auf die schmucken traditionellen bhutanischen Bauernhäuser (u. li.)

← Der Tongsa-Dzong ist einer der monumentalsten in Bhutan und spielt in der Geschichte des Landes eine wichtige Rolle (u. re.)

↑ Ein alter Mann dreht eine große Gebetsmühle bei einem Tempel

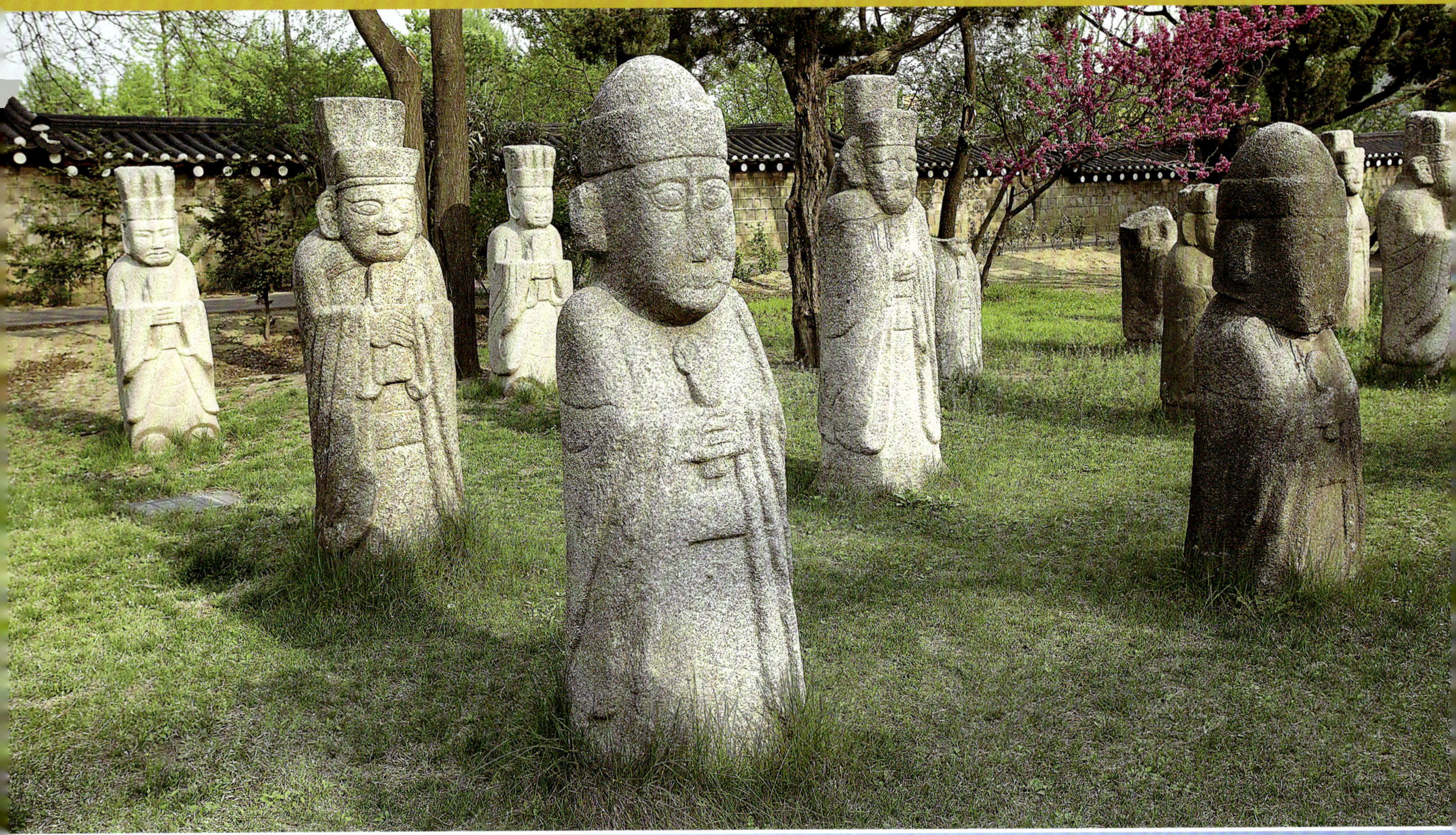

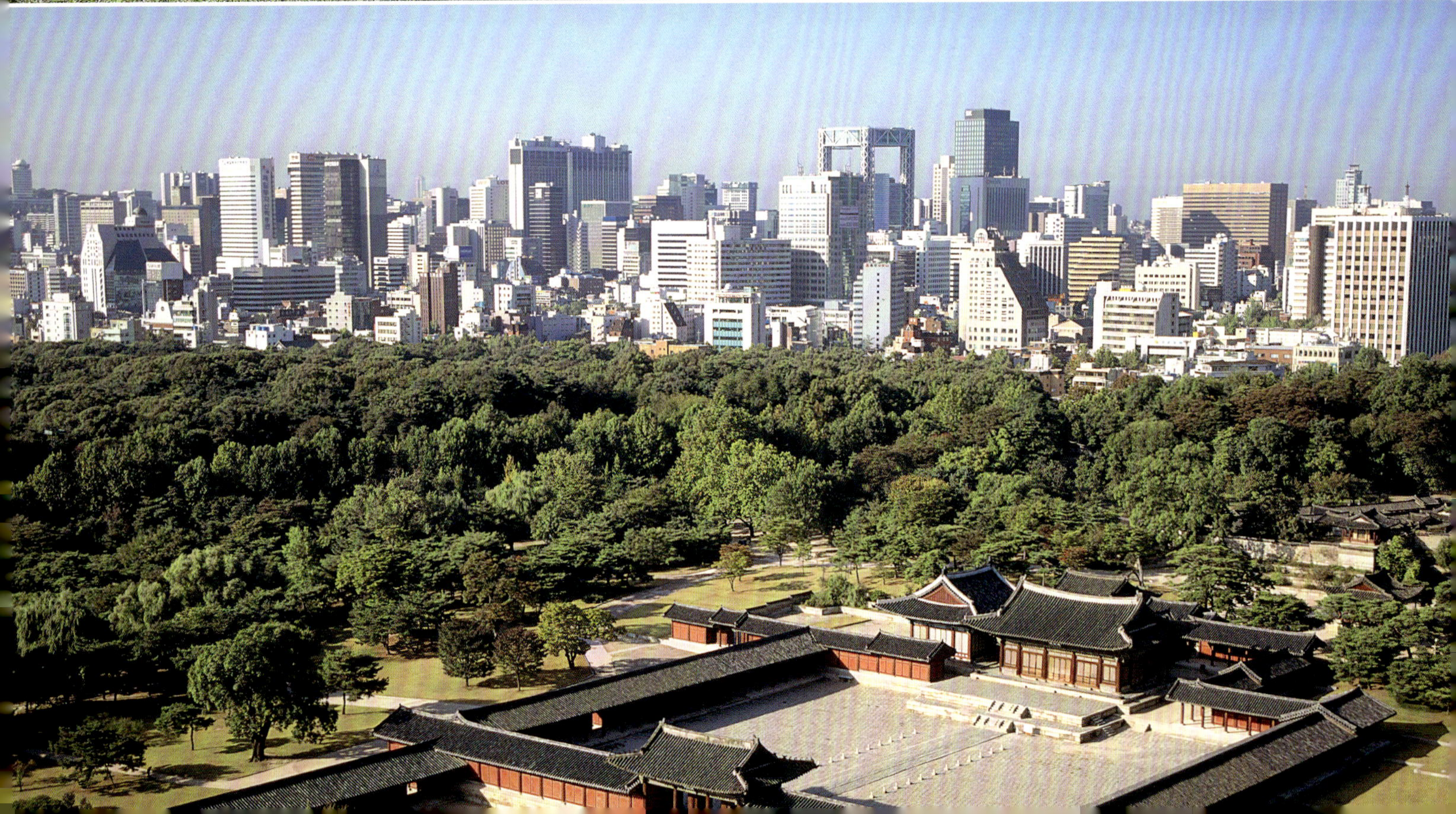

Yongdong Expressway

Im Land der Hightech-Schamanen – Von Seoul nach Gyeongju

Seoul ist eine Megacity, aber für Touristen einfach zu überschauen. Die Stadt wird durch den Han-Fluss halbiert. Im »Northpart« lag ab 1394 die Hauptstadt. Hier konzentriert sich auch alles Besuchenswerte: der Toksu-Palast, früher eine königliche Villa, und der Kyongbok-Palast. In den charmanten, geheimen Biwon-Garten zogen sich die Herrscher von einst zurück. Viele Religionen haben Südkorea geprägt. Einmalig aber ist der in diesem Industrieland noch lebendige Schamanismus. Mudang, weibliche Schamanen, vollziehen immer noch ihre Rituale.

Südkorea lässt sich in einer Tour von acht Tagen gut erkunden. Nicht ganz 150 km von Seoul entfernt findet sich im Nordosten der schönste Nationalpark des Landes. Das Gebiet des Sorak-san lässt sich über den Yongdong Expressway erreichen. Das Gebirge verzaubert durch kantige Felswände und wunderschöne Ahornwälder. Leicht zu erwandern ist die Kejo-Klause, eine in den Felsen gehauene Bergeinsiedelei. Die Klause gehört zum nahe gelegenen zenbuddhistischen Sinhung-Tempel. Von Sokcho zieht sich die Küstenstraße entlang des Ostmeers nach Süden. Klippen wechseln sich mit Buchten herrlichen Sandstrands, malerischen Fischerdörfern und kleinen Spas ab.

Nach rund 300 km Fahrt erreicht man Gyeongju, die einstige Hauptstadt des Silla-Reichs, eines der drei Reiche im alten Korea. Von Macht und Kultur zeugt nicht nur der weltberühmte Bulguksa-Tempel, hier befinden sich auch die gewaltigen Grabhügel der einstigen Herrscher, heute zum Teil begehbar. Weltweit einzigartig ist die uralte Cheomseongdae-Sternwarte, ein flaschenförmiger Steinbau aus genau 365 Blöcken. Doch in Gyeongju wurde nicht nur geherrscht und geforscht. Eine steinerne Wasserrinne, Posokchong, diente einem Trinkspiel. Reisweinbecher trieben vorbei, und wer spontan kein Gedicht vortrug, musste trinken. An der Liebe zu einem guten Umtrunk hat der Südkoreaner bis heute festgehalten.

Die Highlights

- *Kyongbok-Palast* – Der »Palast des glänzenden Glücks« und das anschließende Nationalmuseum zeigen ein breites Spektrum der koreanischen Kultur.
- *Toksu-Palast* – Im ältesten noch erhaltenen Palast des Landes lebten die letzten Herrscher der Yi-Dynastie.
- *Changdeokgung* – Im »Palast der glänzenden Tugend« lebten bis 1989 die letzten Nachkommen der königlichen Familie. Dahinter schließt sich der Biwon-Garten an.
- *Namdaemun* und *Tongdaemun* – Das »Große Südtor« und das »Große Osttor« in Seoul zeugen von den einst gewaltigen Befestigungen der Hauptstadt.
- *Kejo-Klause* und *Sinhung-Tempel* – Die erste Bauphase soll 652 erfolgt sein, damit steht der älteste zenbuddhistische Tempel nicht in China oder Japan.
- *Tumuli-Park* – In Gyeongju befinden sich etwa 20 gewaltige Hügelgräber der Silla-Herrscher. Im größten Königsgrab fanden sich über 10 000 wertvolle Objekte und Kunstschätze.
- *Pulguksa-Tempel* – Eines der ältesten Klöster Südkoreas, es beherbergt allein sieben Nationalschätze. Einzigartig ist seine teils ohne Mörtel aus Steinblöcken zusammengefügte Architektur.

Die beste Reisezeit

Das Temperaturspektrum in Südkorea reicht von über 30 °C im August bis –25 °C im Winter, allerdings mildern sich die extremen Gegensätze zum Süden hin. Die Regenzeit dauert von Ende Juni bis Juli und sollte lieber gemieden werden. Im Spätsommer und Herbst, von **September bis November**, entfaltet das Land seine ganze Pracht: Dann ist die perfekte Reisezeit.

Besondere Tipps

Für Roadrunner: Naturfreunde konzentrieren sich auf den Sorak-san, von Seoul aus leicht mit dem Expressbus zu erreichen. Kulturliebhaber nehmen von Seoul einen Inlandsflug nach Gyeongju.

Fürs Shopping: Zum entspannten Bummeln in Seoul bieten sich Insadong an. Das alte Viertel verführt mit kleinen Antiquitätengeschäften, Galerien und Krimskrams-Läden.

Für den Gaumen: Kulinarisch besonders beliebt sind Kalbi und Pulgogi, direkt am Tisch gegrilltes Rindfleisch mit Kimchi – scharf eingelegter Chinakohl, der bei keinem Essen fehlen darf.

Info: german.visitkorea.or.kr

← Die Statuen konfuzianistischer Würdenträger im Gyeongbokgung Palast scheinen wie zur Audienz aufgereiht (o.)
← Das Areal des Changgyeonggung Palastes ist eine der grünen Lungen mitten in der Megacity Seoul (u.)
↑ Furchterregende Tempelwächterfiguren schützen den heiligen Bezirk des Bulguksa-Tempels

Traumroute 68 Australien

Indian Pacific

Ein Zug, zwei Ozeane –
Auf Schienen von Sydney nach Perth

Auf Achse zwischen zwei Meeren: Die Strecke des »Indian Pacific« in Australien gehört zu den berühmtesten Zugreisen und den letzten Transkontinentalrouten der Welt. Angetrieben von 3300 Pferdestärken durchqueren seine silbern glänzenden Edelstahlwaggons fahrplanmäßig zweimal pro Woche den Kontinent, von Sydney nach Perth und umgekehrt, 4352 km in 65 Fahrstunden. Diese Verbindung des Pazifischen mit dem Indischen Ozean gab dem Zug den Namen.

An Haltestellen mitten in der Wüste, etwa in der Nullarbor Plain, steigen vereinzelte Passagiere zu. Der »Indian Pacific« ist für die Leute dort die einzige Verbindung zur Welt. Doch es gibt auch noch andere Motive für diese Fahrt: Eine Lady hat ihre Kreuzfahrt in Sydney unterbrochen, um mitfahren zu können. Erst in Perth geht sie wieder an Bord ihres Luxusschiffs, das sich auf Weltumrundung befindet. In einer Publikation der »National Geographic Society« hat sie gelesen, dass man in diesem Zug auf komische Kauze und eigenwillige Charaktere treffen könne. Nur: In der ersten Klasse fand sie nicht, was ihr versprochen wurde. Also ließ sich die Dame aus dem erzkonservativen Minnesota vom Zugchef den Durchgang zur dritten Klasse aufsperren und fand erst dort,

was der Reporter beschrieb: staubig-schmuddelige Buschies, Cowboys, Minenarbeiter, eben komische Kauze, eigenwillige Charaktere und ein paar Rucksackreisende. Für die einen ist der Zug Fortbewegungsmittel im ursprünglichen Sinn, für die anderen Touristenattraktion. Auf der Strecke durch drei Zeitzonen liegen Großstädte wie Sydney oder Adelaide, grüne Landschaften wie die Blue Mountains und auf langen Abschnitten Wüste mit rotbrauner Erde, Geröll, Spinifex – also ausdauernde Süßgräser – und einem nicht zu Ende gehenden Horizont, überspannt von stahlblauem Himmel und vereinzelten Schäfchenwolken.

Die beste Reisezeit

Es ist zwar kein Frühlingserwachen nach langer Kälte- oder Eisperiode, aber man merkt es den Leuten an, dass ab **September/Oktober** wieder die Freiluftsaison beginnt – mit Barbecue und Surf. Im Süden des australischen Kontinents ist der Frühsommer – der europäische Herbstbeginn – die schönste Jahreszeit. Bei den meist kurzen Stopps des Zuges sind die Temperaturen mit 20 bis 25 °C sehr angenehm. Wenn etwa in Kalgoorlie erst mal Sommer ist, dann herrschen beim dortigen Stopp mehr als 40 °C – und das mitten in der Nacht!

Die Highlights

- *Sydney* besucht man vor (oder nach) dem Zugtrip: mit Opernhaus und Hafenbrücke, Sydney Tower und Bondi Beach.

- *Katoomba* liegt im Zentrum der Blue Mountains. Man hat aber nur zwei Minuten Aufenthalt.

- *Adelaide*, die Kulturmetropole down under, kann man bei 2 Stunden 20 Minuten Aufenthalt per Spaziergang entdecken: etwa Central Market und Victoria Square.

- *Port Augusta* darf bei 37 Minuten Aufenthalt nur erschnuppert werden.

- *Cook* liegt ungefähr in der Mitte der Nullarbor Plain, einer eintönig schönen Wüste. Ankunft Cook, von Sydney kommend, um 10 Uhr morgens. Abfahrt um 9.20 Uhr am gleichen Morgen, aber Western Standard Time …

- *Kalgoorlie* ist wie 19. Jahrhundert: »A man's world«. Harte Arbeit in den Minen einer gottverlassenen Gegend und süße Vergnügungen in der Hay Street. 2 Stunden 35 Minuten Aufenthalt.

- *Perth* wird ebenfalls vor oder nach der Reise erkundet. Neben der Innenstadt mit Rathaus oder London Court sollte auch das vorgelagerte Rottnest Island auf dem Plan stehen.

Besondere Tipps

Für Roadrunner: Es gibt eigentlich keine Abkürzung, nur für Leute, die einfach später zusteigen, etwa in Adelaide.

Für das Wissen: Wie bei jeder langen Bahnfahrt gehört ein gutes Buch ins Reisegepäck – oder ein paar »Crocodile Dundee«-Clips aufs iPad.

Für das Wohlbefinden: Empfehlenswert ist eine Zweite-Klasse-Fahrkarte in der Zweierschlafkabine mit Waschbecken, ab rund 500 Euro pro Person, ohne Verpflegung. Die erste Klasse kostet mit Verpflegung das Dreifache. Die dritte Klasse (ab 120 Euro) ist nicht zu empfehlen.

Info: www.railaustralia.com.au

← 478 Kilometer geradeaus: Die Indien Pacific Railway macht's möglich. (o.)

← Wunder der Erosion: Die Pinnacles im Nambung Nationl Park nahe Perth (u. l.)

← Stararchitekt Jorn Utzon plante das einzigartige Design des Sydney Opera House (u. r.)

↑ Rote Felsen gelten als typisch für Australien

Family Islands

Per Dingi zu Vater- und Mutterinsel – sowie zu ihren vierzehn Kindern

»Das Boot liegt in ruhigen Gewässern, ist umgeben von sechzehn Inseln: eine große Insel, eine mittelgroße Insel und vierzehn kleine Inseln.« Soweit der Logbuch-Eintrag von Kapitän James Cook am Freitag, den 8. Juni 1770. Er entdeckte die Family Islands vor der Küste Australiens und nannte sie so, weil sich um »The Father«, die große Insel, und »The Mother«, die mittelgroße, vierzehn kleine Eilande wie Küken um Hahn und Henne scharten.

Die Familieninseln sind ein Teil des Great Barrier Reef, des größten Korallenriffs der Welt. Auf ihren 350 000 Quadratkilometern Riff mit einer Länge von beinahe 2500 km und insgesamt rund 900 Eilanden sind Wale, Delfine, Seekühe und Haie, 2000 Fisch-, 400 Korallen- und 10 000 Schwammarten zu Hause. Auf der Vaterinsel, heute Dunk Island genannt, gibt es ein günstigeres Familienresort mit Pools, Spielplatz, Wassersportmöglichkeiten von Tret- bis Segelboot, Golfplatz, Regenwald und Farm.

Die Mutterinsel heißt Bedarra und beherbergt eines der ruhigsten und schönsten Resorts der Welt – eine Adresse für Wohlhabende. All-inclusive ist hier wörtlich zu nehmen: Für eine Tour zu den Inselkindern findet sich neben Karte, Handtüchern,

Schnorchel und Maske auch ein üppiger Picknickkorb im 8-PS-Dingi, das ohne Führerschein und leicht zu steuern ist. Eine gute Stunde dauert die Überfahrt nach Toolghar und Coomboo, den Zwillingsinseln im Atoll. Sie bilden die erste Station dieses Inselhoppings, bei dem man jeden Tag zwei andere Inseln ansteuert. Wenn man allein mit dem Dingi durch die Familieninseln tuckert, überkommt einen ein so erhabenes Gefühl, als wäre es noch immer jener schöne Freitagmorgen im Jahr 1770. Nur statt Pökelfleisch und Wasser gibt es Hummer mit Champagner …

Die Highlights

 Dunk Island, die Vaterinsel, ist eine Ferieninsel mit allem, was man sich nur wünscht, inklusive eines goldgelben Palmenstrands wie auf einer Südsee-postkarte.

 Mount Kootaloo heißt die höchste Erhebung auf Dunk. Wer alle Family Islands erspähen will, wandert durch den tropischen Regenwald auf den 271 m hohen Berg und sieht sie von dort oben im Überblick.

 Purtaboi Island, eine der Kinderinseln und am nächsten zu Dunk gelegen, erpaddelt man per Kanu in ein paar Minuten.

 Das *Great Barrier Reef* kann als Tagesausflug erschnuppert werden. Touren gibt es ab Dunk.

 Bedarra Island, die Mutterinsel, bedeutet Luxus pur, Abgeschiedenheit und feinste Küche (eröffnet demnächst neu). Sie ist Ausgangspunkt für die Dingi-Expeditionen zu den Family Islands.

 Toolghar Island ist unbewohnt und weit weg von allem. »Zwick mich, dass es kein Traum ist«: So oder so ähnlich geht es einem auch bei den anderen Kinderinseln.

 Mission Beach, die nächstgelegene Festlandstation, ist eine typische Queenslandgemeinde: sonnig und lässig.

Die beste Reisezeit

Queensland ist eines dieser sonnenverwöhnten tropischen Ziele, die ganzjährig bereisbar sind. Dennoch bietet sich der **australische Herbst oder das dortige Frühjahr** an (überall auf der Südhalbkugel sind die Jahreszeiten »umgekehrt«): Dann herrschen warme und sehr angenehme Temperaturen zwischen 25 und 30 °C. Die große Hitze des australischen Sommers ist vorbei oder kommt erst noch. Im australischen Winter dagegen könnte es fürs Island Hopping an manchen Tagen vielleicht etwas zu kühl sein.

Besondere Tipps

Für Roadrunner: An einem Tag schafft man mit dem Dingi drei bis vier Inseln, wenn man sich auf jeder Insel wenigstens mal die Füße vertreten will. Ideal sind aber zwei Inseln pro Tag.

Für die Entspannung: Eine Runde Golf (und das am Great Barrier Reef!), machbar auf Dunk Island, ersetzt bekanntlich jede Yogastunde …

Für das Ohr: »Men At Work« müssen schon mit auf die Inseltour und natürlich der größte Aussie-Hit aller Zeiten: »Down under«, die moderne Hymne Australiens!

Info: www.dunk-island.com und www.bedarraisland.com

← Bootsausflüge zu einem der Inselkinder sind Pflichtprogramm (o.)
← Auch Delfine surfen gern auf der perfekten Welle (l. u.)
← Eine Privatinsel als Dschungeltraum: Das Bedarra Islands Resorts gilt als eines der angenehmsten Resorts der Welt (u. re.)
↑ Ein Sonnensegel schützt vor der oft extrem starken Einstrahlung

Zum Nordkap

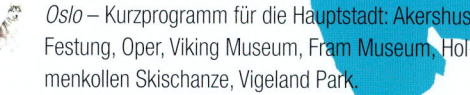

Huskys, Eishotels, Polarlichter – Von Oslo nach Bergen

Ferien in Nordnorwegen im Winter? Wenn die Sonne wochenlang nicht auf-und die Temperatur nicht hochgeht? Ja. Denn die Lage jenseits des Polarkreises ermöglicht ungewöhnliche Aktivitäten und Erlebnisse. Also nach Kirkenes, dreieinhalb Stunden Flug ab Oslo. Hier warten Huskys für Hundeschlittentouren an der russischen Grenze, auch kombiniert mit Schneemobilfahrten. Warme Kleidung gibt's leihweise. Dazu eine coole Nacht? Dann ab ins nördlichste Eishotel der Welt. Und Kulinarisches? Die Königskrabben – Beinweite bis zu 1,8 Meter – sind eine Spezialität des hohen Nordens – *God appetitt!*

In Kirkenes gehen die Schiffe der Hurtigruten wieder auf Südkurs: für uns die ideale Route. In fünf Tagen könnten wir in Bergen sein. Aber wir steigen noch mehrfach aus, weiter geht's dann jeweils mit dem Hurtig-Dampfer am nächsten Tag. Beim Zwischenstopp in Tromsø bringt die Fahrt im Rentierschlitten durch die Schnee-und Sonne-Szenerie echt arktischen Spaß. Aber die abendliche Polarlicht-Safari fällt wegen dicker Wolken aus. Kein Problem: Jeder Hafen jenseits des Polarkreises wirbt mit dem Himmelsspektakel der Sonnenwindpartikel in der Erdatmosphäre. Auf den Vesterålen-Inseln ge-

hen wir wieder für eine Nacht an Land, weil dort Fotoprofis zeigen, wie man gute Bilder der himmlischen Lightshow macht. Der Archipel, sommers ein Toprevier für Pottwalsafaris, offeriert auch im Winter Waltouren: Weil sich dann Millionen Dorsche vor der Küste sammeln, sind die fotogenen Killerwale zur Stelle. Nicht nur sie, auch Angler können hier und bei den benachbarten Lofoten auf fette Beute hoffen. Unser Zwischenstopp-Hafen Svolvaer hat den besten »Fang« gemacht: die alljährliche Dorsch-Weltmeisterschaft von Februar bis April. Über 600 Angler wollen den Rekord – 27,5 kg – übertreffen. Petri Heil! Und dann weiter nach Bodø und Bergen.

Die Highlights

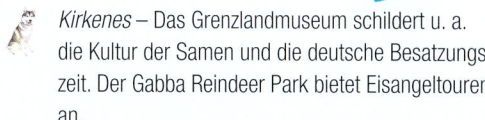

Oslo – Kurzprogramm für die Hauptstadt: Akershus Festung, Oper, Viking Museum, Fram Museum, Holmenkollen Skischanze, Vigeland Park.

Kirkenes – Das Grenzlandmuseum schildert u. a. die Kultur der Samen und die deutsche Besatzungszeit. Der Gabba Reindeer Park bietet Eisangeltouren an.

Tromsø – Nordnorwegens Metropole bietet viel: Arktis-Kathedrale, Arktis-Aquarium, Seilbahn auf den 420 m hohen Storsteinen, Polarmuseum und nördlichste Brauerei der Welt.

Vesterålen – Auf der gebirgigen und vogelreichen Inselgruppe wurde in Stokmarknes die Hurtigreederei gegründet, ein Museum erinnert daran.

Lofoten – Der Archipel gilt als einer der schönsten Europas: im Winter Seekajakfahrten, Skitouren und Schneeschuhwanderungen.

Bodø – Bei der Stadt gurgelt der Gezeitenstrom Saltstraumen, ein Dorado für Angler und Taucher (im Schutzdress). Im Luftfahrtmuseum steht eine Junkers Ju 52 mit Schwimmern.

Bergen – Der südlichste Hurtighafen mit der Hansealtstadt Bryggen, dem Fischmarkt, der Bergbahn auf den 329 m hohen Fløien und dem Grieg-Museum.

Die beste Reisezeit

Von **Mitte November bis Ende Januar** sieht Nordnorwegen die Sonne nicht, entsprechend kalt ist es dann. Wenn es die Strahlen dann aber wieder über den Horizont schaffen, werden die Tage oft angenehm. Das Küstenklima ist dank Golfstrom mild: Kirkenes hat im Februar/März –12 bis –4 °C, Tromsø –3 bis –1 °C. Die klare Luft bietet eine grandiose Fernsicht, und die Nächte sind immer noch lang und dunkel genug für die arktische Nordlichtshow.

Besondere Tipps

Für Roadrunner: Mit Flügen zwischen Oslo, Kirkenes, Tromsø und den Inseln lässt sich gegenüber der Schiffsreise viel Zeit einsparen.

Für die Anreise: Die 527 km lange Bahnstrecke von Oslo nach Bergen, mit höchster Station auf 1222 m, gilt als eine der schönsten Trassen Europas.

Für zu Hause: Käsehobel und Braunkäse, wer hat's erfunden? »Die Norweger«, sagen wir. Der feste braune Käse verdankt sein Aussehen und seinen süßlichen Geschmack dem Einkochen und der Karamellisierung der Molke – ein leckeres Souvenir!

Info: www.visitnorway.com/de

← Wie ein bunter Vorhang wabert das Polarlicht am Himmel über dem verschneiten Hammerfest (o.)

← Mit dichtem Fell trotzen die Elche dem Winter (u. ll.)

← Im späten Winter taucht die Sonne Hamnoy auf den Lofoten in warmes Licht (u. re.)

↑ Eine Hundeschlittentour bei klirrender Kälte ist ein besonderes Abenteuer

Traumroute 71 Mexiko

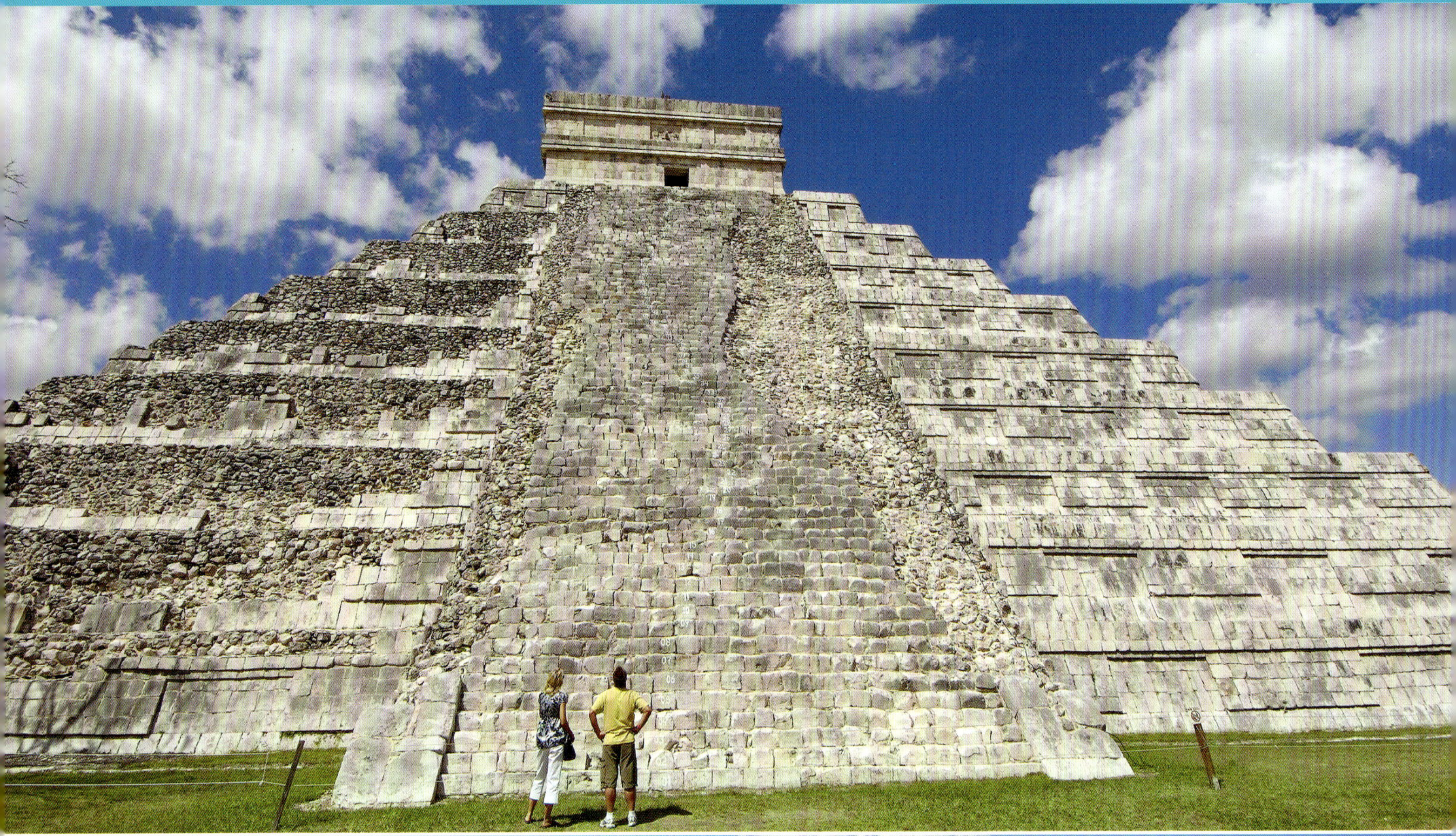

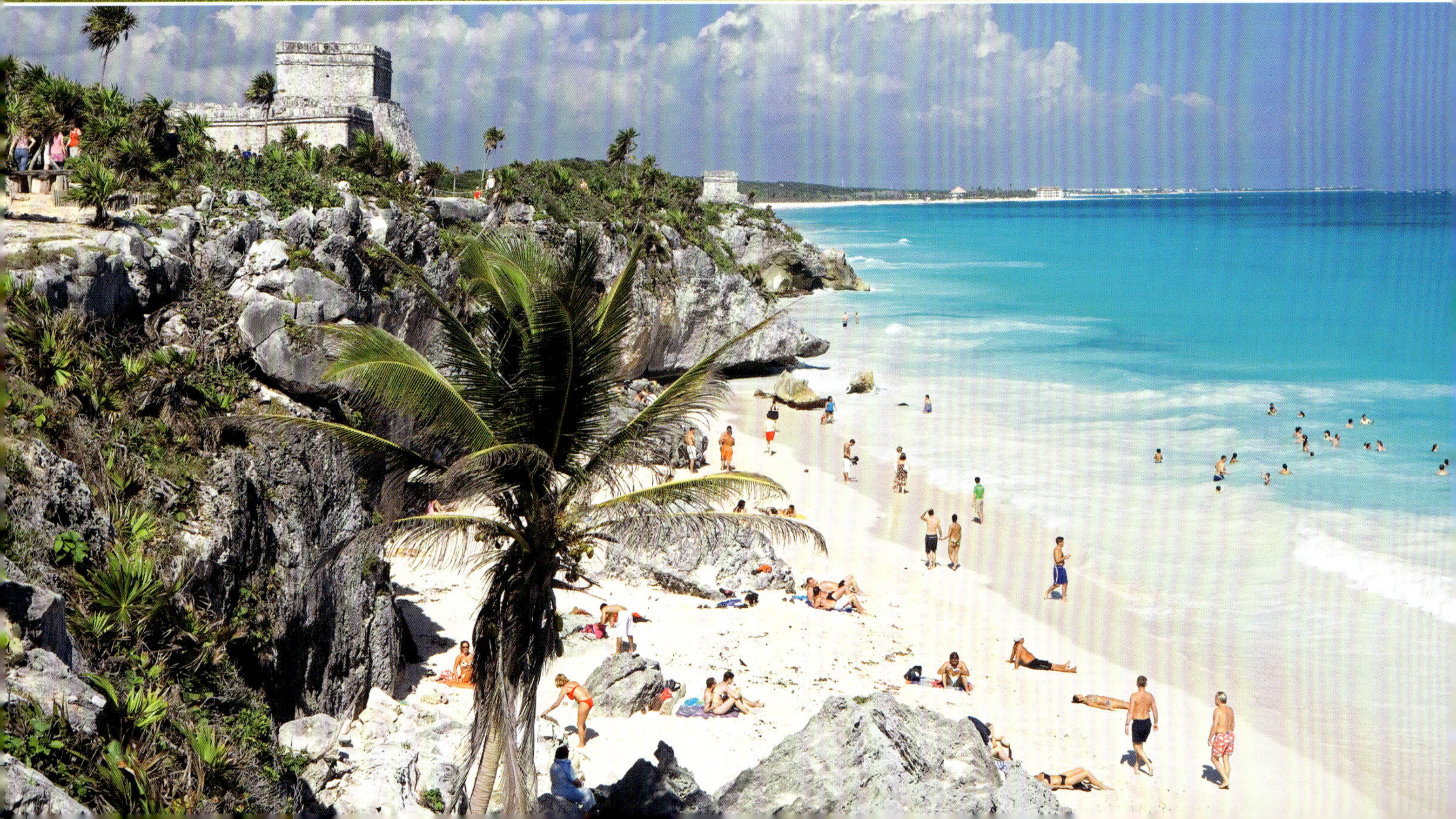

Yucatáns Riviera Maya

Auf großer VW-Käfer-Fahrt – Von Cancún nach Tulúm

Neben dem knallroten, buckeligen Alten steht der Neue, der ihm oft die Schau stiehlt. Aber dieses Mal will die Kundschaft aus Deutschland den Original-Käfer, nicht den Retro-Beetle. Petro Gonzalez, dem Vermieter an Cancúns breitem Boulevard Kukulcán, ist das ein Rätsel. Der Rote ist nur einer von 21 Millionen seiner Art, allein 800 000 »krabbeln« immer noch als Taxen über Mexikos Straßen.

Und dann geht es los, zu mystischen Maya-Tempeln und blitzsauberen Palmen-stränden – entlang der Riviera Maya in Hülle und Fülle vorhanden. Die Halbinsel Yucatán gehört zu Mexiko, kennt aber nicht die Sicherheitsprobleme, wie sie sich in anderen Regionen des Landes stellen.

Lange Zeit stand Cancún auf keiner Landkarte, doch nach 1970 sollte sich das ändern. Das niedliche Fischerdorf wurde berühmt, aus dem kleinen Planspiel im dichten Wirrwarr des grünen Dschungels wurde der große Wurf: Eines der wichtigsten Tourismuszentren in Mittelamerika entstand hier. Für die Mexikaner ist dies hier Miami, für die Amerikaner das typische Mexiko, für die Deutschen eine Mischung aus beidem.

Der Käfer rollt zunächst nach Playa del Carmen, der Westentaschenausgabe von Cancún mit Hotelanlagen, die allen Schnick-

schnack haben. Da ist Tulúm schon ein anderes Kaliber: Jene befestigte Maya-Siedlung mit dem berühmten Castillo, das erhaben auf den Klippen über dem Meer thront. Es gehört wohl zu den meistfotografierten Motiven in ganz Yucatán. Südlich von Tulúm warten schließlich schneeweiße Traumstrände, hoch gewachsene Palmen, familiäre Pensionen und einfache Lokale mit Sandboden direkt am Strand.

Und dazwischen? Die Landstraße 307: mit 110 Sachen und offenen Fenstern, durch welche die heiße Außenluft wie ein Föhn in den Fond strömt. Sieben bis 14 Tage kann man das schon aushalten ...

Die Highlights

 Cancún hat seine Reize wie Ibiza in der Hauptsaison: lange Nächte an der Bar oder in der Disko und faule Tage am Strand.

 Isla Mujeres heißt, den Käfer einmal stehen lassen und auf ein Moped oder Fahrrad ausweichen: für ein 7x1 km großes Trauminselchen mit besten Stränden.

 Playa del Carmen – Die Strände und die La Quinta Avenida geben mittlerweile eine Art Mini-Cancún ab.

 Isla de Cozumel, der zweite Inselausflug, ist vor allem etwas für Taucher. Für die Riffe begeisterte sich schon Jacques Cousteau, der dort einige Tauchfilme drehte.

 Tulúm bringt Strand und Tempel zusammen, wie sonst nirgends. Ein echtes Postkartenmotiv!

 Cobá bietet mit seiner 42 m hohen Pyramide eines der schönsten Maya-Relikte. Die Stunde Fahrt von Tulúm lohnt unbedingt!

 Chichén Itzá ist für den Rückweg einzuplanen und sollte nicht ausgelassen werden, denn dort sind die wohl bedeutendsten Maya-Bauten in Yucatán zu sehen, inklusive der Castillo-Pyramide und der berühmtesten Chac-Mool-Statue.

Die beste Reisezeit

Die Regenzeit liegt zwischen Mai und Oktober, wobei besonders September und Oktober wegen heftiger Stürme zu meiden sind. Auch zwischen November und April regnet es immer wieder, aber wesentlich weniger. Zieht man nun die Hauptsaison zwischen Dezember und Februar mit horrenden Preisen ab, schälen sich **November oder auch März/April** heraus: Es ist trocken, warm, aber nicht mehr (oder noch nicht) heiß und deutlich günstiger.

Besondere Tipps

Für Roadrunner: Man kann natürlich auf der 307 an der Küste wieder zurück und Chichén Itzá links liegen lassen, wäre aber schade. Denn, ob sieben oder 14 Tage, entscheidet sowieso die Badefreudigkeit ...

Für das Wissen: Das Labyrinth der Einsamkeit von Nobelpreisträger Octavio Paz ist eine schöne Bestandsaufnahme über sein Mexiko.

Für zu Hause: Eine Chac-Mool-Figur, am besten aus grau-schwarzem Stein wie im Original, macht in jedem heimischen Regal echt etwas her.

Info: www.rivieramaya.com

← Die Pyramide von Kukulkan, Mayan Ruien der Mayas in Chichen Itza (o.)

← Die Tempelruine von Tulum, hier der Haupttempel, im Bundesstaat Quintana Roo liegt direkt über dem Strand (u.)

↑ Vor Fusion Bar am Strand lässt sich die Livemusik einer Band besonders gut genießen (Playa del Carmen)

Große Yucatán-Rundfahrt

Auf den Spuren alter Kulte – Von Cancún auf der Ruta Maya

Das Wissen um die versunkene Hochkultur der Maya füllt inzwischen ganze Bibliotheken. Gleichwohl, ein Blick vom Tempel IV von Tikal verrät angesichts der sich rundum vom Urwald abhebenden Kegel, dass hier noch manches Geheimnis unter der Erde ruht. Und darin liegt der besondere Reiz dieser Route: Sie ist geprägt von einer Aura des Rätselhaften und Geheimnisvollen.

Die Reise beginnt und endet in Cancún. Sie führt durch das von Dornbuschwald bedeckte nördliche Tiefland des Yucatán. Im südlichen Tiefland erwartet uns tropischer Regenwald mit exotischer Flora, Fauna und schaurig-schönen Geräuschen. Vulkanisches Hochland betreten wir im mexikanischen Chiapas, in Guatemala und Honduras. Als ein wahres Zauberreich präsentiert sich der Übergang vom Tiefland zum Hochland mit seiner unwirklich anmutenden Nebelwaldvegetation.

Am Wege liegen die mexikanischen Städte Mérida, Champotón, Palenque und San Cristóbal, die guatemaltekischen Städte Quezaltenango, Antigua, Guatemala City, Rio Hondo und Flores, Belize City und das wiederum mexikanische Chetumal. Schönes bieten vor allem die Altstädte von Mérida und San Cristóbal sowie das Weltkulturerbe Antigua. Die Route bringt uns aber auch zu ehemaligen

Machtzentren der Maya wie Chichén Itzá, Uxmal und Tulúm. Obwohl Paläste, Tempelpyramiden und Freitreppen nur als Ruinen überlebt haben, vermitteln sie einen überwältigenden Eindruck vom einstigen Glanz dieser Stätten.

Zwischenzeitlich entspannen lässt sich im Nationalpark Biosfera Ria Celestún bei Mérida, beim Besuch einer Sisalplantage oder im kühlenden Nass eines Cenote, einem süßwasserhaltigen Kalksteinloch. Ein touristisches Muss sind die Wasserfälle von Agua Azul bei Palenque und der von Vulkanen eingerahmte Atitlan-See. Wer Zeit hat, sollte sich das guatemaltekische Karibikdorf Livingston vornehmen, das nur per Boot über den Rio Dulce zu erreichen ist. Ein Badeurlaub im mexikanischen Playa del Carmen könnte die Reise beschließen.

Die Highlights

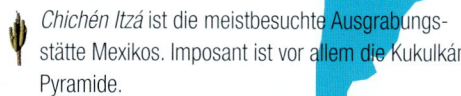 *Chichén Itzá* ist die meistbesuchte Ausgrabungsstätte Mexikos. Imposant ist vor allem die Kukulkán-Pyramide.

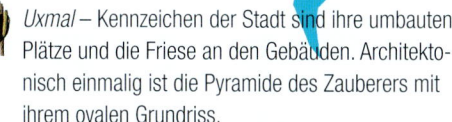 *Uxmal* – Kennzeichen der Stadt sind ihre umbauten Plätze und die Friese an den Gebäuden. Architektonisch einmalig ist die Pyramide des Zauberers mit ihrem ovalen Grundriss.

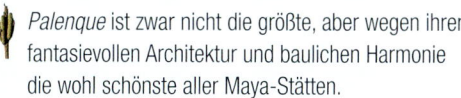 *Palenque* ist zwar nicht die größte, aber wegen ihrer fantasievollen Architektur und baulichen Harmonie die wohl schönste aller Maya-Stätten.

 *Bonampak* – Die 1946 entdeckte Ruinenstadt bietet sensationelle Wandmalereien.

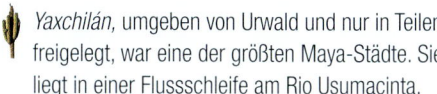 *Yaxchilán,* umgeben von Urwald und nur in Teilen freigelegt, war eine der größten Maya-Städte. Sie liegt in einer Flussschleife am Rio Usumacinta.

Copán, wenige Kilometer jenseits der guatemaltekischen Grenze in Honduras gelegen, war einst mächtiger Stadtstaat am östlichen Ende der Maya-Welt. Architektonisch und künstlerisch gilt es als unübertroffen.

Tikal, die wohl bedeutendste Mayastätte, beherbergte in ihrer Blüte geschätzte 70 000 Menschen. Architektonische Prunkstücke sind Tempel I und Tempel IV, mit 69 m das höchste Maya-Bauwerk.

Die beste Reisezeit

Für die Tour sollte man drei Wochen einplanen. Am besten reist es sich zwischen **November und Ende März.** Von April bis Oktober herrscht Regenzeit mit gelegentlichen Hurrikanen an der Karibikküste. Ganzjährig ist es schwül. Im Tiefland bewegen sich die Temperaturen um 35 °C, gemäßigter gibt sich das Hochland mit Temperaturen bis zu 27 °C, nachts kann es empfindlich abkühlen.

Besondere Tipps

Für Roadrunner: Wer es eilig hat, wendet sich in Palenque nach Norden mit Chetumal als Ziel. Dabei kann man neben kleineren Grabungsstätten wie Balamkú, Chicanná und Kohunlich das im Dschungel verborgene Calakmul besuchen.

Für Grenzerfahrungen: Militär- und Polizeikontrollen in Grenznähe sollte man mit Gelassenheit ertragen. Gefahndet wird nach Drogen und archäologischen Fundstücken.

Für den Körper: Reichlich Trinkwasser und ein Insektenschutzmittel sollten stets mitgeführt werden.

Info: www.mayaroute.com

← Der turmhohe El Palacio in der Maya-Urwaldstadt Palenque diente als Sternwarte (o.)

← Bonampak, Teilansicht der um 790 entstandenen, einzigartigen Fresken (u. li.)

← Der Palast von Palenque ist UNESCO-Weltkulturerbe (u. re.)

↑ Flamingokolonie am Rio Lagartos im Bundesstaat Yucatan

Patagonien

In die Heimat des Windes – Von Puerto Montt bis Ushuaia

Zu Beginn der Tour gibt es zwei Straßen nach Süden: Die legendäre argentinische Ruta 40 verläuft östlich der Anden. 5000 km, überwiegend Schotterpiste, von Bolivien herab bis nach Patagoniens Südzipfel. Fast die Hälfte davon führt durch Patagonien. Die nicht weniger bekannte chilenische Carretera Austral beginnt bei Chaitén, südlich von Puerto Montt und endet 1240 km weiter südlich bei Villa O'Higgins.

Von Puerto Montt an der Pazifikküste geht es mit der Fähre zum Beginn der Carretera Austral. Entlang der Straße locken glitzernde Fjorde, Wildwasserflüsse und heiße Quellen Rafter und Trekkingliebhaber. Die Alternativroute führt von Puerto Montt durch die Anden nach Argentinien. Über Frutillar mit seinen deutschen Straßenschildern fährt man quer durch die Berge nach La Angostura, weiter zur Ruta 40 und nach San Carlos de Bariloche am Lago Nahuel Huapi. Südlich von Esquel führt eine Straße hinüber zur Carretera Austral.

Auf der Ruta 40, im Regenschatten der Anden, ist Patagonien das Land der Pampa, der trockenen Steppe, der unendlichen Weite. Beherrscht vom allgegenwärtigen Wind. Bei El Calafate, im Los-Glaciares-Nationalpark, kalben die Gletscher des patagoni-

schen Eisfelds in den Lago Argentino. El Chalten liegt zu Füßen der schroffen, steilen Felsnadeln von Cerro Torre und Cerro Fitzroy.

Ganz im Süden Chiles liegen die Kleinstädte Punta Arenas und Puerto Natales, das Einfallstor zum grandiosen Torres-del-Paine-Nationalpark, dem Eldorado für Kletterer und Wanderer mit himmelhohen Granitfelsen, Gletschern, Seen und Wasserfällen. Die Pampa, das grandiose Nichts, bedeckt einen großen Teil Feuerlands. Im Süden, jenseits der Berge liegt die Hafenstadt Ushuaia an der felsigen Küste, umgeben von flechtenbehangenen Südbuchenwäldern, Mooren und Inseln voller Seevögel und Seeelefanten.

Die Highlights

Carretera Austral – Die Pionierstraße führt über 1200 km, überwiegend auf Schotter, durch dichten pazifischen Regenwald an Chiles »letzte Grenze«.

Bariloche – Die »Schweiz Südamerikas« bietet grandiose Ansichten von Bergen und Seen, Golfplätze und das berühmte Luxushotel Llao Llao.

Cerro Fitz Roy und *Cerro Torre* – Die spektakulären Felstürme, Traumziel für die besten Bergsteiger der Welt, ragen bei El Chalten am Rande der Pampa fast übergangslos in den Himmel.

Los Glaciare – Die 3 km breite und 60 bis 80 m hohe Eisfront des Perito-Moreno-Gletschers kalbt unaufhörlich in den eisbergbesetzten Lago Argentino.

Torres del Paine – Südamerikas Trekkingdorado bietet auch Autofahrern spektakuläre Landschaften.

Punta Arenas – Die älteste Ortschaft an der Magellanstraße war die Stadt der Schafbarone, deren Paläste und Mausoleen bis heute erhalten sind.

Feuerland – Eine Insel der Gegensätze: im Norden Steppe und schier endlose Schaffarmen, im Süden Südbuchenwälder, Seen und Ushuaia vor der Kulisse der eisglitzernden Darwinkordillere.

Die beste Reisezeit

Die wärmste Zeit, **November bis März,** bringt zwischen Ushuaia und El Calafate maximale Tagestemperaturen zwischen 26 bis 29 °C bei fünf bis sieben Regentagen im Monat. An der Westseite der Anden, auf der Carretera Austral, ist mit deutlich mehr Regen zu rechnen. Auch die Monate Oktober und April bringen es auf passable Tageshöchsttemperaturen von knapp über 20 °C. Wegen des rastlos wehenden Winds Patagoniens kann die gefühlte Temperatur deutlich unter den genannten Werten liegen.

Besondere Tipps

Für Roadrunner: Bei Zeitmangel lässt man den Norden und die Carretera Austral aus und beginnt die Patagonien-Tour in El Calafate.

Für den Gaumen: Cordero Patagonico, ganz langsam am offenen Holzfeuers gegrilltes Lamm, ist DIE Spezialität Patagoniens.

Für das Wissen: Ein Klassiker ist Bruce Chatwins Reiseroman *In Patagonien* aus dem Jahr 1977. Angeregt durch ein Stück Haut eines angeblichen Brontosauriers reist der Ich-Erzähler durch die Landschaft im Süden Argentiniens und Chiles.

Info: www.argentina-argentinien.com, www.chiletour.org

← Der Cerro Torre ist das Ziel der weltbesten Kletterer (li. o.)
← Der Perito Moreno Gletscher im Los Glaciares Nationalpark (re. o.)
← Ein argentinischer Gaucho, sein chilenisches Gegenstück heisst Huaso (li. mi.)
← In der Cueva de los Manos bedecken über 9000 Jahre alte Handabdrücke die Wände (li. mi)
← Neusiedler-Hof im pazifischen Regenwald an der Carretera Austral (re. u.)
↑ Den Torres del Paine kann man sich auch per Auto nähern …

Traumroute 74   Ägypten

Nilkreuzfahrt

Auf der »Queen of Crime« – Von Kairo nach Assuan

Ist der Nil der längste Fluss der Erde? Oder der ähnlich lange Amazonas? Das kommt auf die Berechnung der Quellflüsse an. Einiges spricht für Afrikas mehr als 6800 km langen Strom, aber überlassen wir den Zwist den Forschern. Wir konzentrieren uns auf die 879 km zwischen Kairo und Assuan. Jahrelang war diese »Große Nilkreuzfahrt« wegen politischer Unruhen gesperrt, seit 2012 wird sie wieder angeboten.

Zuvor gab es nur Kreuzfahrten auf den 209 Kilometern zwischen Luxor und Assuan, dort liegen auch die großen Attraktionen Oberägyptens. Am unteren Flusslauf gehören die Pyramide bei Beni Suef, die Nekropole von Tuna el Gebel bei Minia, die Echnaton-Ruinen bei Tell el Armarna, der Totentempel von Abydos und der Tempelkomplex von Dendera zum Besuchsprogramm. In Luxor treffen sich die Schiffe, die von Kairo kommen, mit der großen Zahl derer, die nur am Oberlauf des Nils kreuzen.

Insgesamt sind rund 300 größere Touristenschiffe auf dem Fluss unterwegs, einschließlich der beiden restaurierten Raddampfer-Oldtimer. Ein dritter, die »S/S Memnon«, wird restauriert und steht zum Verkauf. Das Schiff war als »S/S Karnak« Schauplatz des Films »Tod auf dem Nil«. Den

gleichnamigen Krimi soll Agatha Christie im Hotel Winter Palace in Luxor geschrieben haben. Doch zurück aufs Wasser, wo sich die drei Passagierdecks hohen Dampfer mit den Feluken, den traditionellen Segelbooten, kreuzen. Hin und wieder zieht eine Dahabīya ihre Spur, ein größerer Zwei-Mast-Segler, der bisweilen auch einen Motor hat und mit zehn bis 20 Kabinen unterwegs ist. Auf Feluken können Touristen nur einige Strecken befahren, die meisten Urlauber belassen es bei einem kurzen Ausflug, der oft bereits im Programm der großen Nilkreuzer enthalten ist. Selbst der »Tod auf dem Nil« ist bisweilen im Preis inbegriffen – als Krimi-Dinner mit Mördermimen.

Die Highlights

 Kairo – In der islamischen Altstadt, ein UNESCO-Weltkulturerbe, birgt die Zitadelle u. a. die Alabaster-Moschee und den Bazar Khan el-Khalili. Am Tahir-Platz liegt das berühmte Ägyptische Museum.

 Gizeh – Die rund 4500 Jahre alten Pyramiden bilden das einzig erhaltene der sieben antiken Weltwunder. Abends mit Licht-und Tonshow.

 Luxor – Vor der Großstadt liegen die Schiffe oft zwei Tage für Ausflüge zum Luxor-Tempel, zum Tempelkomplex von Karnak und zu den Gräbern im Tal der Könige.

 Esna – Der Chnum-Tempel liegt in der Stadt, aber 9 m unter dem heutigen Stadtniveau. Viele Touristen besuchen auch den nahen Souk.

 Edfu – Der Horus-Tempel gilt als einer der besterhaltenen Ägyptens, er wird ergänzt durch das kleinere Mammisi-Heiligtum für den Geburtsmythos.

 Kom Ombo – Die Anlegestelle ist direkt beim Doppeltempel, der zwei Göttern gewidmet war. Nahebei findet täglich ein großer Kamelmarkt statt.

 Assuan – Die Attraktionen: Der Tempel von Philae, die Inseln Elephantine und Kitchener sowie das Nubische Museum.

Die beste Reisezeit

Die Nilkreuzer sind – abgesehen von einigen Wochen im Juni und Dezember, in denen der Wasserstand des Flusses abgesenkt wird – **ganzjährig** unterwegs. Die meisten Urlauber reisen **zwischen November und April**. Das sind auch die kühleren Monate mit etwa 20 bis 25 °C. Im Sommer steigen die Temperaturen oft auf über 40 °C, was vor allem bei Ausflügen in die archäologischen Stätten strapaziös sein kann. Generelle Beeinträchtigungen kann der islamische Fastenmonat Ramadan (meist zwischen Juni und August) bringen.

Besondere Tipps

Für Roadrunner: Die Reise von Kairo nach Assuan dauert zwei Wochen, die Fahrt zwischen Luxor und Assuan nur drei bis fünf Tage.

Für Seefahrer: Vor dem Bau des Assuan-Staudamms und der Flutung des riesigen Nassersees wurden die Tempel von Abu Simbel umgesetzt. Sie können mit Tagestouren ab Assuan oder bei mehrtägigen Kreuzfahrten auf dem See besucht werden.

Für Strandfreunde: Viele Nilkreuzfahrer verbinden ihre Reise mit einem Bade- oder Tauchurlaub am Roten Meer. Hurghada, El Gouna und Sharm-el-Sheik sind die bekanntesten Ferienorte.

Info: www.egypt.travel

← Die Chephren Pyramide und die Sphinx zählen zu den Hauptattraktionen von Gizeh (o.)

← Fast 900 km weiter südlich bildet Assuanden Endpunkt der Schiffsreise (u. li.)

← Um den Tempel von Wadi-As-Subu' zu sehen, ist ein Ausflug zum Nassersee notwendig (u. re.)

↑ Zum Feierabend gehört die Wasserpfeife dazu

Traumroute 75 Südafrika

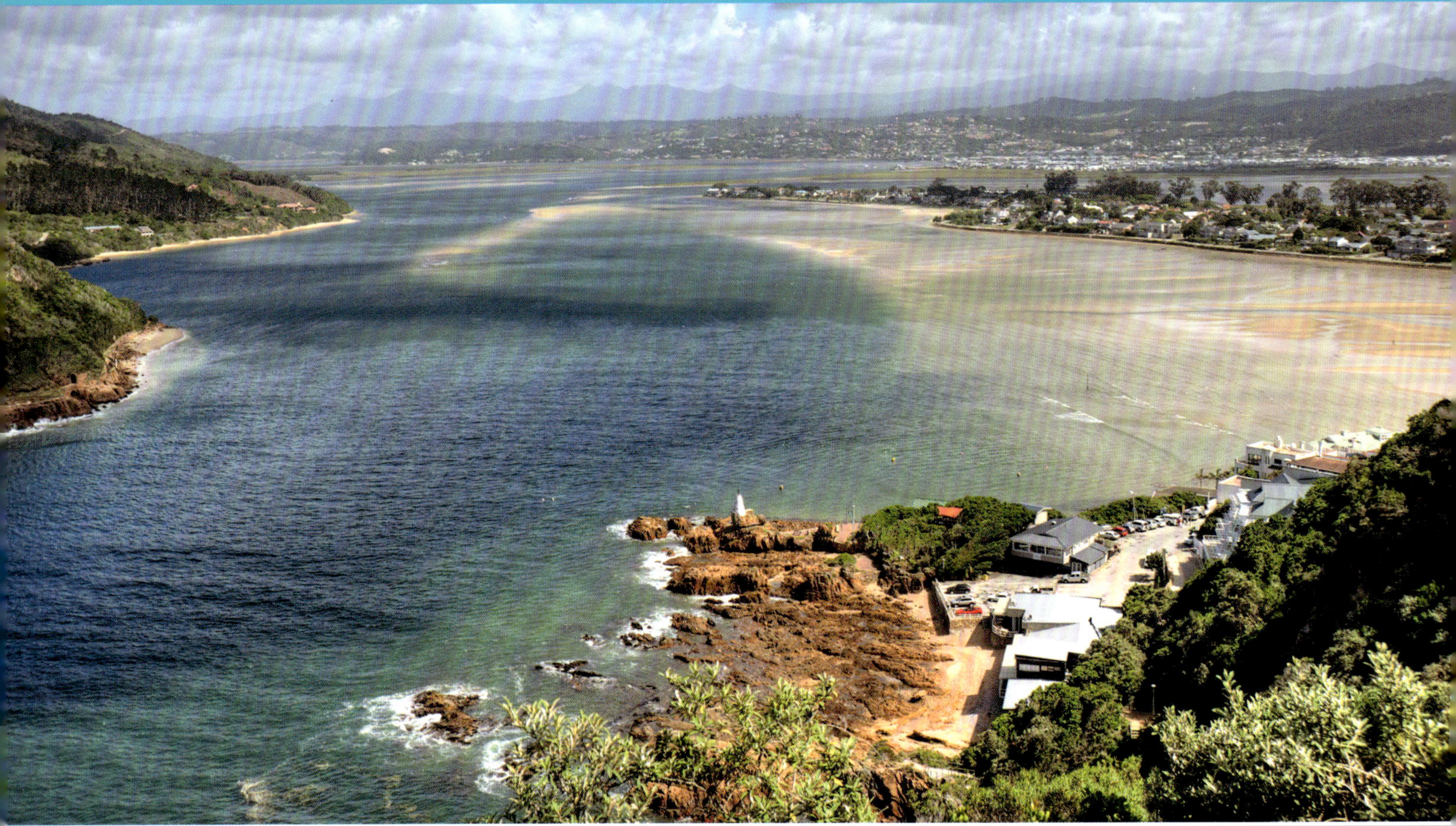

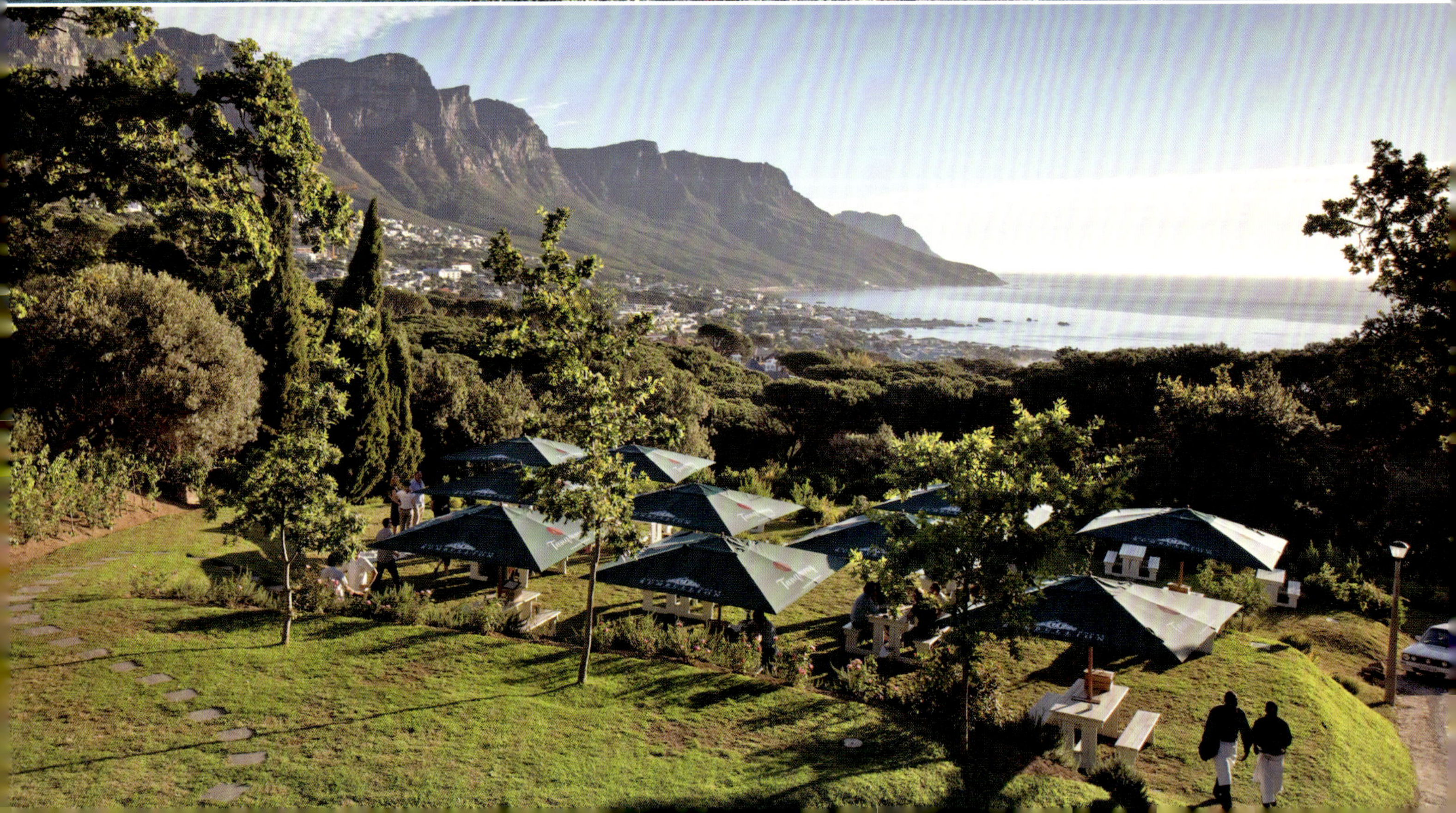

Der Garten Eden am Kap – Von Kapstadt nach Port Elizabeth

Strände, Lagunen, Dünen, Wälder, Flüsse, nette Städtchen: Die Garden Route ist Südafrikas beliebteste Reiseroute. Gourmets stellen der Tour einen Tagesausflug zu den Weingütern um Stellenbosch voran. Oder man investiert einen weiteren Tag für die Kap-Halbinsel und das Kap der Guten Hoffnung.

Die Garden Route selbst beginnt auf der Küstenstraße nach Hermanus. Durch die Walker Bay wurde das Städtchen zum Mekka für Walbeobachter. 40 km weiter südlich folgt Gansbaai, ein Fischerort, der durch Haifischtauchen berühmt wurde: In seinen Küstengewässern tummeln sich die meisten Weißen Haie weltweit. Es gehört schon Mut dazu, sich in einem Käfig versenken zu lassen, um einem Hai ins Auge zu blicken.

Mit dem Cape Agulhas erreicht man den südlichsten Punkt des afrikanischen Kontinents. Swellendam, 1745 gegründet, ist ein Juwel mit seinen liebevoll restaurierten Häusern im kapholländischen, gregorianischen und viktorianischen Stil. Nur sieben Kilometer entfernt bietet der Bontebok-Nationalpark den seltenen Buntböcken ein Refugium. 200 der ehemals vom Aussterben bedrohten Tiere leben heute hier. Mossel Bay, die Muschelbucht, wo einst die ersten Europäer lande-

ten, ist ein beliebter Badeort, während sich in George Golfer auf den Weltklasseplatz Fancourt und Eisenbahnliebhaber auf den legendären Choo-Tjoe-Dampfzug freuen. In Wilderness ist der Name Programm: Eisvögel tauchen ins glasklare Wasser, Delfine schwimmen auf den Wogen des Indischen Ozeans.

Für viele gibt Knysna die schönste Stadt auf der Route ab, doch auch Plettenberg Bay besticht: mit kilometerlangen Sandstränden. Gut 650 km westlich von Kapstadt erreicht man den Tsitsikamma-Nationalpark mit dem schönsten Küstenstrich entlang der Garden Route, ehe man nach zehn bis 14 Tagen die Endstation, die 700 000-Einwohner-und Industriestadt Port Elizabeth, erreicht.

Die Highlights

 Kapstadt und sein Tafelberg sind weltbekannt. Aber es gibt noch weitere touristische Musts in der Millionenstadt, etwa die Long Street oder Robben Island, wo Nelson Mandela inhaftiert war.

 Das *Kap der Guten Hoffnung* bietet zwar nicht den südlichsten Punkt Afrikas (der ist am Cape Agulhas), aber einen fantastischen Aussichtsplatz auf das tosende Meer aus 214 m Höhe, erreichbar in drei Minuten per Zahnradbahn.

 Hermanus und die *Walker Bay* sind von Juni bis Dezember der Tummelplatz von Hunderten von Walen, die dort sehr nahe an die Küste kommen.

 Gansbaai ist der Platz, um einmal im Leben einen Weißen Hai zu sehen.

 Mossel Bay bietet wunderbare Strände, an die immer noch sehr viele Muscheln angeschwemmt werden.

 Knysna gilt als Miniaturausgabe von Kapstadt, setzt aber mit seiner niedlichen Architektur auch eigene Akzente.

 Port Elizabeth entdeckt man am schnellsten von oben: vom 53 m hohen Campanile, der 1923 erbaut wurde.

Die beste Reisezeit

Das Klima ist im südafrikanischen Sommer, also in unserem Winter (die Jahreszeiten sind denen Europas entgegengesetzt), heiß und trocken. Es gibt also viel Sonne und wenig Niederschlag. Im Sommer, von **Dezember bis März,** liegen die Höchsttemperaturen zwischen 25 und 35 °C. Im Winter fällt dagegen viel Regen bei nur 10 bis 20 °C. Einziger Nachteil im Sommer ist die hohe Verkehrsdichte entlang der Route.

Besondere Tipps

Für Roadrunner: Die zeitsparende Abkürzung über die Nationalstraße N2 ist nicht zu empfehlen. Es gibt nur viel Verkehr und viel weniger zu sehen als entlang der Küste.

Für den Gaumen: In Südafrika kann man mehrfach Ungewöhnliches probieren. Das Geschmackserlebnis ist mal so, mal so ... Aber ein Strauß-Filet schmeckt wirklich klasse!

Für zu Hause: Ein paar Holzschnitzarbeiten aus der Long Street von Kapstadt bringen viel Flair ins deutsche Heim.

Info: www.gardenroute.de

← Das charmante Knysna verfügt über schier endlose Strände (o.)

← Panoramablicke auf Sandstrände und Palmenpromenaden machen Camps Bay zum begehrten Urlaubsort nahe Kapstadt: Hier im Picknickgarten des Restaurants Roundhouse (u.)

↑ Mittendrin in einer Safari kann sich fühlen, wer das Gorah Elephant Camp im Addo Nationalpark besucht.

Tausendundeine Nacht – Von Muscat nach Salalah

Omans Reiseattribute sind Berge und feine Palmenstrände, riesige Sandwüsten, filmreife Oasen, mobile Nomadenlager und glitzernde Großstädte, mit der Zugabe einer technisch einwandfreien Infrastruktur, hohen Sicherheitsstandards und einer so gut wie abwesenden Kriminalität. Geradezu perfekt sind also die Voraussetzungen für eine Selbstfahrerreise entlang der wilden Küste vom hauptstädtischen Muscat bis nach Salalah nahe der jeminitischen Grenze.

Natürlich ließe sich die Distanz auch auf der nur rund 1000 km zählenden Schnellstraße durch die inländische Ödnis abschrubben, in knapp zehn Stunden. Nur dass die Küstenstrecke, seit Kurzem erst durchgehend geteert, bildschöne wie seltene Einblicke in die althergebrachte omanische Realität bietet. Zunächst geht es über die neue Autobahn schnurstracks nach Sur. Während der gesamten Fahrt gibt es aquatische Aussichten auf den türkisfarbenen Golf von Oman. Nicht weit von hier schwappt die Sandwüste Ramlat al Wahiba mit riesigen Dünen zur Coastal Highway, mittendrin herumstreunende Kamele, vermummte Beduinenfrauen und Fahrspuren, die sich im Nirgendwo verlieren.

900 km Asphaltband ziehen sich nun ab hier an der Arabischen See entlang bis nach

Shalim Wa Juzor Al Hallaniyyat. Massen an Seevögeln an endlosen Stränden, zerfallene Wehrfestungen in einsamen Buchten sowie Küstenorte wie aus Tausendundeiner Nacht säumen unsere Route. Inmitten dieser maritimen Einzigartigkeit aus Sand und Türkis kuriose Zivilisationspunkte: Aus Autos macht die salzlastige Luft fahrende Gerippe, die deplaziert wirkende Tankstellen anlaufen oder vor winzigen Supermarktläden parken.

Nach 1500 km Fahrstrecke steigen die ersten Umrisse des Dhofar-Gebirges aus dem Dunst, kraftvoll schlägt in Salalah die Brandung auf gepflegte Hotelstrände: Nicht nur Sultan Qaboos Sommerpalast erhebt sich beeindruckend aus der grünen Oasenstadt!

Die Highlights

Das historische *Muscat* mit seinen Festungsanlagen Fort Mirani und Fort Jalali sowie dem Sultanspalast ist ein wahrhaftiger Traum.

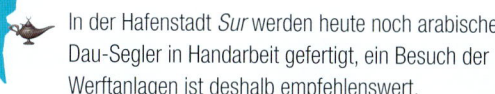

In der Hafenstadt *Sur* werden heute noch arabische Dau-Segler in Handarbeit gefertigt, ein Besuch der Werftanlagen ist deshalb empfehlenswert.

Bei *Ras al-Jinz*, eine Fahrstunde südlich von Sur, liegt ein Schutzgebiet für Meeresschildkröten.

Das moderne *Salalah* bietet aufgrund eines saftigen Grüngürtels vor allem farbschillernde Märkte und feine Hotelstrände.

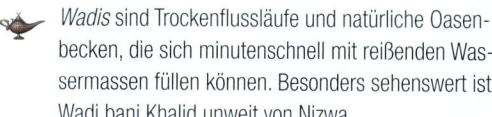

Wadis sind Trockenflussläufe und natürliche Oasenbecken, die sich minutenschnell mit reißenden Wassermassen füllen können. Besonders sehenswert ist Wadi bani Khalid unweit von Nizwa.

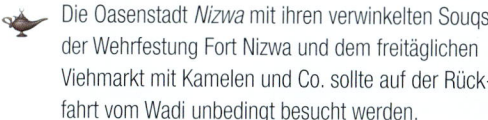

Die Oasenstadt *Nizwa* mit ihren verwinkelten Souqs, der Wehrfestung Fort Nizwa und dem freitäglichen Viehmarkt mit Kamelen und Co. sollte auf der Rückfahrt vom Wadi unbedingt besucht werden.

Mutrah ist Muscats moderne »Business-Schwesterstadt« und bietet mit seinen Souqs ein orientalisches Shoppingparadies.

Die beste Reisezeit

Der omanische Winter ist eine fantastische Reisejahreszeit: Ab **November bis in den Februar** liegen die sonst brütenden Temperaturen zwischen 20 und 30 °C, das Wasser ist immer noch ausreichend warm zum Baden und die Sonne scheint den ganzen Tag, was ideale Rundreisevoraussetzungen schafft und auch faule Tage am Strand möglich macht.

Besondere Tipps

Für Roadrunner: Vom ersten Streckenabschnitt bis nach Sur geht es in einem Rutsch fix durchs Inland bis nach Salalah.

Für die Nacht: Gästehäuser entlang der Strecke bieten Zimmer ab 30 Euro, für Camper sind individuelle Nachtlager wo auch immer möglich, offizielle Campingplätze gibt es nicht.

Für Selbstfahrer: Die individuelle Entdeckung der Ostküste ist ein so sicheres wie aufregendes Erlebnis, es lassen sich auch Geländewagentouren mit Fahrer und Führer buchen.

Info: www.omantourism.de

← Blick vom Turm des Forts über den Souq von Nizwa (o.)
← Zu den Highlights gehört ein Trip in die Wüste ebenso wie ein Stop in der Oasenstadt Nizwa am Südrand des Hadschar-Gebirges (u. li.)
← Der Gebetsraum der Moschee von Muscat prunkt mit üppiger Ausstattung (u. re.)
↑ Ein orientalisches Shopping-Paradies in den Souks von Muttrah

Freakstreet & Co. –
Von Delhi über Kathmandu nach Goa

Kathmandu oder Goa? Freakstreet oder
Traumstrände? Wer sich nicht entscheiden
konnte, hat eben beides mitgenommen: das
ehemals hinduistische Königreich Nepal im
Himalaya und das Hippieparadies im kleins-
ten Bundesstaat Indiens.

Der Hippie-Trail Teil 2 startet in Delhi.
Nach etwa 800 km erreicht man Varanasi,
die heilige Stadt am Ganges. Über Gorakhpur
führt die Route in das ca. 1300 m hoch gelegene Kathmandu, wo durch die Freakstreet
im Herzen der Stadt ein »letzter Hauch von
Blumenkindern« weht. Am Durbar Square
kann man stundenlang religiöse Sadhus, Las-
tenträger, Devotionalienverkäufer und kleine
Zeremonien beobachten. Ebenso sehenswert
und sehr nahe gelegen sind Bhaktapur, Patan
und Pashupatinath.

Vom 200 km westlich gelegenen Pokhara
am Fewa Lake hat man eine gigantische Aussicht auf das Annapurna-Massiv. Hier treffen
ausgeflippte Jugendliche auf ambitioniertes
Trekkingpublikum. Richtung Südwesten erreicht man über Lucknow, Guna und Dhule
die größte Stadt Indiens, Mumbai. »Bolly-
wood« erwartet den Besucher mit dem
Gateway of India, dem Taj Mahal Hotel, den
Türmen des Schweigens oder Tempeln ver-
schiedener Religionen. Besonders schwierig

ist das Vorankommen: mit Trucks, Autos,
Tuk-Tuks und Ochsengespannen überfüllte
Straßen geben einem nur den allernötigsten
Platz zum Fahren.

Schnell raus aus diesem Chaos und weiter nach Poona, wo immer noch Tausende
von Sinnsuchern aus aller Welt im Ashram
des Baghwan Shree Rajnesh unterwegs sind.
Keine Wünsche offen lässt dann Goa: Hier
hat sich die Hippiekultur bis heute an vielen
Stellen erhalten, zum Überwintern mietet
man eine der einfachen Strohhütten direkt
am weitläufigen Palmenstrand, wie seinerzeit
braust man auch jetzt noch mit einer lautstar-
ken Royal Enfield zum Flohmarkt nach Anjuna. Kathmandu oder Goa? Keine Frage:
nach Möglichkeit beides!

Die Highlights

 Mumbai besitzt mit dem im viktorianischen Stil erbauten Chhatrapati Shivaji Terminus einen der größten Bahnhöfe der Welt.

 Humayuns Grabmal in Delhi liegt sehr malerisch in
einer schönen Gartenanlage.

 Varanasi hat viele verwinkelte Gassen, in denen
man das Leben der Inder gut beobachten kann. Farbenprächtige Devotionalienmärkte laden zum Foto-
grafieren ein.

 Kathmandu, *Patan* und *Bhaktapur* haben jeweils einen Durbar Square im Zentrum. Der in Patan ist der
schönste.

 Pokhara liegt am herrlichen Fewa Lake. Von hier
aus kann man umliegende tibetische Dörfer und
Klöster besuchen, ebenso die Friedenspagode hoch
oben mit gigantischem Ausblick.

 Alt-Goa, oder Velha Goa, ist mit den vielen Kirchen
aus der portugiesischen Kolonialzeit UNESCO-Weltkulturerbe und auf jeden Fall einen Besuch wert.

 Anjuna zieht mit seinem riesigen Flohmarkt von November bis April jeden Mittwoch Hunderte Besucher
an. Der Duft von Räucherstäbchen hängt über den
bunten Ständen.

Die beste Reisezeit

Empfehlenswert sind **November, Dezember und Januar,** in Goa ist ein abschließender Aufenthalt auch bis Ende März möglich,
danach ist es sehr schwül. In den nördlichen
Regionen von Indien und in Nepal sind die
Tage in den Wintermonaten angenehm,
abends ist es etwas kühler, dafür gibt es praktisch keinen Regen. Delhi ist im Dezember
teilweise sehr diesig. Die Tour keinesfalls
in der Monsunzeit von Juni bis September
fahren!

Besondere Tipps

Für Roadrunner: Von Delhi direkt ostwärts nach Nepal und an der Grenze zu
Indien entlang bis nach Kathmandu. Weiter Richtung Goa über Varanasi und
Nagpur.

Für die Nacht: Ein Tipp ist das Hotel Tibet International, Zimmer mit Aussicht buchen. Der Blick auf den beleuchteten Stupa von Bodnath abends von
der Restaurantterrasse ist unvergesslich.

Fürs Indienfeeling: Shiva Moon: Eine Reise durch Indien von Helge Timmer-
berg und *Notbremse nicht zu früh ziehen! Mit dem Zug durch Indien* von
Andreas Altmann als Lesestoff.

Info: http://de.wikipedia.org/wiki/Hippie

← Stupa eines buddhistischen Tempels mitten in Kathmandu (o. li.)
← Buddhistischer Tempel in der Nähe von Pokhara (o. re.)
← Betende Mönche in Bodnath in der Nähe von Kathmandu (u. li.)
← Lange Hängebrücke zwischen Kathmandu und Pokhara (u. re.)
↑ Ein Sadhu in Pashupatinath, einer der wichtigsten Verbrennungsstätten
des Hinduismus

Traumroute 78 Burma

Die »Road to Mandalay«

Kreuzfahrt zu den Tempelbergen –
Von Rangun nach Bhamo

Für die Passagiere der 43 voll klimatisierten Road-to-Mandalay-Kabinen beginnt das Programm mit der Shwedagon-Pagode auf dem Tempelberg der Fünf-Millionen-Metropole Rangun. Mehr als tausend Besucher finden sich im Gewirr goldglänzender Heiligtümer zum Sonnenuntergang ein. Am nächsten Morgen folgt eine Stunde Flug bis zur Königsstadt Bagan, wo das eigentliche Flussabenteuer nach dem Einchecken an Bord beginnt: Auf den Tempelfeldern von Bagan ragen Hunderte Stupas und Pagoden mit burgähnlichen Zinnen, Türmen und schimmernden Kuppeln aus dichtem Grün. Wer an Deck in die Tiefen der kolonialen Vergangenheit eintauchen mag, liegt am Pool, während sich an der Bar Frank Sinatra und Robbie Williams mit ihrem Hit »Road to Mandalay« dezent abwechseln.

Nach zwei Tagen flussaufwärts kommt die alte Königsstadt Mandalay mit goldglänzenden Kuppeln in Sicht. Im Klosterbezirk der Sagaing Hills leben und meditieren dort über 10 000 buddhistische Mönche und Nonnen. Vom Haupttempel, der Pagode Soon U Shu, zeigt der silbrig glitzernde Ayeyarwady, an dessen Ufern zwischen gülden schimmernden Kuppeln das ehemalige Rheinschiff »Road to Mandalay« vor Anker

liegt, ein unwirkliches Panorama. Die ganz große Passage findet nur viermal im Jahr statt, wenn die »Road to Mandalay« auf einer zwölftägigen Flusskreuzfahrt die lehmigen Fluten des Irrawaddy noch weiter über Mandalay hinaus durchpflügt, immer flussaufwärts bis nach Bhamo, nahe der chinesischen Grenze. Neben beeindruckenden Pagoden und Klosteranlagen wartet die im 17. Jahrhundert gegründete Stadt an der alten Karawanenstraße nach China mit unberührtem Charme auf die exklusiven Besucher. Auf jeden Fall, da ist sich Kapitän Myo Lwin ganz sicher, werden die Deutschen ihrem burmesischen Traumschiff, einem aufgerüsteten Rheindampfer aus Köln, weiterhin treu bleiben.

Die beste Reisezeit

Herbst und Winter bieten im südostasiatischen Raum die trockeneren klimatischen Verhältnisse mit Temperaturen bis zu 28 °C, was an Bord der voll klimatisierten »Road to Mandalay« und im luftigen Fahrtwind an Deck keine große Rolle spielt. Aber zum Sightseeing während der Landgänge sowie beim Erklettern von Tempeln und Klosteranlagen liegt die beste Reisezeit zwischen **November und Februar**.

Die Highlights

 Die Heißluft-Company *Balloons over Bagan* lässt ihre acht Montgolfieren über die Tempelfelder Bagans mit spektakulären Ausblicken auf Tausende Pagoden schweben.

 Mandalays Tempelberg *Sagaing* ist mit 600 Klöstern eine der sehenswertesten Highlights der Tour sowie eine UNESCO-Perle auf der Liste des Weltkulturerbes.

 Amarapura, die »Stadt der Unsterblichen«, steht mit ihren berühmten Sehenswürdigkeiten auf dem organisierten Landgang-Programm der »Road to Mandalay«.

 Den *Inle-See* sollte man im Anschluss an die Flusskreuzfahrt unbedingt besuchen: Der 120 qkm große und 875 m über dem Meeresspiegel liegende See ist berühmt für seine Einbeinruderer und die schwimmenden Dörfer.

 Der noch weitgehend unberührte *Myeik-Archipel* mit seinen 800 Trauminseln liegt am südlichsten Zipfel Myanmars.

 Die *Shwedagon-Pagode* in Rangun ist das wichtigste Heiligtum des Landes. Der alte buddhistische Schrein ist knapp 100 m hoch und mit Blattgold überzogen.

 Die *Chauk-Htat-Gyi-Pagode*, ebenso in Rangun, beheimatet den größten liegenden Buddha der Welt.

Besondere Tipps

Für Roadrunner: Man kann das Vor- und Nachprogramm überspringen und nur die viertägige Flussfahrt machen.

Für Leseratten: Wer sich vor der Reise schon einmal auf Burma einstimmen will, liest George Orwells Roman *Tage in Burma*, Rudyard Kiplings Poesiewerk *Mandalay* oder Amitav Goshs Erzählung *Glaspalast*.

Für Flieger: Für Ballonfahrer empfiehlt sich eine sechstägige Ballon-Safari über dem Inle-See, für politische Überflieger eine Vorstellung der Komödiantentruppe »Moustache Brothers« aus Mandalay.

Info: www.roadtomandalay.net

← Nahe der Königsstadt Bagan ragen hunderte Stupas und Pagoden aus dem dichtem Blätterwerk (o.)
← Alltägliches Transportmittel sind schwere Ochsenkarren (u. li.)
← Unter der goldglänzenden Shwedagon-Pagode in Rangun (u. re)
↑ Auf dem Sonnendeck der »Road to Mandalay«

Traumroute 79 Malaysia | Thailand

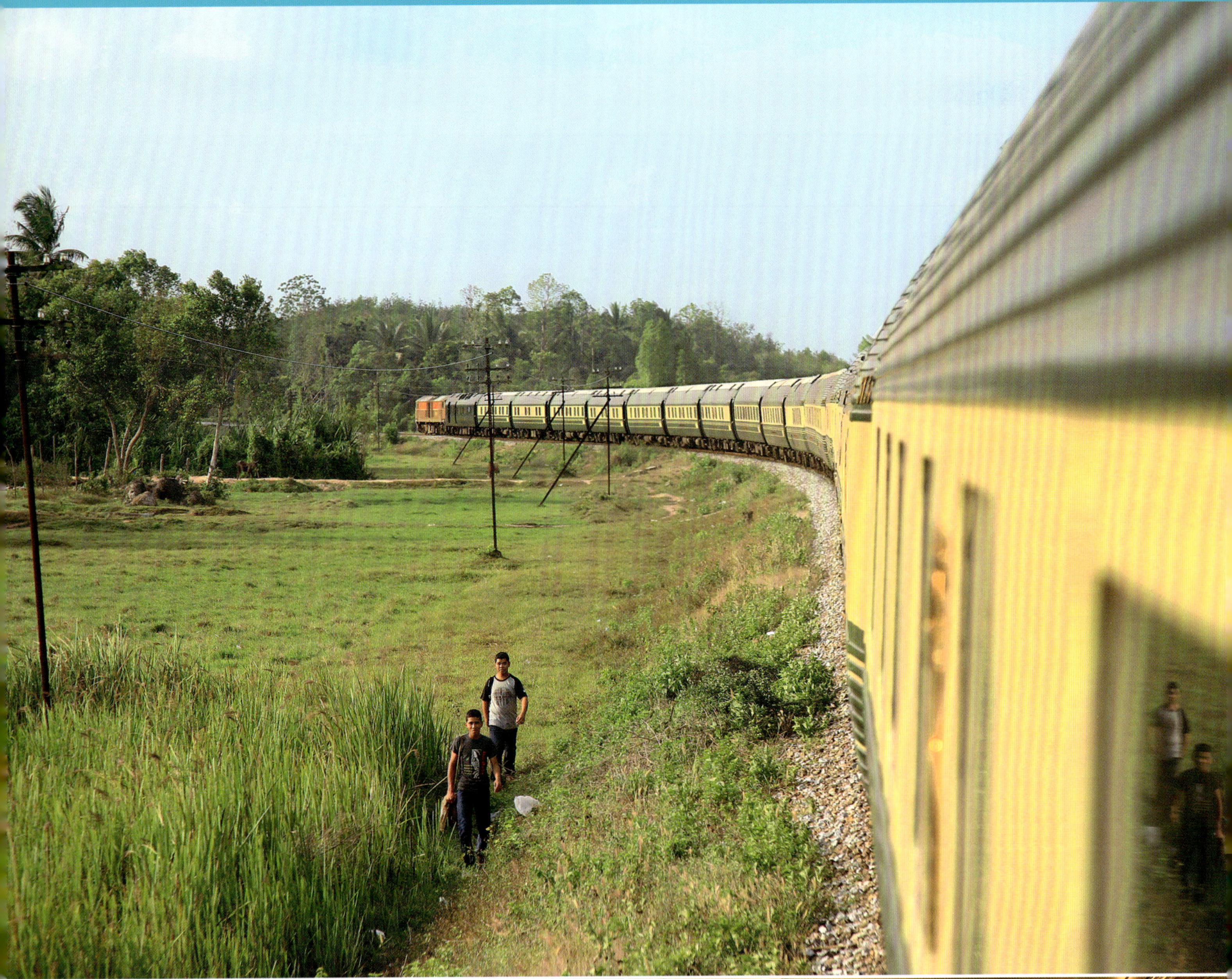

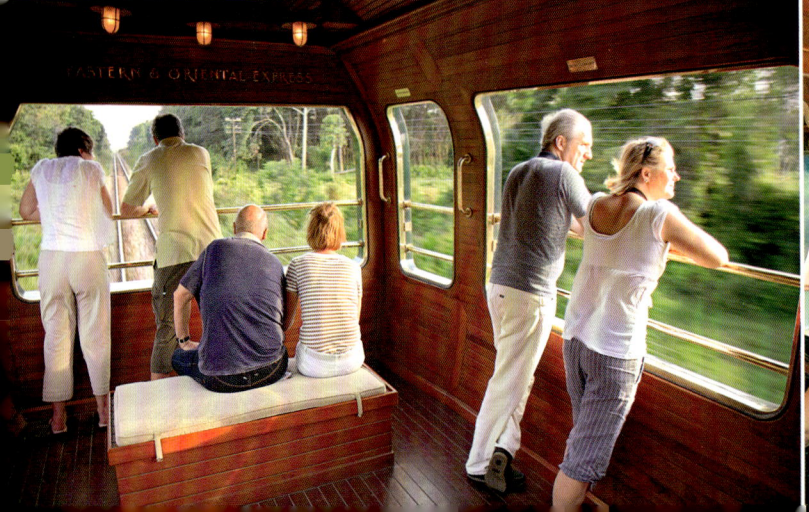

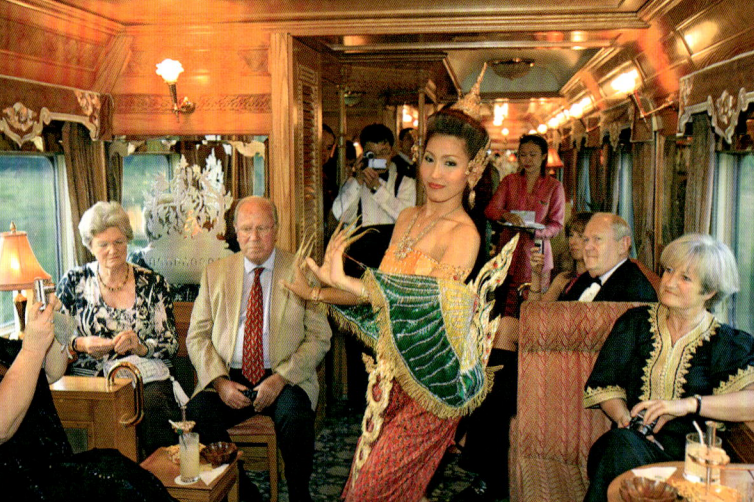

Eastern & Orient Express

Handgeschliffenes Kristall im Dschungel – Zugfahrt von Singapur bis Bangkok

Der historische Orient-Express ist zwar nie über Konstantinopel, das heutige Istanbul, hinausgekommen, aber inzwischen gibt es einen Zug, der diesem traditionsreichen Namen auch geografisch entspricht: der »Eastern & Oriental Express«. Er führt durch tropische Landschaften und bleibt der Tradition treu, Metropolen zu verbinden. Hier sind es Singapur und Bangkok. Der Zug war anfangs nur auf der direkten Route zwischen den beiden Metropolen unterwegs, heute bietet die auf Luxustourismus spezialisierte Gesellschaft auch längere Reisen mit mehreren Zwischenstopps an, etwa die Neun-Tage-Fahrt Singapur – Kuala Lumpur – Cameron Highlands – Penang – River Kwai – Bangkok. Die Rückreise bietet statt eines Hochlandhalts einen Badestopp in Trang. Jüngst kamen auch Bahnreisen von Bangkok nach Chiang Mai und nach Vientiane hinzu.

Die Waggons, die einst für Neuseelands Bahn rollten, wurden nobel umgebaut zu Restaurants, Salons und die besonders beliebten Panoramawagen mit offener Plattform, die immer am Ende des Zuges angekoppelt sind. Hier erlebt man den Dschungel mit seinen Gerüchen und Geräuschen unmittelbar. Die holzgetäfelten und klimatisierten Kabinen haben jeweils ein Duschbad, in den Dop-

pelkabinen der – relativ – preiswerten Pullmann-Kategorie befinden sich die Betten übereinander. Aus allen Betten werden tagsüber Sofas und Sessel. Zum Dinner im Zug erwartet der Maître die Gäste an einigen Abenden stilvoll mit Schlips und Jackett respektive femininer Gewandung. Die Kellner haben dazu »handgeschliffenes Kristall« ausgelegt und tragen ein Vier-Gänge-Menü auf, nicht mitgerechnet zum Abschluss die Petit Fours mit Kaffee oder stilechtem Boh Tea aus den Cameron Highlands. Das Frühstück – Croissants und Früchte – sowie der Nachmittagstee werden in der Kabine serviert. Und zur Dämmerung trifft man sich an der Bar zum Singapur Sling.

Die Highlights

Singapur – Hauptattraktionen der Millionenstadt sind der Botanische Garten, der Nationale Orchideengarten, der Zoo und das 165 m hohe Riesenrad Singapore Flyer.

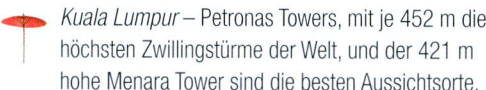

Kuala Lumpur – Petronas Towers, mit je 452 m die höchsten Zwillingstürme der Welt, und der 421 m hohe Menara Tower sind die besten Aussichtsorte.

Cameron Highlands – Das malaysische Hochland liegt auf etwa 1200 m und ist eine beliebte Urlaubsregion mit Teeplantagen und Obstgärten.

Penang – Die koloniale Inselhauptstadt George Town ist – nach einer Fährüberfahrt von Butterworth – Ziel eines Ausflugs der Zugpassagiere.

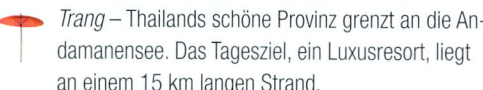

Trang – Thailands schöne Provinz grenzt an die Andamanensee. Das Tagesziel, ein Luxusresort, liegt an einem 15 km langen Strand.

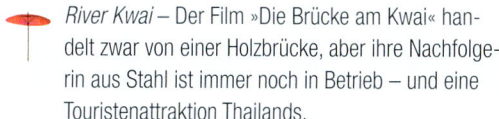

River Kwai – Der Film »Die Brücke am Kwai« handelt zwar von einer Holzbrücke, aber ihre Nachfolgerin aus Stahl ist immer noch in Betrieb – und eine Touristenattraktion Thailands.

Bangkok – Die goldenen Tempel, den Grand Palace, das Haus des Seidenhändlers Jim Thompson und eine Kanal-Rundfahrt sollte man nicht auslassen.

Die beste Reisezeit

Die Reise führt durch tropisches Gebiet mit feuchtheißem Klima, die Temperatur liegt meist bei 30 °C, in den Cameron Highlands bei 22 °C. Regenfreie Zeiten gibt es entlang der Route nicht, aber die Spanne zwischen Mai und September gilt als regenärmer. Der »trockenste« Monat ist in der Regel der Juni. Die Hauptreisezeit ist **November bis Januar,** mit Großen Ferien, Weihnachten und Chinese New Year.

Besondere Tipps

Für Roadrunner: Ab Singapur gibt es auch Touren mit ein bis drei Übernachtungen.

Für Tempelfans: Das schön gelegene Chiang Mai, Thailands »Rose des Nordens«, hat sich zwar zu einer modernen Großstadt entwickelt, ist aber reich an alten Tempeln. Populär sind Besuche im Elefantencamp.

Für Buddhismusfans: Vientiane, die Hauptstadt von Laos, erreicht der Luxuszug via »Freundschaftsbrücke« über den Mekong. Ein Muss für alle Touristen ist dort der königliche Stupa Pha That Luang, das laotische Nationalsymbol aus dem 16. Jahrhundert.

Info: www.orient-express.com

← In der Hauptsaison schlängelt sich der Eastern & Orient Express mit besonders vielen Waggons über die malaiische Halbinsel (o.)

← Der letzte Wagen des Zuges ist dank seiner offenen Plattform besonders beliebt (u. li.)

← In den Salonwagen gibt's neben den Drinks auch Thai-Tänzerinnen zu bewundern (u. re.)

↑ Begrüßung neuer Gäste am Eastern & Orient Express

Traumroute 80 Cook Islands

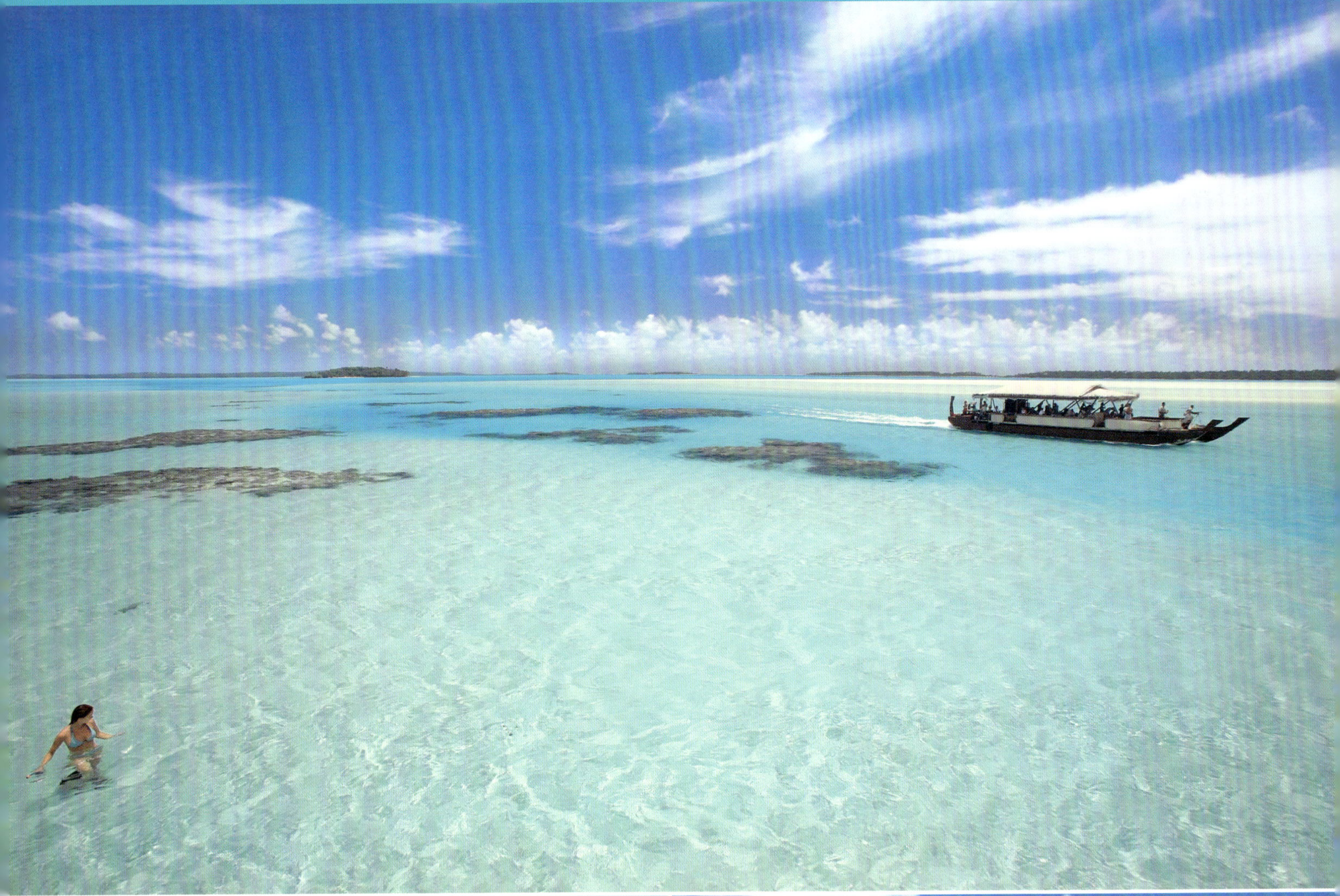

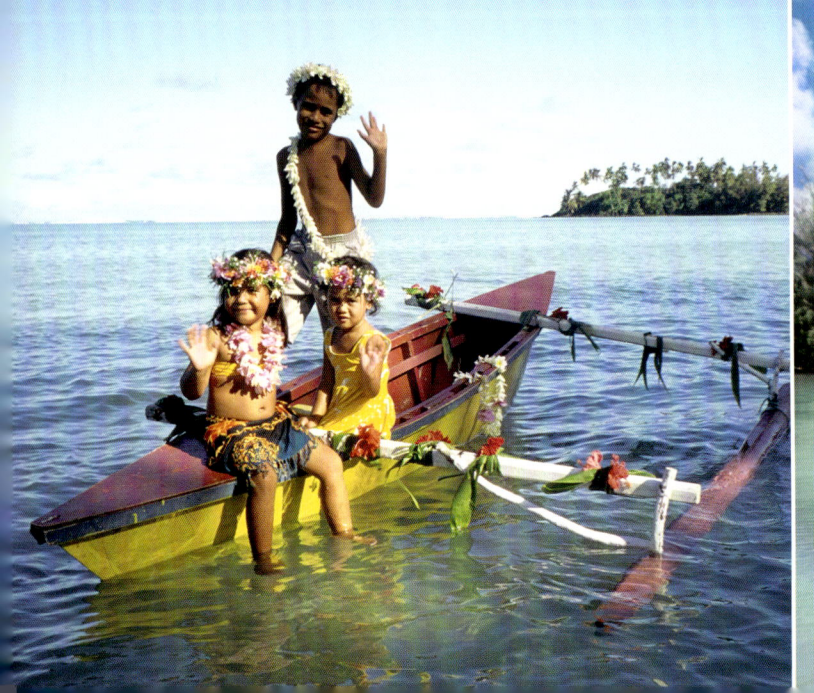

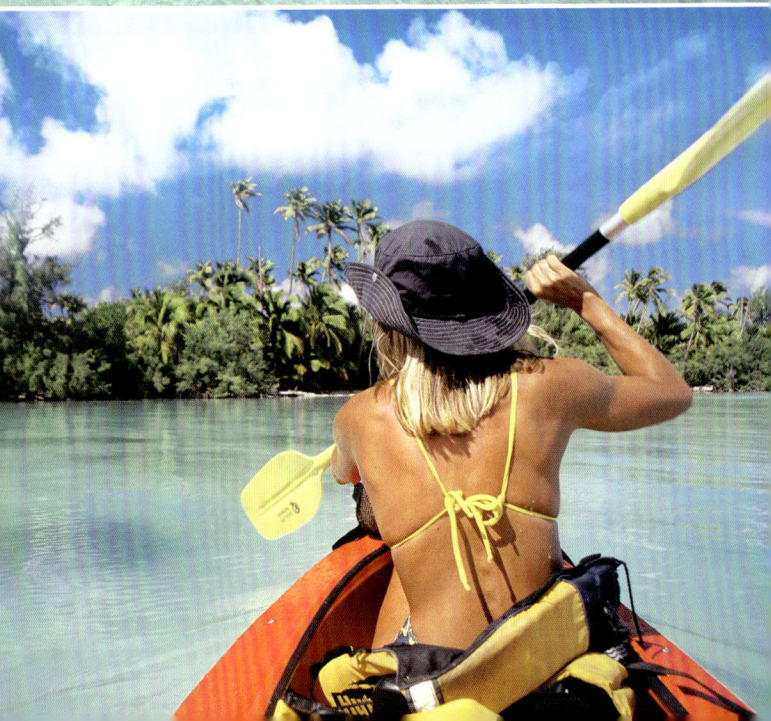

Rarotonga

Der Himmel auf Erden – Einmal rund um die größte der Inseln

Ein Cook Islander kennt 71 Götter und zwölf Himmel – fünf über der Sonne, sieben darunter. Ein Besucher der Cook Islands ist dagegen schon mit einem Himmel zufrieden: Blumenkränze um den Hals verströmen einen betörenden Duft, freundliche Menschen lachen einen allerorten an, und der Autovermieter erklärt: »Den Schlüssel können Sie stecken lassen. Aber parken Sie nie unter einer Kokospalme!« Als ob einer der 71 Götter seine Macht demonstrieren möchte, donnert zehn Sekunden später keine 20 m weiter eine große Kokosnuss ins Gras.

Der Himmel auf Erden ist kreisrund, fast vollständig von einem Riff umsäumt, mit 30 km Strand gesegnet und heißt Rarotonga – ihres Zeichens die größte der Cookinseln. Als ob es sich um ein perfektes Bühnenbild handle, ragen einerseits die immergrünen Faltenberge oft bis in die weißen Wattewolken hinauf und andererseits trifft der Ozean dunkelblau auf den Horizont.

Vor Rarotongas schönstem Strand, Muri Beach, erfüllen die vier Inseln Tapu, Oneroa, Koromiri und Taakoka das Südseeklischee – und das ganz günstig: Auf den Cook Islands bekommt man schon ab 75 Euro einen hübschen Bungalow direkt am weißen Strand. Frühmorgens, beim Planschen in der Lagune,

weckt man vielleicht tellergroße Rochen, die unterm Sand friedlich schlummern.

Aber auch im Himmel gibt es Bürokratie: Der EU-Führerschein wird für Mopeds nicht anerkannt. Also muss man für ein paar Euro einen Cook-Islands-Führerschein erwerben und eine Prüfung ablegen. Dabei steht der Polizeibeamte mit strengem Blick im Schatten seiner Station in der Hauptstadt Avarua und beobachtet, wie der Prüfling im Hof einmal im Kreis fährt und brav vor dem Officer zum Halten kommt. Nach dessen knappem »Bestanden« kann es losgehen zur Inselumrundung, immerhin sind es 40 km. Wer es eilig hat, schafft es in zwei Stunden. Strandnixen und Tagträumern reichen oft zwei Wochen nicht.

Die Highlights

 Avarua, die Hauptstadt Rarotongas, bietet das Wrack der »SS Maitai« von 1916 im Hafenbecken und ein kleines Museum sowie eine Parfümfabrik an Land.

 Ngatangiia Harbour ist ein historischer Platz, denn von dort fanden um 1350 einfache Maori-Kanus den langen Seeweg ins heutige Neuseeland.

 Muri Beach gilt als der absolute Höhepunkt jeder Inselumrundung. In der schönsten Lagune von Rarotonga wetteifern vier zum Greifen nahe Inseln um den Schönheitspreis.

 Titikaveka, der südlichste Punkt von Rarotonga, gibt den perfekten Platz zum Chillen ab.

 Aroa Beach ist ein guter Spot für Taucher und Walbeobachter.

 Aitutaki, vielleicht die Insel mit der schönsten Lagune der Welt, muss man mindestens als Tagesausflug einplanen. Es ist unwirklich schön. Nach Aitutaki meuterte die Besatzung der »Bounty«. Keiner wollte von dort weg.

 Atiu, eine weitere Cookinsel, aber ohne Klischees: kein Atoll, keine Lagune, dafür Bier aus Orangen und Südpazifikalltag mit 575 Einwohnern sowie durchschnittlich drei Touristen …

Die beste Reisezeit

Das kleine Südseeparadies ist **ganzjährig** mit Tagestemperaturen zwischen 25 und 30 °C bereisbar. Auch die Wassertemperaturen liegen in dieser Größenordnung. Zwischen April und November ist Trockenzeit, das Thermometer kann in Einzelfällen mal unter 25 °C anzeigen. Zwischen Dezember und März ist Regenzeit, was bedeutet, dass es jeden Tag einmal oder auch mehrfach kurz regnet, was aber stets eine fantastische Stimmung erzeugt.

Besondere Tipps

Für Roadrunner: Es gibt keine Abkürzung, sondern nur die richtungsweisende Wahl zwischen einer Fahrt mit dem Uhrzeigersinn oder entgegen sowie der Zeiteinteilung zwischen zwei Stunden bis zwei Wochen…

Für das Wissen: Vor Abreise eine DVD mit der »Meuterei auf der Bounty« anschauen, am besten die 1962er-Version mit Marlon Brando als Fletcher Christian.

Für zu Hause: Eine CD mit südpazifischen Ukulele-Klängen erinnert an eine unvergessliche Reise. Gute Auswahl auf dem Punanga Nui Market in Avarua.

Info: www.cook-islands.com

← Das Aitutaki-Atoll gilt als eines der schönsten der Welt (oben)
← Blumenkinder begrüßen Touristen am Muri Beach auf Rarotonga (u. li.)
← Unwirklich schön: Eine Paddeltour durchs Aitutaki-Atoll (u. re.)
↑ Einsamkeit pur auf One Foot Island π vor Aitutaki, einer der Cook Islands

Register

Bildnachweis

Alle Fotografien stammen von der Bildagentur LOOK München

Bildagentur LOOK, München: S.5, 6 (2), 7, 8 (3), 9, 10 (3), 11, 12 o.l., 14 (3), 15, 16 o.l. & u.l., 18 (3), 19, 20 (2), 21, 28 (2), 32 (2), 33, 34 (3), 35, 36 (2), 37, 38 (4), 39, 40 o., 42 (4), 43, 44 (2), 45, 46 (3), 47, 48 (3), 49, 50 (4), 52 (3), 53, 54 (2), 56 (3), 57, 58 (4), 59, 60 (2), 61, 62 (3), 63, 66 u.l., 67, 72 o., 73, 76 (3), 77, 78 (3), 79, 80 (4), 81, 90 (3), 91, 92 o., 98 (3), 99, 102 (4), 103, 104 (3), 105, 106 (3), 107, 108 (2), 109, 110 (4), 111, 112 (4), 113, 114 (3), 115, 116 (2), 117, 118 u.l. & u.r., 120 (3), 121, 122, 123, 134 (4), 135, 138 (2), 139, 140 u.r. & u.l., 141, 142 u.l. & u.r., 144 (3), 145, 146 (2), 147, 148 (3), 149, 152 (3), 153, 154 (2), 155, 156 u.r., 157, 160 o.l., 164 (3), 165

Mit Ausnahme von: Aranui Cruises, Tahiti: S. 100 u.r. & o.l.; DPA / Picture-alliance, Frankfurt am Main: S.72 u. l.; Indian Pacific Railway/Great Southern Rail: S. 140 u.l.; Joachim Hellmuth, Eresing: S. 4 o.; Johann Scheibner, Berlin: S.162 (3), 163; www.Shutterstock.com: S. 51 (RicoK.), 136 o.l.

Bilder der Textautoren: Franz Binder, München: S. 136 u.l. & u.r., 137; Gabriele Gerner-Haudum, München: S. 40 u.l. & u.r., 41, 68, 69, 132, 133, 158, 159; Daniela Hansjakob, München: S. 16 u.r., 17 o.r.,
Eugen E. Hüsler, Darmstadt: S. 55; Roland F. Karl, Wiesbaden: S. 24, 25, 26, 27, 29, 92 u.l., 93, 94, 95, 100 u.l., 101, 128, 129, 130, 131, 156 o.l. & u.l., 160 u.r. & u.l., 161; Olaf Meinhardt, Rötgesbüttel: S. 70, 71; Jochen Müssig, München: S. 30, 31, 142 o.l., 143
Lothar Schmidt, München: S. 12 u.l., 13, 118 o.l., 119; Hans-Joachim Spitzenberger, Seevetal: S. 66 u.r. & o.l., 74, 75; Klio Verigou, Aachen: S. 64, 65; Wolfgang R. Weber, Darmstadt: S. 22, 23, 82, 83, 84, 85, 86, 87, 88, 89, 96, 97, 124, 125, 126, 127, 150, 151

Freisteller: Fotolia.com: S. 7 (Wiesler, F.), 11, 111 (Profotokris), 13, 113 (Baker, D.), 17 (Andreas), 21 (Steidl, J.), 25 (Hansderzweite), 27, 99, 131 (Isselée, E.), 33 (Yura_fx), 35 (Aquiya), 37 (Loigge, J.), 39 (Staroseltsev, A.), 41 (trekandshoot), 43 (robynmac), 47 (Axxoss), 49 (Renz, T.), 71 (ketsur), 73 (vlad_g), 75 (jeans), 87 (Rivera, E.), 91 (fotomatrix), 95 (Kaliuzhnyi, V.), 101 (Onkelchen), 115 (jufo), 133 (Kalyuznnyy, V.), 137 (Rohde, G.), 141 (Petrovic, U.), 155 (roman gorielov), 159 (fotomatrix), 165 (Bonzami E. Cynoclub). www.Shutterstock.com : S. 9 (mutation), 15 (grossishut), 23 (oksana2010), 31 (First_emotion), 45 (Hempel, S.), 51 (Olykainen, M.), 53 (Yanas), 55 (Wierink, I.), 57 (Africa Studio), 61 (Fedor), 65 (Pinaev, S.), 67 (tuulijumala), 69 (Igor Boldyrev), 77 (Lightspring), 79 (martiapunts), 81 (Kuzmin, S.), 83 (VlLevi), 89 (tepic), 97 (hunta), 103 (Maximus256), 105 (AI vision), 107 (Brozova, A.), 109 (Binet, P.), 117 (mariait), 119 (Hongyan, J.), 121 (photosync), 125 (Oleksiy, F.), 129 (Prince, J.), 135 (naipung), 139 (pdesign), 145 (Lam, E.), 151 (LostINtrancE), 153 (leoks), 163 (jcsmilly)

Umschlag vorne (vlnr): Look/Dressler; Look/Fuchs; Look/Engel+Gielen; Bildagentur Huber, Garmisch/Livio; Großes Bild: Mauritius /Agefotostock. – Umschlag hinten (vlnr): R. F. Karl; Look, H. Leue; Fotolia/RobertoC; Shutterstock/chuckstock.

Impressum

Die Autoren

Klaus Viedebantt, hat als Kulturanthropologe promoviert, war Ressortleiter der »FAZ« und Leiter des Reiseteils der »Zeit«. Seine Bücher behandeln alle Erdteile. Klaus Viedebantt verfasste die Einleitung sowie die Kapitel 7 USA, 15 Sri Lanka, 21 Australien/ Ostküste, 22 Neuseeland, 23 Deutschland/ Dänemark, 24 Österreich, 29 Irland/ Hausbootfahrt, 34 Transatlantik, 36 Kanada/ Trans-Kanada, 38 USA/Alaska, 47 Australien/Outback, 49 Deutschland/Romantische Straße, 50 Deutschland/Deutsche Märchenstraße, 51 Frankreich/Loire Radweg, 52 Normandie/Bretagne, 53 England/Royal Scotsman, 59 USA/Route 66, 65 Great Himalaya, 70 Husky-Schlittentour, 74 Nilkreuzfahrt, 79 Orient-Express.

Roland F. Karl produziert seit 30 Jahren als freier Autor und Fotograf Reisereportagen für namhafte Printmedien. Ozeanien, Afrika sowie Trauminseln weltweit gehören zu seinen bevorzugten Reiseschwerpunkten. Roland F. Karl schrieb die Kapitel Nr. 10 -Karibik per Postschiff, 11 Südafrika/Cape Namibia Highway, 12 Namibia/Windhoek, 37 Kanada/ Yukon, 44 Südafrika/Durban, 45 Namibia/ Swakopmund, 48 Südsee/Passagierfrachter, 62 Kenia/ Nationalparks, 63 Botswana/Okavango, 76 Oman/Muscat, 78 Burma/Irrawaddy.

Jochen Müssig ist seit mehr als 30 Jahren weltweit unterwegs und Autor für die »Süddeutsche Zeitung«, die »Frankfurter Allgemeine Zeitung«. Sein Lieblingsland ist Italien, seine Lieblingsinsel ist Hawaii, und seine Lieblingsflucht führt ihn nach Australien. Jochen Müssig verfasste die Kapitel 1 Schwarzwald, 2 Alpenstraße, 13 Seychellen, 16 China/ Kreuzfahrt, 17 Thailand/ Nord, 28 England/ Cornwall, 43 Südafrika/ Pride of Africa, 54 Oberitalienische Seen, 68 Australien/Indian Pacific, 69 Australien/ Great Barrier Reef, 71 Mexiko/Riviera Maya, 75 Südafrika/Garden Route, 80 Südsee/ Cook-Islands.

Wolfgang R. Weber, Flieger, Fotograf, Autor und Weltenbummler. Er bereist regelmäßige den kanadischen Norden, das australische Outback – abseits von Zivilisation und Autobahnen, wo der Mensch fern und die Natur noch unberührt ist. Wolfgang R. Weber schrieb und fotografierte die Kapitel 9 Guatemala/El Salvador, 39 Alaska Highway, 40 Ecuador/Strasse der Vulkane, 41 Peru Hochland, 42 Nordchile, 46 Mongolei/Trans-Gobi, 60 Dempster Highway, 61 Brasilien/ Amazonas, 73 Patagonien.

Friedrich W. Horlacher, ist Amerikanist an der Universität Erlangen. Er hat zahlreiche Bücher über die USA veröffentlicht und viele Reisen in die Region unternommen. Friedrich W. Horlacher verfasste Kapitel 8 USA/Florida-Rundtour und 72 Mexiko/Yucatan.

Peter Gutmann arbeitete als Lektor und Cheflektor, Verlagsleiter und Manager in verschiedenen deutschen Verlagen. Als Autor veröffentlichte er zahlreiche Bücher aus seinen Fachgebieten Geschichte, Geografie und Literatur. Er verfasste die Kapitel 3 Frankreich, 5 Ostadria, 19 Vietnam, 20 Taiwan, 67 Korea.

Eugen E. Hüsler, hat bisher über 100 Reiseführer, Wander- und Klettersteigführer sowie Bildbände veröffentlicht, davon 50 Titel bei Bruckmann. Seit vierzig Jahren ist er unterwegs in den Alpen. Für diesen Band verfasste er Kapitel 25 Schweiz, Pässeroute.

Lothar Schmidt, Journalist und Reisebuchautor hat Germanistik und Kunstwissenschaft studiert und zwischen 2002 und 2008 in Madrid gelebt. Seitdem gehören das spanische Festland und die Baleareninsel Mallorca zu seinen Reiseschwerpunkten. Er schrieb die Kapitel 4 Spanien/Andalusien und 57 Spanien/Mallorca.

Klio Verigou, studierte Kommunikationswissenschaften und Informatik und verbringt viel Zeit auf den griechischen Inseln, insbesondere auf Kreta, der Heimatinsel ihres Vaters. Ihre Leidenschaft, das Reisen, hat sie zum Beruf gemacht. Klio Verigou verfasste die Kapitel 30 Griechenland/Kykladen.

Hans-Joachim Spitzenberger, studierte in Hamburg Biologie und war viele Jahre in Forschung und Lehre an den Universitäten Hamburg und Rostock tätig. Mehrere Forschungsaufenthalte in der Wildnis Spitzbergens ließen auch sein Faible für die Regionen jenseits des Polarkreises entstehen. Reiseleitungen führten ihn nach Sibirien, Alaska und Grönland, Expeditionskreuzfahrtschiffe in die Polarregionen. Hans-Joachim Spitzenberger verfasste die Kapitel 31 Hurtigruten und 35 Die Nordwestpassage.

Franz Binder lebt und arbeitet als freier Schriftsteller, Fotograf und Grafiker in München und hat bislang mehr als 25 Bücher in verschiedenen Verlagen im Bereich Belletristik und Sachbuch, darunter zwei Romane und mehrere Bildbände über den tibetischen Kulturkreis und Zentralasien veröffentlicht. Er schrieb Reiseroute 66 Bhutan.

Cornelia Fischer promovierte an der Universität Wien und arbeitet als Autorin, Lektorin und Redakteurin in Mainz. Sie publizierte u. a. mehrere Sachbücher sowie Reiseführer zu Leipzig, dem Rheingau und zu Österreich. Cornelia Fischer verfasste das Kapitel 58 Türkei/Blaue Reise.

Gabriele Gerner-Haudum bereist am liebsten mit dem Motorrad die Welt. Sie verfasste zahlreiche Bücher und Bildbänd; hier die Reiserouten 18 Thailand/Laos, 32 Baltikum, 64 Hippietrail Ost und 77 Hippietrail West.

Daniela Hansjakob, arbeitete für Zeitungen, Zeitschriften und Buchredaktionen und arbeitet als freie Reisejournalistin in München. Sie textete die Kapitel 6 Schwedens Süden und 26 Frankreich/Cote d'Azur.

Andrea Hoffmann ist Kunsthistorikerin und arbeitete in Deutschland als TV-Autorin. Seit vier Jahren lebt sie in Vejer de la Frontera und schreibt für die »SUR Deutsche Ausgabe«. Für Bruckmann schrieb sie den Reiseführer »Barcelona« und für diesen Band das Kapitel 56 Spanien/Andalusien- Reittour.

Olaf Meinhardt durchquerte 1996 Russland erstmals auf einer Fahrradweltreise. Seitdem bereist er als Fotograf immer wieder zahlreiche Länder mit dem Rad und per Boot, mit Wanderschuhen oder dem Wohnmobil. Im Bruckmann Verlag veröffentlichte er einen Band zur Transsibirischen Eisenbahn. Er schrieb das Kapitel 33 Russland/Der goldene Ring.

Thomas Migge, Politologe und Historiker, lebt schon lange in Rom und kennt Italien wie seine Westentasche. Er schreibt für verschiedene Zeitschriften und Magazine und ist Autor zahlreicher Bildbände. Thomas Migge bereiste die Routen 14 Israel, 27 Italien/Toskana und 55 Italien/ Sizilien.

Alle Angaben dieses Buches wurden von den Autoren sorgfältig recherchiert und vom Verlag auf Stimmigkeit und Aktualität geprüft. Allerdings kann keine Haftung für die Richtigkeit der Informationen übernommen werden. Für Hinweise und Anregungen sind wir dankbar. Zuschriften bitte an: Bruckmann Verlag, Produktmanagement Postfach 40 02 09, D-80802 München E-Mail: lektorat@bruckmann.de

Produktmanagement: J. Hellmuth, S. Iber
Textlektorat: Daniela Hansjakob, München
Korrektorat: Anke Höhne, München
Umschlaggestaltung: Karin Vollmer, Design-total, München
Layout: Andreas Kubin, Bad Tölz
Kartografie: mapdesign Thieme, München
Herstellung: Bettina Schippel
Repro: Repro Ludwig, Zell am See

Gesamtherstellung: GeraNova Bruckmann Verlagshaus GmbH

Die Deutsche Nationalbibliothek verzeichnet diese Publikation in der deutschen Nationalbibliografie; detaillierte bibliografische Daten sind im Internet über http://dnb-nb.de abrufbar.